中國學術思想研究輯刊

七　編

林　慶　彰 主編

第21冊

阮元經學之研究（上）

楊錦富 著

花木蘭文化出版社

國家圖書館出版品預行編目資料

阮元經學之研究（上）／楊錦富 著 — 初版 — 台北縣永和市：
花木蘭文化出版社，2010〔民99〕
目 6+220 面；19×26 公分
（中國學術思想研究輯刊 七編；第21冊）
ISBN：978-986-254-180-7（精裝）
1.（清）阮元　2. 傳記　3. 學術思想　4. 經學
127.6　　99002301

ISBN - 978-986-254-180-7

中國學術思想研究輯刊
七　編　第二一冊　　ISBN：978-986-254-180-7

阮元經學之研究（上）

作　　者　楊錦富
主　　編　林慶彰
總 編 輯　杜潔祥
出　　版　花木蘭文化出版社
發 行 所　花木蘭文化出版社
發 行 人　高小娟
聯絡地址　台北縣永和市中正路五九五號七樓之三
　　　　　電話：02-2923-1455／傳眞：02-2923-1452
網　　址　http://www.huamulan.tw　信箱　sut81518@ms59.hinet.net
印　　刷　普羅文化出版廣告事業
封面設計　劉開工作室
初　　版　2010年3月
定　　價　七編24冊（精裝）新台幣40,000元

阮元經學之研究（上）

楊錦富　著

作者簡介

楊錦富，台灣高雄人，1951年生。致力於思想史、文學理論、語文教學研究三十餘年。現任屏東美和技術學院（將改制科技大學）通識教育中心副教授，曾任通識中心主任。所著《國文視聽教學》對推展語文教育迭有貢獻；《阮元經學之研究》四十餘萬字，曾獲政大新聞研究所吉福星教授獎學金首獎；《夏炘學記》二十餘萬字，為升等之作；諸書皆酌理清晰，別有創見。另有論文十餘篇，都廿餘萬字。

提　要

乾嘉學術，吳、皖二派為主流，前者惠棟主之，後者戴震為導，皆各領風會，沾溉後進，而阮元學脈，則承戴氏以行。

阮學主體，一言以蔽之，即「推明古訓，實事求是」。以其推明古訓，故考經證史，皆追本溯源，務還本來詁意；以其實事求是，故廣羅金石，尋物以對，使事得以證，「經」得以明。嚴格說來，與宋明空疏之義理，儼然有別。

阮元之學，所以蔚為「漢學最後之重鎮」，古訓之外，纂輯之功，蓋不可掩，若《十三經注疏》、《皇清經解》、《經籍纂詁》等傳世之作，皆在其有生之年完成，雖不若《四庫全書》之浩瀚袤沃，然獎掖士林之績，必為久遠。

再者，阮元考據，仍兼義理，其義理抒發，即在發揚儒學。以孔孟之學，為人文教化的根本，亦道德價值的源頭活水，故其仁學於所著《揅經室集》，即列重要環節，蓋以仁兼禮義，亦兼信智，有仁者，其他諸德即涵蘊其中。故賢哲慧識慧識之能流芳百代，乃在推己及人，而其歸宿，即在仁道的極至。

又者，阮元為宦所至，皆籌建學舍，參與書院教授，使莘莘學子不僅知書達禮，亦且詩文富贍，所謂「文行忠信」四教者，於阮元幕府，殆已敦篤踐履。

淵淵其淵，浩浩其天，研讀前賢典籍，彌覺俊睿懿範，映照吾人顏色。

目次

上冊

第一章　緒　論

第一節　研究動機與方法

清代學術之演變，可略分爲三：初爲理學期，進而考證學期，再爲西學之融貫期。要皆以考證學爲中堅。梁啓超所謂：「無考證學，無清學」是也。〔註1〕

依時代言，考證學以乾、嘉之際最爲盛況。究其因，厥爲：（一）終明之學，學案百出，而經訓家法寂然無聞。故清初學者，厭倦空疏，相率返於沈實，趨向考證學。（二）異族入主華夏，賢者恥立於朝，故刊落聲華，其或獨守苦節，高蹈遠引，不求世用，遂專致精力，以治樸學。（三）清初大師，皆明末遺老，於宗社之變，類含隱痛，志圖匡復，故好古今史蹟成敗，地理阨塞，以及其他經世之務，冀求實用。（四）學風既由空返實，於是有從典籍求實者，有從事功求實者；南人明敏重條理，故多研究著述；北人樸愨堅卓，故多力行。〔註2〕（五）文字獄興，經世感時之作，多罹文網。學者舉手投足，動遇荊棘，於是智者致力於說經，冀以避禍。〔註3〕此即劉師培氏所謂「明儒之學，用以應事；清儒之學，用以保身」〔註4〕是也。綜上所述，則學者才力智慧，限制特甚，乃聚精會神於古籍之考辨，而考證之學因以盛焉。〔註5〕阮元生逢乾、嘉之時，其發皇考證之義甚夥，於實學之研考，信必殷切。茲探究其學術淵源，考察其學術成就，

〔註1〕梁啓超《清代學術概論》之十，頁30。
〔註2〕同上，之九，頁27。
〔註3〕《章太炎學術史論集》，頁327。
〔註4〕劉師培《左盦外集》，頁1778。
〔註5〕程發軔《國學概要》下，頁2。

辨明其方法條理，期能有助於探討清代學術者，是乃本研究初衷之所在。

夫以思想脈絡言，清學之義蘊概如梁啓超氏所言：「清學之出發點，在對於宋、明理學一大反動。」〔註6〕余英時先生則以爲：「清代經學考證直承宋、明理學的內部爭辯而起，經學家本身不免有他自己獨特的理學立場。」〔註7〕詳考梁氏所言，其所謂「反動」者，實乃：

唐代佛學極昌之後，宋儒採之，以建設一種「儒表佛裏」的新哲學，至明而全盛。此派新哲學，在歷史上有極大之價值，自無待言。顧吾輩所最不慊者，其一：既採取佛說而損益之，何可諱其所自出，而反加以醜詆；其二；所創新派既並非孔、孟本來面目，何必附其名而淆其實。

又云：

進而考其思想之本質，則所研究之對象，乃純在昭昭靈靈不可捉摸之一物；少數俊拔篤摯之士，曷嘗不循此道而求得身心安宅，然效之及於世者已鮮，而浮僞之輩，摭拾虛辭以相夸煽，乃甚易易。故晚明「狂禪」一派，至於「滿街皆是聖人」、「酒色財氣不礙菩提路」，道德且墮落極矣，重以制科帖括，籠罩天下，學者但習此種影響因襲之談，便足以取富貴弋名譽；舉國靡然化之，則相率於不學，且無所用心。……其極也，能使人之心思耳目皆閉塞不用；獨立創造之精神，消蝕達於零度。〔註8〕

梁氏以爲清學之反動，與宋、明儒之併佛於儒，關聯甚大；且與王學末流之空疏虛浮關係亦甚密切。至於余氏則以內部之反省，爲清學與宋、明儒之別：

清代考證學和宋、明理學截然兩途，而且清代絕大多數的考證學家也儘量避免直接觸及思想問題，這自然是無可否認的事實。然而這並不等於說，清代兩百年的經史研究運動是盲目的或完全爲外緣（如政治環境）所支配的。事實上，通過考證學從清初到中葉的發展時，我們可以很肯定地說，其整個過程顯然表現出一個確定的思想史的方向。如果我們仔細地排列清儒研治古代典籍的譜系，我們將不難發現其先後輕重之間確是有思想史上的內在理路可尋的。換句話說，清儒決不

〔註6〕梁啓超《清代學術概論》之二，頁8。
〔註7〕余英時《論戴震與章學誠》自序，頁2。
〔註8〕梁啓超《清代學術概論》之三，頁12、13。

> 是信手摭取某一段經文來施其考證的功夫，至少在考證學初興之際，他們對考證對象的選擇是和當時儒家內部的某些重要義理問題分不開的。〔註9〕

余氏秉現代學人之客觀，盱衡學術，可謂無偏無頗，允執厥中。阮氏之學，誠乃兼具清學之特質，概括而言：（一）對王學意見之重新檢討；（二）考證學之別於宋、明理學，非爲盲目，或受制於外緣；（三）考證也者，非純爲器物之學，亦聯繫深刻之義理思惟。故阮元《揅經室集》所列諸作，當非尋常文字而已，其意乃在考證之外復有所指，此研究先生之作者，不可不知也。

就學術之內涵言，乾、嘉之學風，又自有與清初之學異者。蓋其目的雖同爲「通經」，而乾、嘉諸儒已由漢、唐注疏，進而爲古文字及古音韻之考究；且其研究態度亦愈趨客觀。故早期之謂「通經」抑或「經學」之意，僅止求正於漢、唐之注疏。然自漢以來，門戶家法之爭時起，隋、唐注疏更以承襲舊說爲尚，至於漢人解經之缺憾及各家得失，注疏未必能解，是以尋求客觀之詮解，乃因勢而起，此古文字學之研究，有不得不然之勢也。至乾、嘉則臻於盛，《說文》、《爾雅》之研究，固乃戴、段二王之所倡導也。阮氏躬逢其會，承戴而來，又與段氏及王氏父子遊，其由文字、音韻以建立訓詁之法，乃若水之就下，火之炎上，自始迄終，皆爲自然，殆非勉強可致。

實則乾、嘉之考證，源自顧亭林倡「舍經學，無理學」與夫「經世致用」而來。爲「致用」而「通經」；爲「通經」而考文、而明音，再進而建立客觀準則，以訓釋古籍，學風之蘊釀，蓋有跡可尋也。再以訓釋古籍觀之，則古籍雖以經爲重，意仍在理解古代文化制度之實況；以知識之性質言，仍可視爲廣義史學之範疇。故乾、嘉之學，如阮氏所論，可爲一廣義之史學，若經籍之研究，亦可化爲史學研究之領域。雖亭林先生欲令「理學」回歸「經學」，然學風演變之結果，乃以「史學」統攝「經學」也。

勞思光先生謂：

> 乾嘉學風則以追尋客觀知識爲宗旨，而建立廣義之史學，以收攝一切經史子集之研究。此中乙部資料自是研究對象，然所重者非與「經學」分立之「史學」，而是統攝意義、方法之「史學」。即所謂「廣義之史學」也。〔註10〕

〔註9〕余英時《論戴震與章學誠》自序，頁2。
〔註10〕勞思光《中國哲學史》下，頁806。

勞氏以「廣義之史學」言乾嘉學風，其所謂之史學，非與經學分立之史，乃為統攝意義、方法之史學；故以「統攝」一詞概之。阮元古訓之說，亦廣義之史學，其器物之考證、詩禮之訂正、地理山川之識辨，蓋皆得之經史之統攝。是故探究阮元之學，可視為理解乾嘉學術特色之鈐鍵也。

夫乾、嘉之間，惠士奇及惠棟父子，與戴、段、二王，互為吳、皖學派之揭櫫者，惠氏父子倡所謂「漢學」；反對宋、明，而主張以古義說經，與戴氏等同屬「乾嘉」之學；而惠棟之門下，江聲、余蕭客諸人，皆堅持門戶之見，此乃梁啓超先生所謂「凡古必真，凡漢皆好」〔註11〕之譏評所在也。而余蕭客弟子江藩又撰《漢學師承記》，於是令「漢學」、「宋學」形成對立之勢。實則惠氏一派與戴、段、二王之學大異，在於戴氏等之學，主建立客觀標準；惠氏等則株守漢人成說，較無客觀之是非。至於阮元，其古經古訓，雖有取於惠氏等，然其根柢脈絡則近戴、段、二王，此又探究阮氏之學者，不可不明也。

總上所述，蓋知阮氏之學，要在考證，而其考證，非凡古必真，其旨乃在建立一客觀之標準；而所謂之標準，在於史料之博綜，且出於審慎之裁斷，非所謂盲從者。

再者，阮元之學，重方法之論。以儒學之探討與發展而言，自始即懸「學思兼致」為標的，然此學思之標的，經長久之流衍，終不免有其偏致。大抵言之，宋、明理學偏於思，清代考證則偏於學；唯宋、明理學家並未盡廢學，且可謂之「凝學成思」，以其精思實自積學中透出也，此於大儒如程、朱諸先生尤見其然。宋儒如此，即清儒實亦未可以「學而不思」目之。蓋清儒所嚮往者乃「寓思於學」，要以博實之經典闡釋回歸原始儒學確切之涵義；如清初顧炎武之「寓思於學」、「經學即理學」，方以智之「藏理學於經學」，均在規約儒學發展之方向。至於皖派之戴氏，則更倡言「古訓明，則古經明；古經明，則賢人聖人之理義明。」錢大昕復揚其波，至謂「訓詁者義理之所出，非別有義理出乎訓詁之外。」〔註12〕阮元《揅經室集》所論亦同戴、錢二氏，所謂「聖賢之道存乎經，經非詁不明。」〔註13〕又謂「古今義理之學，必自訓詁始。」〔註14〕雖云以古訓求義理，其寓思以學之態度，則頗明確。故先

〔註11〕梁啓超《清代學術概論》之十，頁31。
〔註12〕余英時《論戴震與章學誠》自序，頁3。
〔註13〕《揅經室二集》卷七，〈西湖詁經精舍記〉，頁505。
〔註14〕《揅經室續集》卷一，〈馮柳東三家詩異文疏證序〉，頁48。

生爲學之法，是能反映乾、嘉學風之特色。語其要端：一爲求眞之研究精神，一爲科學之博綜歸納，一爲綿密之訓詁方法；而此三者，皆以古籍校讎訓釋爲依歸也。〔註15〕

胡楚生先生言：

> 昔皮錫瑞撰《經學歷史》，議論唐人《五經正義》，以爲其失有三：曰彼此互異，曰曲徇注文，曰雜引讖緯。〔註16〕蓋唐宋義疏之學，「注不駁經，疏不駁注，不取異義，專宗一家」，故不免佞從古人，而不敢有所出入也。而清代戴、段、二王之治學也，首重「實事求是」，「無徵不信」，必曰「不以人蔽己，不以己自蔽」，〔註17〕故心存聞道，必空所依傍；凡立一義，必旁徵曲喻，會通全書，而後即安。〔註18〕

然則阮元治學之法，與戴、段、二王無異，「實是求是」與「不蔽」之見，時時貫串於其經學思想，於漢魏古注之謬，多所糾訂，即於古聖經傳之文字，亦多所勘正。觀其《十三經注疏校勘記》可知。〔註19〕

求眞之研究精神，爲清儒一貫之態度；此外，於科學之博綜歸納表現亦甚嫻熟。誠如梁啓超先生所述：一曰注意，二曰虛己，三曰立說，四曰搜證，五曰斷案，六曰推論。〔註20〕合而言之，即搜集例證愈多，所獲結論愈近眞理；若搜集所得，反證已多，則其結論，爲不可信。〔註21〕此歸納之法，乃清儒所善，阮元亦以之治古籍，而吾人欲探究先生之作，亦當循此法以治之也。法無今古，古人所見，未必今人即未識；古人之理，如爲合誼，則時空又何限制！是以本研究依歸納、讎校、徵實之法，蓋爲步踵先生爲學之脈絡，意在沿波討源，因樹見林，以明先生研究之道；若夫經術之外，先生詩文亦乾嘉學人所讚，以淵雅敦厚，醇然和易也。惟斯作宏廣，欲究先生詩文，宜先分鳌詩文涯略，此又非本論文之所及，如有所述，則待後日之暇耳。至於通篇論文所敘，祇以末學膚淺，容有甚多未穩熟之見，其有不逮，尙祈賢達

〔註15〕胡樸安《中國訓詁學史》，頁3。略謂至清之漢學始能有條理有統系，而爲方法之學。

〔註16〕皮錫瑞《經學歷史》第七，〈經學統一時代〉，頁215。

〔註17〕《戴東原先生文集》卷九，〈答鄭丈用牧書〉，頁142。

〔註18〕胡楚生《清代學術史研究》，頁208。

〔註19〕《揅經室一集》卷十一，頁228～238。

〔註20〕梁啓超《清代學術概論》之十七，頁54。

〔註21〕同上。

先進，有以教焉！

第二節　清代學術之流變與派別概要

緣以學術風尚之盛衰，猶潮汐之遞嬗。潮起則盛，汐退則衰，實乃一往復輪轉之循環。有清三百年學術之流變，王國維先生以「大、精、新、變」四字以蔽之；〔註 22〕皮錫瑞先生則以「積衰、復盛」二言述之；〔註 23〕二氏之說，皆切當合誼。惟皮氏於分期之見，則稍嫌疏略。〔註 24〕是以梁啓超先生分清學為「啓蒙期、全盛期、蛻分期、衰落期」四期，言述其思潮流行，〔註 25〕而歸約啓蒙期人物為顧炎武、胡渭、閻若璩；全盛期人物為惠棟、戴震、段玉裁、王念孫、王引之；蛻分期人物為康有為、梁啓超；至衰落期人物，則舉俞樾、孫詒讓等。〔註 26〕梁氏於時代人物之論，近乎王、皮二氏〔註 27〕而更具體、明確，是知學者於清學之論，所見略同。

上述三者之外，劉師培先生之清學分述，尤具慧識。所作〈南北考證學不同論〉、〈近代漢學變遷論〉、〈近儒學術統系論〉諸篇，於清學脈絡，每顯特異之見，通篇原委，皆相互照應，切中肯綮。而〈南北考證學不同論〉提南派為三，北派為二，環扣考證門徑，殊值參考，茲援述於下：

> 要而言之，南方學派析為三：炫博騁詞者為一派；摭拾校勘者為一派；昌微言大義者為一派。北方學派析為二；辨物正名者為一派；格物窮理者為一派。〔註 28〕

劉氏雖分南北二派，合之仍不離廣義之考證學之範疇。故不論由北輸南，抑

〔註 22〕分見《王國維先生全集初編》卷三。

〔註 23〕皮錫瑞《經學歷史》，頁 300、223。

〔註 24〕分見章太炎《太炎文錄》卷一，〈駁皮錫瑞書〉；《清代學術概論》，頁 8。

〔註 25〕同上。

〔註 26〕同上。

〔註 27〕梁啓超《清代學術概論》卷二，頁 11，云：「綜觀二百餘年之學史，其影響及於全思想界者，一言蔽之，曰『以復古為解放。』第一步：復宋之古，對於王學而得解放；第二步，復漢、唐之古，對於程、朱而得解放；第三步，復西漢之古，對於許、鄭而得解放；第四步，復先秦之古，對於一切傳注而得解放。」說與王氏「新變」之論，皮氏「盛衰」之論。為異曲同工。

〔註 28〕劉師培〈南北考證學不同論〉，頁 756。劉氏綜諸派之言謂：「雖學術交通，北學或由北而輸南，南學亦由南而輸北，然學派起源固彰彰可證也。」又云：「南北學派雖殊，然研覃古訓，咸為有功於群經。」理甚明確。

由南輪北，言學派流衍，皆彰明顯著，可謂釐析清晰也。

一、炫博騁詞派

劉氏云：

> 殆及明季，黃宗義崛起浙東，稍治實學，其弟子萬斯大推究禮經，以辨論擅長，然武斷無家法。時蕭山毛氏黜宋崇漢，於五經咸有撰述，牽合附會，務求詞勝。德清胡渭《禹貢錐指》、《洪範正論》，精於象數輿圖之學，惟采掇未精。吳越之民聞風興起，……咸雜糅眾說，不主一家，言淆雅俗，瑜不掩瑕，……此南學之一派。〔註 29〕

所謂「炫博騁詞」者，若夫萬斯大《大學禮質疑》、《儀禮商》、《禮記偶箋》諸作，徐世昌《清儒學案》卷三十四，其言「說紓以新見長，亦以鑿見短，置其非，存其是。」亦劉氏所言之「武斷無家法」也。而毛西河五經之述，言《易》，若《仲氏易》、《推易始末》、《春秋占筮書》、《易小帖》；言《書》，若《古文尚書冤詞》；言《詩》，若《毛詩寫官記》、《詩札》；言《春秋》，若《春秋傳》、《春秋簡書刊誤》、《春秋屬辭比事》；而於《禮經》撰述尤多。然以西河好騁騖，務求勝詞，易落炫博耳。〔註 30〕又若胡渭《洪範正論》，劉氏云其：「不信漢儒『災異』，亦不信宋儒『先天後天圖』。」；〔註 31〕時人朱鶴齡《毛詩通義》「博采漢宋之說，博而不純。」；顧棟高《春秋大事表》「雖多善言然體例未嚴，無家法可稱。」〔註 32〕是劉氏以爲諸儒者，「譬若鄉曲陋儒，冥行索途，未足與於經生之目。」言或激厲，然亦公允。

〔註 29〕同書，頁 745 至頁 746，於此，劉氏復云：「東南人士嘉爲沈博之文，……秀水朱彝尊尤以博學著聞。雖學綜四部，然討史研經尚無涂轍。浙人承其學者，自杭世駿、厲鶚、全祖望，咸熟於瑣文佚事，……然以考古標其幟。」是「考古標幟」，乃此派學者之特色。

〔註 30〕《四庫全書總目・經部・書類二》言毛氏《古文尚書冤詞》，即譏謂：「其學淹貫群書，而好爲駁辨以求勝，凡他人所已言者，必力反其辭。」蓋貶之也。

〔註 31〕《四庫全書・經部・書類二》卷十二，評胡渭《洪範正論》：「主於發明奉若天道之理，非鄭樵《禹貢》、《洪範》相爲表裏之說。……蓋渭經術湛深，學有根柢，故所論一軌於理。漢儒附會之談，宋儒變亂之論，能一掃而廓除焉。」按劉氏之說，概本於此。

〔註 32〕《四庫全書・經部・春秋類》卷二十九，論顧棟高《春秋大事表》五十卷：「……考宋程公說作《春秋分紀》，以傳文類聚區分，極爲精密。刊版久佚，鈔本流傳亦罕。棟高蓋未見其書，故體例之間，往往互相出入。……棟高事事表之，亦未免繁碎。……然條理詳明，考證典核，較公說書實爲過之。」所謂「無家法可言」，當指此而說。

二、摭拾校勘派

所謂「摭拾校勘」者，惟在補苴罅漏，於扶植微學，居功厥偉。劉氏云：

> 及經學稍昌，江南學者即本斯音以治經。由是有摭拾之學，復有校勘之學。摭拾之學，掇次已佚之書，依類排列，單詞碎義，博采旁搜；校勘之學，考訂異文，改易殊體，評量於字句之間，以折衷古本。〔註33〕

實則掇次佚書，旁搜詞義；或考訂異文，折衷古本，皆清儒孳孳黽勉之事。所以如此，皆鑑於明人妄改古籍，而滋多訛誤。清儒黃廷鑒《第六弦溪文鈔》即云：

> 妄改之病，唐宋以前謹守師法，未聞有此，其耑肇自明人，而盛於啓、禎之代。〔註34〕

是以清儒爲端正異文，免蹈前朝覆轍，校讎摭拾之作，即紛湧迭起。當時碩彥，若武進臧琳（1650～1713）《經義雜記》，即謂後儒注經，疏於校讎，多訛文脫字，致失聖人本經；故於殊今之舊文，珍若祕笈，而以之正俗字之訛；於殊異俗訓之古義，必曲爲傅合，以此證古訓之精者。〔註35〕而惠棟《九經古義》甄明佚詁，亦符臧氏之義；再若錢大昕《廿二史考異》并擬補輯《元史》；王鳴盛《十七史商榷》，采掇舊聞，稽析異同，近於摭拾。〔註36〕又若王昶、陳奐、邵晉涵、盧文弨、顧千里之賢，皆深邃用力於校讎，乃所謂校勘摭拾者也。而其長處，當如阮元所言：

> 刻書者，最患以臆見改古書。今重刻宋版，幾有明知宋版之誤字，亦不使輕改，但加圈於誤字之旁，而別據「校勘記」擇其說，附載於每卷之末，俾後之學者不疑於古籍之不可據，愼之至也。〔註37〕

〔註33〕《中國學術經典・黃侃・劉師培卷》〈南北考證學不同論〉，頁746。

〔註34〕張舜徽《中國古代史籍校讀法》，頁137，言明刻本之缺，引清儒黃廷鑒《第六弦溪文抄》卷一，論「校書」，本文亦引之，以爲佐證。

〔註35〕嚴文郁《清儒傳略》，頁280，謂臧琳：「於六經無不通，而邃於尚書春秋，於禮有輯錄而未成。先生爲學與顧、惠諸世之研覃經訓，由文字、聲音、訓詁而得義理之眞，殆相應求。」閻百詩之《經義雜記》則謂臧氏：「於舊文之殊於今者，必珍如祕笈，以正俗字之訛；於古義之殊於俗訓者，必曲爲傅合，以證古訓之失，亦不免迂滯。」

〔註36〕劉師培〈南北學派不同論〉，頁747，分論錢大昕、王鳴盛。語錢：「大昕申於音韻、曆算，……一洗雷同剿說之談」。語王則微貶云：「……惟矯執古訓，守一家之言，而不能自出其性靈。」

〔註37〕阮元《揅經室三集》卷二，〈江西校刻十三經注疏書後〉云：「其經文注文，

然則阮氏以「愼之至」概括古籍之校，可謂深切著明。

三、微言大義派

劉氏依地域區隔，歸約皖南、江北學者爲微言大義派。於其時經學碩彥，則依師弟授受之道，妥爲類分。若皖派，則江永、戴震一述；揚州諸賢，王念孫、王引之父子、阮元、焦循等復一述；江北閻若璩等一述。而總名「微言」者，壹在推明古訓，實事求是也。觀其論人物：

江永崛起窮陬，深思獨造於聲律、音韻、歷數、典禮之學，咸觀其會通，長於比勘，弟子十餘人，以休寧戴震爲最著。〔註38〕

言江永（愼修，1681～1762）出自鄉陬，蓋指安徽婺源之鄉梓。《清儒學案》謂江氏與元和惠（棟）氏並時而起，後之考證學者，皆奉若先河。其學一傳爲休寧戴氏；再傳爲金壇段氏、高郵王氏父子，學派流衍較惠氏光大。〔註39〕而皖學所以光大，戴氏厥爲始創者，其言學云：

先立科條，以愼思明辨爲歸。凡治一學立一說，必參互考驗，曲證旁通，以辨物正名爲基，以同條共貫爲緯。論曆算則淹貫中西；論音韻則精窮聲紐；論地輿則考訂山川；咸爲前人所未發。〔註40〕

則戴氏之摩研古學，必反復推尋，勾棘古義，務疑文冰釋而後已，其治學精神有如此；故影響所及，時人若汪萊、洪榜、金榜、胡匡衷、淩廷堪、胡培翬、程瑤田等佳士，皆得其治學之一端，以此鑽研，遂爲通儒。

戴氏弟子金壇段玉裁（茂堂），亦精銳明暢；壹仍其師，會通古說，匡違補缺，辨名析詞，以參爲驗。觀其《說文解字注》、《周禮漢讀考》、《毛詩故訓傳定本》……諸書可知。〔註 41〕而高郵王念孫、王引之父子，亦傳戴氏形

有與明本不同，恐後人習讀明本而反臆疑宋本之誤，故盧氏亦引校勘記載於卷後，愼之至也。」至於阮氏校勘之論，後文當言述，不擬贅敘。

〔註38〕劉氏甚贊東原之學，其〈南北學派不同論〉，頁749，即尊戴氏，謂：「戴氏之學，先立科條，以愼思明辨爲歸。凡治一學立一說，必參互考驗，曲證旁通，以辨物正名爲基，以同條共貫爲緯。」蓋謂戴氏治學之精微，非粗疏者可比。

〔註39〕林尹先生《中國學術思想大綱》，頁251，言戴氏弟子：「最知名者，金壇段玉裁，高郵王念孫。玉裁爲《六書音韻表》，《說文》因之以明，念孫疏《廣雅》，以經傳諸子轉相證明，諸古書文義詰曲者，皆得理解。」言述簡賅，清晰明確。

〔註40〕說同註38。

〔註41〕嚴文郁《清儒傳略》載段氏之學，謂其：「於周秦兩漢書無所不讀，諸家小學皆

聲、訓故之學。其中王念孫之《讀書雜誌》、《廣雅疏證》、子王引之《經傳釋詞》、《經義述聞》，皆發明詞氣，析釐辨章，別擇詰屈古文，使無疑滯。

至若揚州諸儒，儀徵阮元又一高標凌絕，範疇後輩之長者，其治經之概，後文當詳賅闡敘，今則僅抉其爲學狀略。劉氏贊云：

> 阮（元）氏之學，主於表微，偶得一物，初若創獲，然持之有故，言之成理，貫纂群言，昭若發蒙，異於餖飣猥瑣之學。〔註 42〕

然則表微發蒙，貫纂群言，戴、王而後，阮氏也者，復繼踵以起矣。

阮元之外，揚州諸儒，焦循於江南儒士，亦一佼佼者。其學縝密，而新說時出，秩然可觀。

江淮以北，則閻若璩、張爾岐、郝懿行輩，皆辨析精微，解詁闡僞，於古書疑惑，均所疏釋。特以閻氏鍥而不舍，灼見古書之僞，開惠、戴考證之先；張氏依經立訓，章別句從，申禮舒義，矩度皆然；而郝氏潛心雅學，董理物類，其引今證古，得之目驗，蓋亦實事求是爲宗也。〔註 43〕

四、辨物正名派

劉師培先生以爲江北、皖南學者，之於名物詁訓，互有微言大義，綴學補敝、輯理論義之士，亦所在多有。其人搜亡羅佚，鉞規典籍，辨述是非，

別擇其是非。其注《說文》，貫通融會，寖寖駕東原《方言》之上。」可謂知言。

〔註 42〕錢穆《中國近三百年學術史》下冊，頁 479，論阮元之學云：「芸臺講學，頗師承東原，守以古訓發明義理之意。」支偉成《清代樸學家列傳》，頁 698，亦述阮氏：「公論學之旨，在實事求是。自經史小學以及金石詩文，鉅細無所不包，而尤以發明大義爲主。」亦言阮氏之昭若發蒙也。

〔註 43〕按閻若璩者，《清儒學案》卷三十九、《清學案小識》卷十二、《清名人傳略》，頁 908 有傳，語其要：先生字百詩，號潛邱，別名瑒次。山西太原人士。崇禎九年丙子（1636）生，康熙四十三年甲申（1704）卒。年二十讀《尚書》，至古文二十五篇即疑其僞。沉潛三十餘年，乃盡得其癥所在，作《古文尚書疏證》八卷，一一陳其矛盾，古文之僞大明。

張爾岐，字稷若，號蒿庵，山東濟陽人士，明萬曆四十年壬子（1612）生，康熙十六年丁巳（1677）卒。《清儒學案》卷十六、《清學案小識》卷三、《碑傳集》一三〇有傳。先生以《儀禮鄭注句讀》著於世，曾與修《山東通志》，遇顧亭林，亭林聞其與人談《儀禮》，大驚異，遂與定交。學守程朱，窮究性命天人之奧。治古文辭，精研禮經，默守高密，最爲時賢推服。

郝懿行，字恂九，號蘭皋，別號萚韭。山東棲霞人士。乾隆二十二年丁丑（1757）生，道光五年乙酉（1825）卒。《清儒學案》卷一一四，《續碑集傳》卷七十二有傳。先生爲人謙退，訥若不出口，於《爾雅義疏》用力最久，稿凡數易，垂歿而後成，與邵晉涵之疏並稱。

不失剴切言學之流，然其中不乏因訛襲謬，不免辭煩碎細。故論及諸儒：

> 皖南學者，如俞正燮之淵博，貫穿群言：包世榮之精純，研治詩禮，皆頗可觀。江北學者，如汪喜荀之學，近於焦、阮；薛傳鈞深明小學，沈齡作《方言疏》，陳逢衡治《佚周書》、《竹書紀年》、《山海經》……亦足與前儒競長。若夫丹徒汪芷治《鄭氏詩》，丹徒柳興宗治《范氏穀梁》，句容陳立治《何氏公羊》，山陽丁晏遍治群經，海州許桂林通曆算，爲甘泉羅士林之師，然皆江北經儒之傳授也。〔註 44〕

則辨物正名之儒，雖授受於江北、皖南儒者，然蔽於一曲，枯守舊說，精華既竭，創研之力亦已弱矣。

次者，小學者流，固辨證名物，條舉系貫，剖析毫芒，亦湛然邃密；然以樸薄蹇冗，質略無文，不免闕失。此即劉氏所謂：

> 江淮以北治小學者，有王筠（山東安丘 1784～1854）著《說文釋例》、《說文句讀》；苗夔（直隸肅寧，1783～1849）精聲韻學；許翰（山東日照，生卒不詳）治小學金石學；治地理學者有徐松（直隸大興，生卒不詳）作《漢書西域傳補注》諸書；張穆（山西平定，1805～1849）作《蒙古游牧記》諸書。〔註 45〕

諸儒之作，雖沉潛篤實，條理具陳，然大體言述，蹇冗質略，或爲未足。至若江南之學，亦有高標《說文》爲宗者：

> 如姚文田（浙江元和，1758～1827）、嚴章福（浙江烏程，生卒不詳），……咸治小學；若趙一清之流（浙江任和，1711～1764）治《說文》，皆有心得，稍有可觀。〔註 46〕

由此可見，劉氏以爲辨物正名之儒，其失之大，在乎僅務名物，雖勤考訂，惟昧於源流，未統大義，故雖搜亡補佚，然輾轉稗販，易憑臆斷，至碎細卑狹，文采淡漠，是承學之士，漸事鄙夷，良有以也。

五、格物窮理派

此派學者，大抵依經立意，旁推交通，一洗章句訓詁之習。「深美閎約，

〔註 44〕劉師培〈南北學派不同調〉，頁 752，本段文字爲述「江北、皖南多綴學方聞之彥」之意。

〔註 45〕同 44。

〔註 46〕同上，此謂江南學者，指《說文》爲標的，以爲說經之宗。

雅近淮南，則工於立言；重言申明，引古匡今，則近於致用。」〔註 47〕亦常州學術之稱。語其要者，若莊存與、劉逢祿、魏源、龔自珍；至若宋翔鳳、凌曙、陳壽祺、陳喬樅、陳立諸學者，亦此派中堅之士。而諸儒之治學，經說則宗西漢，解字則宗籀文，摧枯舊說，相尚乎微言大義。惜此派學者，擇術淆蕩，凌雜無序，截趾適履，殆爲闕焉。

梁任公云：

> 顧、閻、胡、惠、戴、段、二王諸先輩，非特學識淵粹卓絕，即行誼亦至狷潔，及其學既盛，舉國希聲附和，浮華之士亦競趨焉，固已漸爲社會所厭。且茲學犖犖諸大端，爲前人發揮略盡，後起者率因襲補苴，無復創作精神；即有發明，亦皆末節，漢人所謂碎義難逃也。〔註 48〕

梁氏以爲常州（江蘇武進）之格物窮理學者，雖尚補苴，然率因襲，開創力未逮，至不免碎義而趨末節；即莊孝與者，研治《公羊》，作《春秋正辭》，綴敘六經，發皇「張三世」之說，然所取塗徑，異於戴、段，引古匡今，則刊落訓詁名物之末，宜其爲常州學者之贊；〔註 49〕至兄子述祖亦遍治群經，然雜引古籀，致蔓衍炫俗。〔註 50〕次若劉逢祿之推《公羊》之義，理勢密緻，其難鄭申何，頗傳義例，惟過崇緯讖，稍涉詼詭。〔註 51〕而翔鳳之學，雖略近劉氏，然會通眾家，獨闢蹊徑；再以凌曙問學，因逢祿之論，深好《何氏春秋》，學者稱焉；臆念《春秋繁露》旨奧詞賾，莫得會通，乃博稽旁討，梳章櫛句，爲《注》十七卷，學者稱焉；又其《公羊禮說》，言辨而裁，舉

〔註 47〕程發軔先生《國學概論》，頁 291，謂常州學派，側重西漢今文學，首創者乃莊孝與，衍其緒者，爲其姪莊述祖，及外孫劉逢祿。武進、陽湖兩縣治，皆附常州府城郭，故總稱常州學派。

〔註 48〕梁啓超《清代學術概論》，頁 11，於常州學派，略有訾議。且謂：「清學之蛻分期，同時即其衰落期也。……而其人猶自倨貴，儼成一種學閥之觀。今古文之爭起，互相詆諆，缺點益暴露。」的爲針砭之論。

〔註 49〕同註 48。

〔註 50〕程發軔《國學概論》，頁 295。

〔註 51〕支偉成《清代樸學大師列傳》載劉逢祿，字申受，號申甫。江蘇武進人。乾隆四十一年丙申（1776）生，道光九年己丑（1829）卒。而其：「所著《公羊春秋何氏釋例》十卷三十篇，尋其條貫，正其統紀，以微言大義刺譏褒諱挹損之，然推極屬辭比事之道。又析其疑滯，強其守衛，爲《解詁箋》一卷、《答難》二卷。……其雜涉蔓衍者，別有《緯略》二卷，……。」言述可謂公允。

例合誼，顯禮明義，遠附會之陋，示來學先路。而魏、龔二氏，直承莊、劉，皆陳微言之義，擯斥許、鄭，〔註 52〕謂其淩雜無序，非無因也。至若陳氏父子（壽祺、喬樅），相尚今文，庚續志業，最爲美談。〔註 53〕末則陳立爲學，順凌曙、劉文淇之說，用力《公羊》，然嚴守家法，網羅緯讖，蕩或不免。〔註 54〕程發軔先生即歸結此派：

> 公羊家談經世之學，好爲奇異之說。……初盛於常州凌曙，陳卓（立）繼，推衍至江淮；龔定盦繼之，推衍至江浙；陳壽祺繼之，推衍至福建；至魏（源）先生以後，推衍至湖南；王闓運繼之，又推衍至四川；廖平繼之，又推衍至廣東。廖先生以後，一脈相傳，師法分明也。〔註 55〕

綜觀上述，雖云學術分期，猶屬大略釐分，若細擬參酌，則主軸不離考據，以是視清學爲廣義考證學派，論理敘事，允稱合宜；後之學者，依循門徑，採探以行，必不致囿於一曲，而扣槃捫燭。故語清近三百年學術流衍，始則繩之考證，再則漢宋互別，終而漢宋相融。如此，於清學體認，信必若玉珠在握矣。

〔註 52〕同上。〈作史家列傳第十四〉語魏源，字默深，別號漢士，湖南邵陽人。乾隆五十九年甲寅（1794）生，咸豐六年丙辰（1856）卒。其人：「治經好求微言大義。……作《書古微》十七卷、《詩古微》二十二卷。……後之論者，詆其空疏少實，蓋考據非其所擅，而新理解則時出也。」而龔自珍者，字瑟人，號定盦，浙江仁和人。乾隆五十七年壬子（1792）生，道光二十一年辛丑（1841）卒。《清儒學案》卷一五八，言先生爲段茂堂外孫，幼從授經，故學有師承，於經通《尚書》、《公羊》，說詩亦以涵經文主之。

〔註 53〕《清儒學案》卷一二九，載陳壽祺、陳喬樅父子二人。謂陳壽祺，字恭甫，號左海。乾隆三十六年辛卯（1771）生，道光十四年甲午（1834）卒。嘗爲阮文達（元）延課詁經精舍，治經重家法，辨古今文，爲一代宗師。子喬樅，字樸園，號樹滋，嘉慶十四年己巳（1809）卒。其學之長，在搜討群籍，旁徵博引，秉承遺訓，光大家法。

〔註 54〕陳立，字卓人，號默齋，江蘇句容人。嘉慶十四年己巳（1809）生，同治八年己巳（1869）卒。先生師凌曙、劉文淇，受《公羊春秋》、許氏《說文》、鄭氏《禮》，而於《公羊》用力尤深。凌曙，字曉樓，號子昇，江蘇江都人。乾隆四十年乙未（1775）生，道光九年己丑（1929）卒，曾入都爲阮元校輯《經郛》，深念春秋之義存於公羊，乃博稽旁討，撰《義疏》一書，遂集公羊之大成。劉文淇，字孟瞻，江蘇儀徵人。乾隆五十四年乙酉（1789）生，咸豐四年甲寅（1854）卒。先生肆力《春秋左氏傳》，旁稽博考，詳爲佐證，務期左氏之大義，炳然著明。

〔註 55〕程發軔《國學概論》，頁 138。

第三節　清代考證學之特質

言清代學術，吾人固可以廣義考證之，然則所謂考證者，其特質若何？於清儒治學之影響若何？皆所必述，倘非如此，則無以諳清學主體，於阮元之學，亦無緣因樹見林之效。徐復觀先生嘗謂：

> 清之考證學，雖在十七世紀五十年代後已有端緒，但在學術上形成風氣，支配時代的則是十八世紀標榜漢學時期之事。十八世紀的前期，此一學派，自稱爲古學，亦自稱爲漢學，而以古學一詞稍佔優略。十八世紀末期，則漢學一詞，漸佔優勢，古學一詞，遂爲其所掩，而此一學派亦由爛熟而孕育出新的轉變。〔註56〕

徐氏言漢學、古學之名，實則考證學之異稱。而「十七世紀、十八世紀前後期」之述，雖未明言，當指清初（1662～1735）、乾嘉（1736～1820）、道咸（1821～1861）之百餘年。而謂清初者，當指炫博騁詞之派別；謂古學者，當指摭拾校勘、微言大義、辨物正名之派別；謂十八世紀末期之學，即格物窮理之派別也。至於孕新轉變之說，則關聯西洋科學治學之精神。總括其說，則徐氏漢學一詞，謂之廣義考證，毋寧切當。故就淵源言，論述考證特質，窮其始末，則顧亭林先生，宜爲權輿；其後吳、皖之惠、戴乃踵武繼起，之後，微言大義之學派，仍得而興。

進而言之，顧、惠、戴之考證，非惟他端，厥在實事求是，此雖三氏治學之道，實清儒特徵，故阮元亦曾以通儒之義謂之：

> 篤信好古，實事求是，匯通前聖微言大義，而涉及藩籬，此通儒之學也。〔註57〕

是通儒者，好古彰義，微言求是；驗證之，惟在務實。今再舉三氏之說，以爲印證。

一、顧炎武之治學

顧氏云：

> 自宋以下，一二賢智之徒，病漢人訓詁之學，得其粗跡，務矯之以歸於內，而「達道」、「達德」、「九經」……之事，置之不論，此眞所謂「告子未嘗知義」者也。〔註58〕

〔註56〕徐復觀《中國思想史論集・續集》〈清代漢學論衡〉，頁518。

〔註57〕劉師培主編《國粹學報》第三期撰錄，頁1。

〔註58〕顧炎武《日知錄》卷七〈行吾敬故謂之內也〉之章。

又云：

> 「學問之道無他，求其放心而已矣。」然則但求放心，可不必於學問乎？與孔子之言「吾嘗終日不食，終夜不寢，以思，無益，不如學也」者，何其不同邪？他日又曰：「君子以仁存心，以禮存心。」是所存者，非空虛之心也。夫仁與禮，未有不學問而能明者也。孟子之意，蓋曰能求放心，然後可以學問。〔註59〕

由上二則，知顧氏所重，非惟內省之心性理義，亦在客體之道問學術，而此道問學術，固非止於形下之格物窮理，乃求內外體用之相合。其所謂通儒，雖未若阮元之實事求是，然尤重踐履篤行。故其言學，端在崇實務本，不盲從依傍，亦未虛擬蹈空，信所當信，疑所當疑，非一味宗古，亦非妄議穿鑿。嘗云：

> 《五經》得於秦火之餘，其中固不能無錯誤，學者不幸而生乎二千餘載之後，信古而闕疑，乃其分也。〔註60〕

信古闕疑，爲顧氏治經之要，於好古敏求者，不啻鑿一途徑。此途徑，在顧氏言，乃對宋明以來，動疑經文、妄意刪飾之風，有所批駁：

> 乃近代之人，其於讀經，鹵莽滅裂，不及昔人遠甚。又無先儒爲之依據，而師心妄作，刊傳記未已也，進而議聖經矣；更章句未已也，進而改文字矣。此陸游所致慨於宋人，而今且彌甚。徐防有言：「今不依章句，妄生穿鑿，以遵師爲非義，意說爲得理，輕侮道術，浸以成俗。」嗚呼！此學者所宜深戒。〔註61〕

所謂鹵莽滅裂，輕侮道術，顯明於外者，亦即蔑視治學工夫，但憑己意穿鑿，此固非求本學者所當爲，是顧氏治學，以實證爲要義，蓋已知矣。而其特質，復若張舜徽先生所述：

> 1. 重視實地調查和考察的工作。2. 重視當代掌故和時事的學習。3. 善於運用歸納的方法研究問題。4. 善於掌握用聯系的觀點分析事物。〔註62〕

〔註59〕顧炎武《日知錄》卷七，「求其放心」之章。

〔註60〕同上，卷二，「豐熙僞尚書」之章。

〔註61〕同上。

〔註62〕《張舜徽學術論著》〈顧炎武學記〉，頁260至261；而梁啓超《清代學術概論》，頁16，亦以爲顧學特質在「貴創」、「博證」、「致用」，且謂：「其標『實用主義』以爲鵠，務使學問與社會之關係增加密度，此實對於晚明之帖括派、清談派一大針砭。清儒以樸學自命，以示別於文人，實炎武啓之。」可謂推崇。

二、惠棟之治學

惠氏之學，在熟洽群經，貫串融釋，參證訓詁，以期渙然。錢大昕曾贊先生：

> 宋元以來，說經之書，盈屋充棟，高者蔑棄古訓，自誇心得；下者勦襲人言，以爲己有。儒林之名，徒爲空疏藏拙之地；獨惠氏世守古學，而先生所得尤深。擬諸漢儒，當在何邵公、服子愼之間，馬融、趙岐輩不能及也。〔註 63〕

謂惠氏「世守古學，而先生所得尤深。」者，厥在先生以訓詁爲式，而此詁訓，又爲師弟相傳之法則。故其《九經古義述》云：

> 漢人通經有家法，故古有五經師；訓詁之學，皆由師所口授，其後乃著竹帛。所以漢經師之說，立於學者，與經並行。五經出於屋壁，多古言古字，非經師不能辨。經之義存乎訓，識字審音，乃知其義；是故乃知詁訓不可改也；經師不可廢也。〔註 64〕

《四庫全書・五經總義類》補述云：

> 古者漆書竹簡，傳寫爲艱。師弟相傳，多由口授。往往同音異字，輾轉多歧。又六體孳生，形體漸備，毫釐辨別，後世乃詳。古人字數不多，多相假借，沿流承襲，遂開通儒一門。談經者不考其源，每以近代之形聲，究古書之義旨，穿鑿附會，多起於斯。……至於讀古人之書，則當先通古人之字，庶明其文句，而義理可以漸求。棟作是書，皆蒐採舊文，互相參證，其中愛博嗜奇，不能割愛者，……皆不免曲徇古人，失之拘執。〔註 65〕

《四庫》作者，撰述之間，於惠氏之學，略有微辭，然亦肯定其治學之功。以爲惠氏博採蒐輯，參證舊文，績效豐厚。而就惠氏論，一則提昇漢經師之說，使與經書並行；一則硜然於古訓，以爲不可改易。雖未免拘執，於後之漢學考證，毋寧樹一治學之方向。

三、戴震之治學

顧、惠二氏，可視爲清學之先鋒，惟其治學之跡，思理尚未臻清晰，至

〔註 63〕錢大昕《研堂潛詩文集》卷三十七。

〔註 64〕惠棟《九經古義述》序。

〔註 65〕《四庫全書總目・五經總義類》卷三十三。

戴震（東原）先生出，理義始切，考據特質始明，以是後日徽學較吳學發皇，且影響揚州之學，戴氏之功，最爲宏偉。如言及戴學特質，則凌廷堪先生〈戴東原先生事略狀〉最爲詳盡：

> ……昔河間獻王，事實求是。夫實事在前，吾所謂是者，人不能強辭而非之；吾所謂非者，人不能強辭而是之也。如六書、九數及典章制度之學是也。虛理在前，吾所謂是，人既可別持一說以爲非；吾所謂非者，人亦可別持一說以爲是，如義理之學是也。故於先生之實學，詮列如右，而義理因先生晚年極精之詣，非造其境者，亦無由知其是非也。〔註66〕

而所謂實事之是非也者，依戴氏之意：

> 自宋以來，儒者多剽襲釋氏之言之精者，以說吾聖人之遺經。其所謂學，不求之於經，但求之於理；不求之於故訓典章制度，而但求之於心。好古之士雖欲矯其非，然僅取漢人傳注之一名一物輾轉考證之；則又煩細而不能至於道。於是乎有漢儒經學、宋儒經學之分，一主於故訓，一主於理義也。先生則謂理義不可捨經而空憑胸臆，必求之於古經。求之古經而遺文垂絕，今古懸隔，然後求之故訓。故訓明則聖人之理義明，而我心之所同然者乃因之而明。理義非他，存乎典章制度者也。彼歧故訓、理義而二之，是故訓非以明理義，而故訓何爲？理義不存乎制度，勢必流入於異學曲說而不自知。〔註67〕

〔註66〕凌廷堪《校理堂文集》卷三十五。蓋戴氏治學。鉅細畢究，本末兼察，而實事求是，傳信不疑。《戴震文集》卷九，〈與是仲明論學書〉即謂：「學有三難，淹博難，識斷難，精審難，三者僕誠不足以與於其間，其私自識斷精審，尤於淹博。」然則所謂「淹博」、「識斷」、「精審」者，實亦考證之精神，亦有類科學之法也。

〔註67〕凌廷堪《校禮堂文集》卷三十五，頁312。至若梁任公《清代學術概論》卷十三，頁412，亦述清學之考證，其說賅備，謹以徵引：

（1）凡立一義，必憑證據，無證據而以臆度者，在所必擯。
（2）選擇證據，以古爲尚，以漢唐證據難宋明，不以宋明證據難漢唐。
（3）孤證不爲定說。其無反證者姑存之，得有續證則漸信之。遇有力之反證則棄之。
（4）隱匿證據或曲解證據，皆認爲不德。
（5）最喜羅列事項之同類者，爲比較的研究，而求得其公則。
（6）凡採用舊說，必明引之，勦說認爲大不德。
（7）所見不合，則相辨詰，雖弟子駁本師，亦所不避。
（8）辨詰以本問題爲範圍，詞旨務篤實溫厚，雖不肯自己意見，同時仍尊重

凌氏所述，湛深剴切，一則申戴氏之治學；一則陳考證之特質，而其要旨略謂：

1. 事在乎得其實，是其所是，非其所非，斷制清晰。
2. 理義捨經而空憑胸臆，直是虛理。
3. 漢、宋之分，一主故訓；一主理義。後者之謂學，不求之於經，但求之於理；不求之於故訓典章制度，但求之於心。前者則以遺文垂絕，含古亦懸隔，而求之於古經古訓。
4. 故訓明則古經明，古經明則聖人賢人之理義明；而我心之所同然者乃因之而明。
5. 理義非他，存乎典章制度也。苟理義不存乎典章制度，勢必流入異學曲說。
6. 爲學次第，先求之於六書九數，繼乃求之於典章制度。以古人之義釋古人之書，不以己見參之，不以後世之意度之。既通其辭，始求其心，然後聖賢之心乃不爲異學曲說所旹亂。

綜上諸點，清學之內蘊，已隱然涵蓋矣。循路以進，奧義自明。今欲闡明「阮元之經學」，要旨所在，不外上述三者之見，以爲鵠的，知學而後明學，明學而後通學，綱舉而目張，會其宗，統其元。如此，於阮氏之學，當得以發皇踵步矣！

別人意見。
(9) 文體貴樸實簡潔，最忌辭有枝葉。

第二章　阮元之行誼

古諺謂：「欲知木之茂，必求其根；欲流之遠，必探其源。」而欲知人，亦必知其為學之所由自。前章以「清代學術」為題，述清學之特色及清學之流衍，壹在闡明「阮元」學之定位，謂之總綱可也。本章所敘，擬就阮元生平傳狀、論學旨要，分節論述，期於阮學持論，幽微精湛，探索其原委。

第一節　阮元生平傳略

錢穆先生撰〈芸臺傳略〉云：

> 芸臺猶及乾嘉之盛，其名位著述，足以弁冕群材，領袖一世，實清代經學名臣最後一重鎮。〔註1〕

侯外廬主編之《中國思想史綱》謂阮氏：

> 清代漢學思潮的終結的代表人物。〔註2〕

龔自珍（1792～1841）亦贊先生：

> 公毓性儒風，勵精樸學，兼萬人之姿，宣六藝之奧。〔註3〕

《清史稿》卷三六四，則推崇先生：

> 身歷乾、嘉文物鼎盛之事，主持風會數十年，海內學者奉為山斗焉。

則阮氏平生，足稱道者三：一為乾嘉盛世學人；一為弁冕群材名臣；一為經學佼佼者。是公之學行事功皆值傳世，其生平梗概，宜為後人法式。故為知

〔註1〕錢穆《近三百年學術史》下冊，頁474。

〔註2〕侯外廬主編《中國思想史綱》，頁448。

〔註3〕龔自珍《定盦續集》〈阮尚書年譜第一序〉。

其人，論其世，仍先言傳略。

《清儒學案》卷一二一、《續碑集傳》卷三、《清代名人傳略》頁三九九、《清史稿》卷三六四，及李元度《國朝先正事略》卷二十一，〔註4〕均載阮元傳略，敘皆精要。而阮氏門生張鑑，諸子阮常生、阮福、阮祜、阮孔厚，分述先生行狀，裒爲一輯，名「阮元年譜」〔註5〕此者，阮氏生平益徵之於世。今依諸傳所陳，謹就先生生涯，按年譜次序，分三期言述，即（1）仕宦前之家世，暨學習生涯（2）主持風會之仕宦生涯（3）致仕後之晚年生涯。依次敘說：

一、仕宦前家世暨學習生涯（幼年至廿六歲進士及第）

阮元，字伯元，號芸臺（雲臺），又號雷塘庵主、節性齋老人、頤性老人、北湖跛叟。清江蘇揚州府，儀徵縣人士。生於乾隆二十九年甲申（1764），卒於道光二十九年己酉（1849），年壽八十六。

阮氏生於揚州，得運會之趨，地理輻湊，人文薈萃，才彥碩士，濟濟相聚，蔚然之風。嘉慶年間重修之《揚州府志》即載：

> 居南北之衡，負淮帶海襟江，東南財賦倚爲重鎮，……聲名文物之盛，非他郡得與之抗。〔註6〕

所以如此，乃形勢使然，故雖曆經兵燹，猶能由剝而復，保其繁華。而此景象，乾隆之後，益形鼎盛。時賢薛壽於其《讀書舫錄後》載：

> 吾鄉素稱沃壤，國朝以來，翠華六幸，江淮繁富爲天下冠，士有宏才碩學者，不遠千里百里，往來於其間，巨商大族，每以賓客爭至爲寵榮，兼有師儒之愛才，提倡風雅，以至人文薈萃，甲於他鄉。〔註7〕

故昔時之揚州，一則鹽運交通；再則商旅麇集，加以天子六幸，師儒蔚起，文風之盛，在所必然。阮元生逢其時，得地利人格，是以性情曠達脫越，灑

〔註4〕諸傳中，李氏傳略較詳，於篇末附錄列之。

〔註5〕清張鑑等撰，黃愛平點校之《阮元年譜》，原名《雷塘庵主弟子記》。頁2載：「是譜凡八卷，卷一、卷二爲弟子張鑑撰；卷三、卷四爲長子阮常生撰；卷五、卷六爲次子阮福撰；卷七前半部分爲四子阮孔厚撰；後半部分爲三子阮祜撰，卷八爲阮氏小門生柳興恩續撰。」按張鑑（1768～1850），字春治，浙江烏程人。精通經史、小學、曆算、詩文，曾輯《經籍纂詁》，阮元甚器之。

〔註6〕王俊義〈再論揚州學派〉，引《揚州府志・嵩年序》。

〔註7〕嚴文郁《清儒列傳》，頁323，載薛壽（1912～1872），字介伯，江蘇江都人。著《揚州十二經師頌》、《讀書舫錄後》諸書。

然暢寄。

次者，言述阮氏家世暨其成長，彙編所及，惟在年譜及《揅經室集》之作，故撰述整理，仍按年紀事表列之，以闡敘阮氏學行：

表一　阮元學行年表

清　　曆	記　　　事
乾隆二十九年甲申（1764）一歲	阮元生於揚州舊府城（江蘇儀徵）西門白巷舊第南宅（今改建爲海岱庵）。祖名玉堂（1696～1761）康熙五十四年武進士，官河南衛輝營參將；祖母江氏。父承信（1735～1806），國子監生；母林氏（1736～1782），累贈一品夫人。〔註 8〕
乾隆二十四年己丑（1769）六歲	始就外傅。〔註 9〕
乾隆三十七年壬辰（1772）九歲	是歲起，從喬椿齡、胡廷森諸先生學，習經義、子史、文選等。〔註 10〕
乾隆四十五歲庚子（1780）十七歲	受業李道南（晴山）先生——乾隆辛卯（1771）進士。
乾隆四十七年壬寅（1872）十九歲	在家持服。屏去舊作詩詞時藝，始究心理學，得凌次仲（廷堪）爲益友。〔註 11〕
乾隆四十九年甲辰（1784）二十一歲	謝鏞爲江蘇督學，歲取先生爲儀徵縣第四名。
乾隆五十年乙巳（1785）十七歲	科試一等第一名，補廩膳生員。〔註 12〕
乾隆五十一年丙午（1786）二十三歲	鄉試中試第八名，典試官爲朱珪（石君），抵京師，得見邵晉涵（二雲）、王念孫（懷祖）、任大椿（子田），捧手請益。

〔註 8〕《阮元年譜》附錄二，〈賜謚文達前浙江學政巡撫原任太傅大學士阮公專祠錄〉、〈賜謚文達原任太傅大學士阮公鄉賢錄事實〉及〈雷塘庵主弟子記〉卷一，皆詳載阮氏世系。

〔註 9〕《阮元年譜・雷塘庵主弟子記》卷一，頁 3，記〈朱妣林太夫人行狀〉：「乾隆歲甲申，不孝元生，先妣自乳之，五歲教識字，六歲就外傅。不孝口吃，讀孟子〈孟施舍守氣〉等章，期期不能上口，從塾歸，自憤泣。先妣治低几於簷前，教不孝曰：『爾坐，毋急遽，姑從我口緩緩讀之。』一夕得其理，迺背誦如流。」蓋先生得之母教有如此。

〔註 10〕《揅經室二集》卷二，頁 370～372，〈李晴山、喬書酉二先生合傳〉、〈胡西琴先生墓誌銘〉。

〔註 11〕《校禮堂文集》卷二十三，頁 110，彼時凌氏初交先生，即撰〈擬大鵬見希有鳥賦〉見志，文之段落見於凌氏之《與阮伯元閣學論畫舫錄書》。

〔註 12〕《阮元年譜》，頁 6，記侍郎謝鏞於儀徵科試，場中經解策問，先生條對無遺，文亦冠場。

乾隆五十二年丁未（1787）二十四歲	會試下第，留館京師。成《考工記車制圖解》。友凌廷堪〈與阮伯元孝廉書〉，論所作《禮經釋名》。〔註13〕
乾隆五十三戊申（1788）二十五歲	所著《車制圖解》付梓。
乾隆五十四年己酉（1789）二十六歲	殿試二甲第三名，賜進士出身。爲《萬壽盛典》纂修官，國史館、武英殿纂修官，入宿庶常館讀書。

二、主持風會之仕宦生涯（二十七歲迄七十五歲致仕）

阮元於道光十八年戊戌（1838）致仕，時年七十五。自其進士及第，至歸田時節，綜計五十年。於此時期，其事功教化，均臻崇盛，所謂「學裕複儒宗，識優國器。」〔註14〕乾廷備極推崇。《清史稿‧阮元傳》亦贊先生：

> 身歷乾、嘉文物鼎盛之時，主持風會數十年，海內學者奉爲泰斗焉。〔註15〕

而〈御製阮元碑文〉且載：

> 紬書玉署，作賦則名冠詞曹；躋秩銅樓，乘軒則躬膺使節。教興黌序，遍齊魯越境以儲才；致佐文昌，歷春夏地官而敷治。撫循浙海，行臺再擁夫霓旌；翔步蓬山，史筆永留于金匱。〔註16〕

又贊：

> 學士仍紫薇之職，考工兼泉府之司。南國均輸，總領夫牙檣鐵軸；西江撫輯，承恩於翠羽官銜。移鎭而河洛乂安，督軍則湖湘總匯。揚旗粤嶺，波澄海上之樓船；受鉞滇黔，風靜天南之鼓角。〔註17〕

是先生文治武功，熒煌璀璨，宜爲朝野稱頌。而歷仕之五十年，事功而外，於清學推拓，亦復卓然明達。侯外廬《中國思想通史》即推許先生：「在匯刻編纂上，結束漢學的成績。」〔註18〕而此匯刻編纂之舉，於年譜事略，載之甚詳，表述如下：

〔註13〕凌廷堪《校禮堂文集》卷廿二，頁199。

〔註14〕《阮元年譜》附錄一，〈御制晉加太傅銜致仕大學士阮元碑文〉。

〔註15〕《清史稿》卷三四三。

〔註16〕同註14，附錄一。

〔註17〕同註14，附錄一。

〔註18〕侯外盧《中國思想通史》卷五。又侯氏主編《中國思想史綱》，頁448，言阮元匯刻編纂之「《經籍纂詁》頗能說出阮元總結乾嘉漢學成果的業績。《十三經注疏》歷來被學術界公認是善本。《皇清經解》是清代漢學的一大集成。他本人著作彙編爲《揅經室集》。這一切使他成爲漢學學風最有影響的護法者。」說甚公允。

乾隆五十五年庚戌（1790）二十七歲	授職編修。
乾隆五十六年辛亥（1791）二十八歲	大考翰詹，考題爲〈擬張衡天象賦〉、〈擬劉向請封陳湯甘延壽疏〉。奉旨授詹事府少詹事，又奉旨南書房行走，修晚書畫《石渠寶笈》。
乾隆五十八年癸丑（1793）三十歲	《石渠寶笈》告成。任山東學政，主祭孔廟。
乾隆五十九年甲寅（1794）三十一歲	訪碑於各嶽鎮。十二月修《山左金石志》，〔註 19〕畢沅巡撫山東，與先生商定金石條例暨搜訪事誼。
乾隆六十年乙卯（1795）三十二歲	刻《儀禮石經校勘記》成。爲新城王文簡公（士禎）書立墓道碑。修葺高密鄭司農（玄）祠墓成。調任浙江學政，陞內閣學士兼禮部侍郎。
嘉慶元年丙辰（1796）三十三歲	撰《小滄浪筆談》，登浙江天一閣觀書，刻成《山左金石志》，修《淮海英靈集》；撰〈胡朏明（渭）易圖明辨序〉。〔註 20〕
嘉慶二年丁巳（1797）三十四歲	選兩浙經古之士，分修《經籍纂詁》。始纂《疇人傳》，試寧波，命范氏子弟編錄《天一閣書目》。〔註 21〕刻成《七經孟子考文》。撰〈蘭亭秋禊詩序〉、〈謝蘇潭（啓昆）詠史詩序〉。師友詩篇，若〈括蒼山雨歌示諸生端木國瑚等〉、〈謝蘊山前輩屬題蘇潭圖〉、〈題凌次仲教授校禮圖〉。〔註 22〕
嘉慶三年戊午（1798）三十五歲	成《淮海英靈集》；輯《輶軒錄》，得兩浙詩三千餘家。注釋《曾子十篇》；撰成《經籍纂詁》一百十六卷。刻成祖父昭勇將軍《珠湖草堂詩集》；撰〈惠半農先生禮說序〉、〈泰山志序〉，詩篇若〈題江子屏（藩）書窠圖卷〉〔註 23〕
嘉慶四年己未（1799）三十六歲	撰《衡文瑣言》，輯成《廣陵詩事》，刻成《經籍纂詁》，撰〈己未科會試錄後序〉。
嘉慶五年庚申（1800）三十七歲	重修會稽大禹陵廟成，作碑紀事。訂《定香亭筆談》成。延臧鏞補訂《經籍纂詁》，嚴杰、趙坦參與編列。〔註 24〕
嘉慶六年辛酉（1801）三十八歲	立詁經精舍，選兩浙諸生學古者讀書其中。奉祀許叔重（慎）、鄭康成（玄）二先生，延王述庵（昶）、孫淵如（星衍）先後主講。〔註 25〕訪顧千里（廣圻）、臧在東（鏞）有詩作。〔註 26〕

〔註 19〕《揅經室三集》卷三，頁 595～597。載先生乾隆五十八年視學山左，摩挲碑刻，始有勒書之志；五十九年畢沅巡撫山東，始交付搜訪諸事，先生于學署池上，署〈積古齋〉，列志乘圖籍，案而求之，得諸拓本千三百餘件。

〔註 20〕《揅經室一集》卷十一，頁 217。

〔註 21〕《揅經室二集》卷七，頁 515。

〔註 22〕詩序、題辭皆見《揅經室四集》卷二，頁 685；卷三，頁 767～779。

〔註 23〕分別見《揅經室一集》卷十一，頁 216；《揅經室四集》戊午詩，頁 708。

〔註 24〕《經籍纂詁》後序，該序乃臧鏞撰。

〔註 25〕《阮元年譜》卷二，引孫星衍〈詁經精舍題名碑記〉：「揚州阮雲臺先生以閣部督學兩浙，試士兼用經古學，識拔高才生，令其分撰《經籍纂詁》一書，以觀唐以前經詁之會通。及由少司農巡撫茲土，遂於西湖之陽立詁經精舍，祠祀漢儒許叔重、鄭康成，……」其源概如此。

〔註 26〕《揅經室四集》，頁 712，辛酉詩作。

嘉慶七年壬戌（1802）三十九歲	撰《浙江圖考》成，刻《詁經精舍文集》；刻王復齋《鐘鼎款識》成。修杭州孔子廟成，延程瑤田按〈禮圖〉鑄鎛鐘，制度輕重，皆尊古法；又琢石磬，造諸禮樂之器，并延曲阜王文哲等教授佾生。
嘉慶八年癸亥（1803）四十歲	正月二十日，四十生辰，避客於海塘，用白傅（居易）四十歲白髮韻賦詩。主海寧（浙江）安瀾書院。刻朱文正公（珪）《知足齋集》。〔註27〕刊海內學問之士著述，若：錢大昕《三統術衍》；張惠言《虞氏易》、《儀禮圖》；汪中《述學》；錢坫《述古錄》；劉台拱《遺書》；凌廷堪《禮經釋例》；焦循《雕孤樓集》；鍾懷《考古錄》；孔廣森《儀鄭堂集》。凌廷堪於十一月，有〈與阮侍郎書〉，與先生論〈浙江圖考〉〔註28〕
喜慶九年甲子（1804）	刻成《積古齋鐘鼎彝器款識》十卷；作〈揚州阮氏家廟碑〉、〈嘉禾圖跋〉、錢大昕〈十駕齋養新錄序〉、邵晉涵〈南江邵氏遺書序〉。
嘉慶十年乙丑（1805）四十二歲	修《兩浙金石志》成。六月丁父憂，撰〈湘圃府君行狀〉；作〈隋文選樓記〉。又段玉裁〈與阮雲臺論阮氏湘圃君行狀〉，言「行狀」之釋，於著述體例未合。〔註29〕江藩有〈與阮侍郎書〉，言「居喪不文」，此時阮元爲狀究竟未妥。〔註30〕撰〈劉端臨先生墓表〉。
嘉慶十一年丙寅（1806）四十三歲	以墓廬在雷塘，故號「雷塘庵主」。刻〈阮昭勇將軍琢庵公暨光祿大夫湘圃公昭穆神道碑〉成。仿蘇州范文正公舊事，置議縣江中一區以爲祀產，題曰「禮祀洲」。纂刊《十三經校刊記》二百四十三卷成，贊謂：「此我大清朝之經典釋文也。」
嘉慶十二年丁卯（1807）四十四歲	編《瀛舟書記》成。於揚州甘泉山獲西漢厲王胥冢之二石。《御製味餘書室隨筆跋》，視學浙江，進呈四庫未收書一百七十四種，題曰《四庫未收書提要》，又名《揅經室經進書錄》，建「宛委別藏」以庋之。撰〈循吏汪輝祖傳〉。
嘉慶十三年戊辰（1808）四十五歲	友凌廷堪有〈與阮中丞論克己書〉。〔註31〕撰〈寧波范氏天一閣書目序〉。詩作若〈秋初澹凝精舍小憩〉、〈題曹夔音摹趙松雪樂志論圖卷〉。〔註32〕
嘉慶十四年己巳（1809）四十六歲	考官劉鳳誥科場舞弊，頗受牽連，著趙部議革職入京。立書藏於杭州「靈隱寺」大悲閣後，撰〈杭州靈隱書藏記〉；又撰〈海塘攬要記〉、〈張皋文茗柯文序〉、〈孫星衍・鄭司農年譜序〉、〈漢延熹華嶽廟碑跋〉；撰〈凌次仲傳〉。
嘉慶十五年庚午（1810）四十七歲	補授翰林院侍講，充署日講起居注官。編錄《十三經經郛》，兼國史館總輯；輯《儒林傳》；與李銳（尚）共輯之《疇人傳》，至是寫定。門人張鑑撰成《兩浙賑江記》。詩作若〈題陳受笙十鏡詩稿後〉、〈題陳迦陵先生塡詞圖卷〉、〈題女蘿亭香影移梅詞意圖卷〉。

〔註27〕《阮元年譜》卷二，頁51。

〔註28〕凌廷堪《校禮堂文集》卷二十四，頁222，載：「三江主漢志，實東原先生開其端，近人金撫之、姚惜抱、錢溉亭諸君皆然。然《說文》所載衍、漸二水，皎若列眉，俱不知引，非閣下博稽精證，則學者疑義終未析也。」亦云推許。

〔註29〕段玉裁《經韻樓集》卷三。

〔註30〕江藩《炳燭室雜文》，頁8。

〔註31〕凌廷堪《校禮堂文集》卷二十五，頁235。

〔註32〕《揅經室四集》卷八，頁845。

嘉慶十六年辛未（1811）四十八歲	編成《經郛》一百卷，未刻。編成《漢延熹西嶽華山碑考》四卷、《四庫未收百種書提要》。臧鏞〈上阮雲臺侍講書〉，論國史儒林傳事。〔註33〕蒙召見，上諭曰：「爾於劉鳳誥事不過失察，尚非有心徇隱。」蓋意存寬囿也。
嘉慶十七年壬申（1812）四十九歲	〈擬儒林傳序〉云：「兩漢名教，得儒經之功；宋明講學，得師道之益。」又云：「聖人之道，譬若宮牆，文字訓詁，其門逕也。」……於〈文苑傳〉創稿未就。
嘉慶十八年癸酉（1813）五十歲	仿杭州「靈隱」添設焦山書藏。郝懿行有〈奉答阮雲臺書〉，論《爾雅》之事。〔註34〕詩作若〈題蝶夢園圖卷用董思翁自書詩韻〉、〈遊淮陰柳衣圖憶京寓蝶夢園〉〔註35〕
嘉慶十九年甲戌（1814）五十一歲	任江西巡撫兼提督提州；撰知不足齋鮑（延博）君傳。〔註36〕詩作若〈與王柳村等同立焦山書藏詩以紀事〉、〈賀翁覃溪（方綱）先生重赴甲戌科恩榮宴〉。
嘉慶二十年乙亥（1815）五十二歲	撰王伯申〈經義述聞序〉；與門人江西武寧宣旨（文弨）、鹽巡道胡稷等重刊宋本《十三經注疏》；又撰〈江鄉籌運圖跋〉。詩作若〈齊侯罍歌〉。〔註37〕
嘉慶二十一年丙子（1816）五十三歲	刻宋本《十三經注流》成，計四百十六卷，歷時十有九月。撰〈江西校刻宋本十三經注疏書後〉〔註38〕〈焦氏雕菰樓易學序〉。
嘉慶二十二年丁丑（1817）五十四歲	任湖廣總督。遊浯溪，有詩作〈讀唐中興頌用黃文節詩韻〉。
喜慶二十三年戊寅（1818）五十五歲	纂《廣東通志》。撰〈國朝漢學師承記〉、〈李尙之（銳）傳〉、〈浙儒許君積卿（宗彥）傳〉、〈山東糧道淵如（星衍）孫君傳〉。
嘉慶二十四年己卯（1819）五十六歲	撰〈隱山詩序〉，言「一日之隱，我辰（正月二十日）所同。」
嘉慶二十五年庚辰（1820）五十七歲	興「學海堂」，以經古之學課士子。〔註39〕郝懿行有〈又呈阮雲臺先生〉，論《爾雅義疏》之考訂。〔註40〕

〔註33〕臧鏞《拜禮堂文集》卷二。

〔註34〕郝懿行《曬書堂外集》卷上。

〔註35〕《揅經室四集》癸酉詩作，頁762。

〔註36〕鮑廷博，字以文，安徽歙縣人。雍正六年戊申（1728）生，嘉慶十九年甲戌（1814）卒。鮑氏居杭州，家富藏書。乾隆三十八年（1771）詔開四庫館，鮑氏命子氏恭進善本六百餘種，爲天下獻書之冠。其《知不足齋叢書》，阮元有傳。

〔註37〕《揅經室四集》乙亥詩作，頁885～886。

〔註38〕《阮元年譜》卷五，頁121；《揅經室三集》卷二，頁580，述校刻宋本之由。云：「今重刻宋板，凡有明知宋板誤字，亦不使輕改，但加圈於誤字之旁，而別據校勘擇其說，附載於每卷之末，俾後之學者不疑于古籍之不可據，愼之至也。」蓋刻書者每患以臆見改古書，先生則守原版風貌，是爲愼切。

〔註39〕《阮元年譜》卷五，頁133。

〔註40〕郝懿行《曬書堂外集》卷上。

道光元年辛巳（1821）	刻《江蘇詩徵》成，輯五千四百三十餘家，一百八十三卷。撰〈女婿張熙女安合葬墓碣〉。
道光二年壬午（1822）五十九歲	修成《廣東通志》，撰〈重修廣東省通志序〉。撰《江程日記》一卷。
道光三年癸未（1823）	《揅經室集》刻成，自序云：「室名《揅經》者，余幼學以經爲近也；余之說經，推明古訓，實事求是而已，非敢立異也。」重修〈阮氏族譜〉成。
道光四年甲申（1824）六十一歲	刻焦里堂《雕菰樓集》廿四卷成。以家藏〈漢西嶽華山廟碑〉摹本，刻於西嶽廟中。建「學海堂」，楹帖云：「此地有獅海珠江之勝，其人在儒林文苑之間。」其一聯云：「公羊傳經，司馬記史，白虎德論，雕龍文心。」撰〈學海堂集序〉、〈兩浙金石志序〉。方東樹〈上阮雲臺宮保書〉，評漢學之過。〔註 41〕
道光五年乙酉（1825）六十二歲	輯刻《皇清經解》，編輯者爲嚴杰。〔註 42〕作〈文韻說〉一首，以訓阮福。詩作若〈正月二十日學海堂茶隱〉、〈乙酉春夏間屢登粵秀山憩坐學海堂海因題〉。〔註 43〕
道光六年丙戌（1826）六十三歲	調雲貴總督。編輯《皇清經解》已得成書千卷。越華書院山長劉樸石贊曰：「學問足以式秀髦，威令足以整師旅，繫人去思不已者，惟宮保大司馬阮公爲最。」先生答「學海堂」師生送別詩，則勉曰：「講學是非宜實事，讀書愚智在虛心。」撰詩作《萬里集》一卷。
道光七年丁亥（1827）六十四歲	著〈塔性說〉成，言李翺〈復性說〉乃有取於釋氏。詩作若〈題竹林茶隱卷〉、〈南紹殘碑〉、〈建極銅鐘〉。〔註 44〕
道光八年戊子（1828）六十五歲	〈書東莞陳（建）氏學蔀通辨後〉、〈學蔀通辨〉，言朱子晚年講理必出於禮，非爲空言立說。
道光九年己丑（1829）六十六歲	子阮福撰《孝經義疏補》十卷成。刻成《皇清經解》一千四百卷，夏修恕作序。
道光十年庚寅（1830）六十七歲	撰〈與學海堂吳學博（蘭修）書〉，謂研古者，在以群經，《楚辭》爲根抵，精審段玉裁十七部，進之以王念孫廿一部，庶幾有得。
道光十一年辛卯（1931）六十八歲	撰〈碧雞臺記〉，記滇池碧雞諸山之景，及高臺之狀，末以政簡身閒，崇尚德威，與民休養作結。

〔註 41〕方東樹《儀衛軒文集》卷七。按《清儒學案》卷八十九，載方東樹，字植之，別名儀衛，安徽桐城人。乾隆三十七年壬辰（1772）生，咸豐元年辛亥（1851）卒。師事惜抱先生，相從最久，分纂《江寧府志》、《廣東通志》。客阮元幕府時，論學意見不合，著《漢學商兑》，反覆申辨；慮排漢學或變爲空談性命，不守孔子「下學上達」之序，乃著《昭昧詹言》三卷、續八卷、《儀衛軒文集》十二卷。

〔註 42〕《清儒學案》卷九十一，載嚴杰，字厚民，浙江餘杭人，乾隆二十八癸未（1793）生，道光二十三年癸卯（1843）卒。嚴氏潛研經術，邃學能文，阮元督學浙江，深賞之。佐編《經籍纂詁》，從至廣東；又佐編《皇清經解》。較著之作，若《小爾雅義疏》、《經義叢鈔》三十卷。

〔註 43〕分見《揅經室續集》卷六，〈文選樓詩存十三〉；卷八，〈文選樓詩存十五〉。

〔註 44〕同上。

道光十二年壬辰（1832）六十九歲	撰江藩〈經解入門序〉。子阮福等撰〈先妣孔（璐華）夫行狀〉。
道光十三年癸巳（1833）七十歲	奉諭充會試副總裁。撰〈王石臞（念孫）墓誌銘〉，銘贊：「先生學行，漢之醇儒；忠恕直誠，不飾不僞；古聲古訓，確證經疏；學深許鄭，音脈劉徐；萬卷皆破，一言不虛。」洵爲鞭辟。
道光十四年甲午（1834）七十一歲	撰《石畫記》四卷成。撰〈野雲山人（朱鶴）傳〉、〈隱屛山人陳編修（壽祺）傳〉。
道光十五年乙未（1835）七十二歲	奉旨充體仁閣大學士。撰〈謝授大學士摺〉、〈重修滇省諸葛武侯廟記〉。
道光十六年丙申（1836）七十三歲	奉旨充經筵講官，充殿試讀卷官。撰〈詩書詁訓序〉，言「孔孟之學所以不雜者，守商周以來詩書古訓以爲據也。」〔註45〕
道光十七年丁酉（1837）七十四歲	撰〈詩有馥其馨馥誤椒記〉、〈揚州水道記序〉、〈雲南井鹽記〉、〈兵部尚書敏肅盧公神道碑〉、〈汪容甫先生手書跋〉。
道光十八年戊戌（1838）七十五歲	撰〈齊陳氏韶樂罍銘釋〉、〈闕里孔（繡峰）氏詩鈔序〉。撰〈因病求開缺摺〉，謂「年已七十五，質同蒲柳，景迫桑榆。」懇請致仕。〔註46〕回籍揚州，撰〈節性齋怡泉記〉，怡志林泉，賦詩十韻。

三、致仕後之晚年生涯

阮元致仕至逝世之十一年中，率皆怡養性情《揅經室集》續作則審愼覃研，蓋欲於身後有所傳述也。光緒五年，江西巡府吳元炳等，爲阮公奏舉崇祀鄉賢文錄，即詳題阮公德澤馨芳，以謂公之望重儒林：

> 若其著述儒林，迺應生誦習，闡忠恕之微言，十篇注釋；紹漢唐之絕學，千卷刊行。史稿裁成，敬備史宬副墨；冊書採進，恭登冊府儲藏。樂石吉金，證旁通乎鐘鼎；割圜切線，術精較夫弧玄弦。〔註47〕

此爲阮公治學之事；及語德慧，則又謂：

> 至於孝思養志，尤在廉品持躬。節性名齋，衣服無踰祭品；揅經署示，苞苴不受門生。仿文正之規模，義莊贍族；訂溫公之儀式，禮祀傳家。〔註48〕

則阮公晚年，以節性自期，清廉持躬，亦不以年耄改其初衷；而列名清史，登錄鄉賢，堪謂實至名歸。因之，阮公致仕後之數年，學行德業，仍足以稱述，表列如下：

〔註45〕《詩書詁訓序》，頁2。
〔註46〕《揅經室續集》卷二，下卷，頁116。
〔註47〕《阮元年譜》附錄二，〈賜謚文達原任太傅大學士阮公鄉賢錄〉，頁233。
〔註48〕同上頁234。

道光十九年己亥（1839）七十六歲	撰《揅經室續集·自序》，云：「此續者，雖亦實求其是，而無才可矜，無氣可使，無學可當考據之目，欿然退然，自命爲卑毋高論四字而已。」〔註49〕又南萬柳堂成，撰〈北渚墓表〉；撰〈爲恭謝天恩事〉，言拜賜帝澤，彌殷感戴。
道光二十年庚子（1840）七十七歲	自訂《揅經室再續集》，以柳興恩〈穀梁傳學序〉冠其首。〔註50〕親書楹聯賜劉恭人（劉端臨長女）五十壽，上聯云：「泰華寫峰，壽館雙碑色。」下聯云：「詩書教子，燕山五桂香。」；撰羅士琳〈續疇人傳序〉。
道光二十一年辛丑（1841）七十八歲	撰〈雷塘自定壽壙記〉，引《禮記·檀弓》「樂哉瑕邱」之言，以爲印證。
道光二十二年壬寅（1842）七十九歲	撰〈高郵泮林輯十種古書序〉、〈朱珔小萬卷齋文稿序〉。
道光二十三年癸卯（1843）八十歲	宅第福壽亭燬於火，御賚幸得護出，惟書物皆燼。御書「頤性延齡」匾額一面。
道光二十四年甲辰（1844）八十一歲	壽辰。居「愛吾草廬」，題「竹林茶隱卷」。
道光二十五年乙巳（1845）八十二歲	撰〈蘆庵雪詩〉。
道光二十六年丙午（1846）八十三歲	重赴鹿鳴筵宴。梁章鉅《浪跡叢談》卷一，載阮公重赴「鹿鳴」甚詳。
道光二十七年丁未（1847）八十四歲	聖訓「頤性延齡」，有養老之意。
道光二十八年戊申（1848）八十五歲	《揅經室再續集》卷七，載：「自六十歲竹林茶隱，在京之龍樹寺，在揚之建隆寺、雙樹庵，多尋僧庵素食，二十五年矣。丙午春始改肉食。」
道光二十九年己酉（1849）八十六歲	十月十三日薨。賜諡「文達」。梁章鉅《南省公餘錄》引《諡法考》：「疏中通理曰達，職直好義曰達。」《揅經室一集·釋達》謂：「達也者，士大夫智類通明，所行事功及于家國之謂也。」〔註51〕
咸豐二年壬子（1852）	入祀鄉賢祠暨浙江名宦祠。

〔註49〕《揅經室續集》自序。

〔註50〕《清儒學案》卷一五二、《續碑志傳》卷七十四，云：「柳興恩（原名興宗），字賓叔，江蘇丹徒人，乾隆六十年（1795）生，光緒六年庚辰（1880）卒。貧而好學，阮元（文達）刻《皇清經解》，公羊左氏俱有專家，而穀梁缺焉，乃發憤沉思，成《穀梁春秋大義述》。書甫成，就正於文達，文達惜見之晚。」

〔註51〕《揅經室一集》卷一，頁24。

第二節　阮元論學要旨

劉師培《左盦外集》〈揚州前哲畫像記〉云：

> 自漢學風靡天下，大江以北治經者，以十百計。或守一先生之言，累世不能殫其業。或緣詞生訓，歧惑學者。惟焦、阮二公，力持學術之平，不主門户之見。〔註52〕

以焦循（1763～1820）言，其治學務在博綜，無論隱奥平衍，必究其源；學案謂其經史、曆算、聲音、訓詁無不精當，而易學三書及《孟子正義》尤堪專家之業。〔註53〕而其治學之不喜仿傍，亦影響阮元；阮元之學，淵博邃密。於經史、小學、天算、輿地、金石、校勘，無不窮隱極微，多所闡發。且揚州學人，焦循以外，若王念孫、劉台拱、任大椿諸先生，皆碩學才彥，阮元請益問學，得之必多，〔註54〕是劉氏謂焦、阮二先生「力持學術之平，不主門戶之見。」殆有以也。

張舜徽先生〈揚州學記〉論述阮元，即謂：

> 阮元……平生研究經學，也不以惠棟一派墨守漢儒爲然。抱著實事求是的精神，走戴震的道路。不過阮元治學，長於歸納，每喜臚列證據，再從而得出結論，如所撰《性命古訓》，便是一例。〔註55〕

依張氏之意，阮元之學，可析論爲三：（一）不墨守漢儒家法（二）治學實事求是（三）鑽研科學之歸納。據此三點。則阮元爲學，厥有可觀處：

一、不墨守漢儒家法

乾嘉之學，吳、皖二派爲其主脈，兩派有明顯差異。林尹先生謂吳派「始自惠棟，其學好博而尊聞。」〔註56〕謂皖派「始自戴震。戴震受業於婺源江永，

〔註52〕劉師培《左盦外集》卷二十。

〔註53〕《清儒學案》卷一二〇之一，詳焦循傳略，焦氏與阮元交甚厚，又爲族姊夫，情好縝密，而易學三書：《易章句》十二卷、《易圖略》八卷、《易通釋》二十卷，已收入《焦氏叢書》。

〔註54〕《揅經室一集》卷十一，〈任子田侍郎弁服釋例序〉。

〔註55〕張舜徽《清儒學記》〈揚州學記〉，齊魯書社，1991版；張氏亦著《清代揚州學記》，上海人民出版社，1962版；本段所引爲自《張舜徽學術論著選》，華中師大，1997版，頁323。

〔註56〕林尹《中國學術思想大綱》，頁246，言：「惠棟字定宇，……承其父士奇學，揖志經術，……然亦氾濫百家。」蓋謂惠氏博學也。

其學綜形名而好裁斷。」〔註57〕

再者，惠氏之好博尊聞，壹在宗漢而已。即以《易》言，江藩《漢學師承記》附〈國朝經師經義目錄〉乃謂：

> 《易》自王輔嗣、韓康伯之書行，二千餘年，無人發明漢時師說，及東吳惠氏起，而導其源，疏其流，於是三聖之《易》昌明於世。……然不宗漢學，皆非篤信之士也。〔註58〕

則惠氏惟漢是尚，可以知曉。梁啓超《清代學術概論》論云：

> 清代學術，論者多稱爲漢學。其實純粹的漢學，惟惠氏一派，洵足當之。夫不問眞不眞，惟問漢不漢，以此治學，安能通方？〔註59〕

梁氏之言，或稍激厲，然吳派之信古，乃不爭之事實。若乎阮氏，雖亦宗漢，然非必惟漢爲眞。阮氏於〈惠半農（惠棟父，惠士奇）先生禮說序〉：

> 十三經義疏，周禮可謂詳善矣。……我朝惠半農先生家傳漢學，所著《禮說》十四卷，實補賈（公彥）氏之未及。……如有好學深思之士，據賈氏爲本，去其謬誤及僞緯書，擇唐宋人說禮之可從者，加以惠氏此說，兼及惠定宇（棟）、江愼修（永）、程易田（瑤田）、金輔之（榜）、段若膺（玉裁）、任子田（大椿）諸君子之說，勿拘疏不破注之例，博考而詳辨之。〔註60〕

蓋疏不破注，爲漢學家法。謹守其則，久之必泥，且以古爲眞，古訓不合宜者，一概皆是，則所得恐未爲信，反失之於誣。此阮元於〈漢讀考周禮序〉開宗明義即謂：

> 稽古之學，必確得古人之義例；執其正，窮其變，而後其說之也不誣。〔註61〕

〔註57〕同上，頁249，言：「戴震字東原，休寧（安徽）人，學雖多本於江永，然早歲讀書，即求深意，晚年稽古，尤超前哲。」語簡賅而深矣。

〔註58〕錢鍾書主編《中國近代學術名著叢書》、《漢學師承記》，頁163。

〔註59〕梁啓超《清代學術概論》十，頁32。

〔註60〕《揅經室一卷》卷十一，頁217。

〔註61〕同上，頁218，按此文乃阮元爲段玉裁《周禮漢讀考》之序作。文有從漢儒者，亦有未宗漢儒者：前者若「訓詁必宗漢人，漢人之說經傳也，或言讀爲、讀曰；或言讀或如讀若；或言當爲，作義疏者一切視之。」而於後者則謂：「言韻者多矣，顧詩三百篇，人人讀之，而能之三百篇之韻者，或未之有也。說文解字一書，人人讀之，而許氏全書之例未之知，則許之可疑者多矣。」是

學以稽古，其旨在得乎古人義例；此外，執正馭變，不蹈襲前人窠臼，入內出外，學方不誣，若一味蹈襲，陷於「不辨」，終不免於惑。譬江藩《經師經義目錄》論胡朏明（渭）之〈洪範正論〉，即為一例。〔註62〕阮元之述焦里堂（循）〈群經宮室圖序〉所述尤明：

> 余以為儒者之于經，但求其是而已。是之所在，從注可，違注亦可，不必定如孔、賈義疏之例也。〔註63〕

所謂「是之所在，從注可，違注亦可。」在於理解古籍，非必一定古為真，趨舍去取，厥在是之與否耳。阮元嘗舉程瑤田為例云：

> 歙程易田孝廉近之善說經者也。其說《考工》戈戟鐘磬等篇，率皆與鄭注相違，而證之於古器之僅存者，無有不合，通儒碩學，咸以為不刊之論，未聞以違注見譏。〔註64〕

又云：

> 蓋株守傳注，曲為附會，其弊與不從傳注空談者等；夫不從傳注憑臆空談之弊，近人類能言之，而株守傳注曲為附會之弊，非心知其意者，未必能言之也。〔註65〕

則阮元之不墨守漢儒專注，洵可知矣。至若戴震之學，於漢儒亦存若干意見，觀其〈答鄭丈用牧書〉可知：

> 其得於學：不以人蔽己，不以己自蔽；……徒株守先儒而信之篤，如南、北朝所譏：「寧言周孔誤，莫道鄭服非」，亦未志乎聞道者也。〔註66〕

為余蕭客（1729～1777）作〈古經解鉤沉序〉亦云：

> 士生千載後，求道於典章制度，而遺文垂絕，今古懸隔。時之相去，殆無異地之相遠，僅僅賴夫經師故訓乃通，無異譯言以為傳導也者。……雖然，經自漢師所授受，已差違失次，其所訓釋，復各持異解。〔註67〕

阮氏非一味墨守漢之儒者也。

〔註62〕同註58，《漢學師承記》外二種，頁167。

〔註63〕《揅經室一集》卷十一，頁226。

〔註64〕同上。

〔註65〕同上。

〔註66〕《戴東原文集》卷九，頁142。

〔註67〕《戴東原文集》卷十，頁145。

是以「株守先儒而信之篤」，不免爲人所譏，而於經師之訓，能摒其藩籬，不爲所蔽，乃爲學之方，此戴氏治學精謹處，亦阮元相承所在。故阮氏撰孔廣森（1752～1786）〈春秋公羊通義序〉即云：

曲阜聖裔孔巽軒先生，思述祖志，則從事於公羊者也。……何（休）氏體大思精，然不無承訛率臆，於是旁通諸家，兼采左穀，擇善而從，撰《春秋公羊通義》十一卷，序一卷，凡諸經籍義有可通於公羊者也，多著錄之，其不同於解詁者，大端有數事焉。……他如何氏所據，閒有失者，多所裨損，以成一家之言。〔註68〕

是而援引漢儒，又不拘泥於漢儒，則爬羅剔抉，終能發皇斯學，此孔氏之意，亦阮元精微之思也。

二、治學實事求是

阮元治學，重在嚴謹，故古訓理義，壹求其精確，學之修習，皆本精神之探求；於典章名物，經史考辨，亦覃思潛研，務期水落石出，其不苟精神，《揅經室集》中，歷歷可數，觀先生自序云：

室名揅經者，余幼以經學爲近也。余之説經，推明古訓，實事求是而已，非敢立異也。〔註69〕

明乎古訓，實事以求之，不標新以立異；於爲學之路，擬指方鍼，此即阮氏治學之大端也。而其大端，乃歸於訓詁、考據二者，茲分述如下：

（一）以訓詁為治經門徑

云及訓詁，學者皆舉金壇段氏（玉裁）、高郵王氏（念孫、引之），棲霞郝懿行，鮮有提及阮元，此因阮氏雖居顯宦，學術之途，未若段、郝、二王之專著，如段玉裁《說文解字注》，王念孫《廣雅疏證》、王引之《經義述聞》，郝懿行《爾雅義疏》諸作，皆望重士林；阮元所抒，大抵單章連綴，未照應成篇，故訓詁之見，嶄露稍淺，然由爲文，仍能見先生訓詁之湛深。即以〈王伯申經義述聞序〉，阮氏特取「舉燭鼠璞」爲例，闡明訓詁之緊要：

凡誤解古書者，皆舉燭鼠璞之類。……《經義述聞》一書，凡古儒所誤解者，無不旁徵曲喻，而得其本義之所在。……是編之出，學者當曉然於古書之本義，庶不至爲成見所膠固矣，雖然，使非究心於聲音

〔註68〕《揅經室一集》卷十一，頁222、223。
〔註69〕《揅經室一集》自序，頁1，時爲道光三年癸未，阮氏年六十。

文字，以通訓詁之本原者，恐終以燕說爲大寶，而嚇其腐鼠也。〔註70〕

然則阮氏潛研訓詁，非閉門造車，亦嘗就時賢請益，最心儀者，莫若王懷祖（念孫）先生，其〈王石臞先生墓誌銘〉一文，即載：

元於先生，爲鄉後學，乾隆丙午（1786），入京謁先生，先生之學，精微廣博，語元，元略能知其意，先生遂樂以爲教，元之稍知聲音文字訓詁者，得於先生也。……謂訓詁之旨，本乎聲音，就古意以求古義，引申觸類，擴充于《爾雅》、《說文》之外，似乎無所不達。〔註71〕

是阮元之就教王氏，於文字、聲韻訓詁之旨多所受益。其學有本有源，當非冥搜枯想者可比。而王氏就古音以求古義之法，阮氏之說字解經，亦引爲圭臬；於〈與郝蘭皋論爾雅書〉即持是說：

言由音聯，音在字前，聯音以爲言，造字以赴音，音簡而字繁，得其簡者以通之，此聲韻文字訓詁之要也。……以簡通繁，古今天下之言，皆有部居，而不越乎喉舌之地。〔註72〕

再者，〈與高郵宋定之論爾雅書〉之謂：

竊謂注《爾雅》者，非若足下之深通乎聲音文字之本原不能，何也？爲其轉注假借有大經大緯大部居，而初、哉、首、基，其偶見之跡也。山、水、器、樂、草、木、蟲、魚諸篇，亦無不以聲音爲本，特後人不盡知耳。〔註73〕

「因音求義」，此聲訓之道，雖不無王氏影響，然就訓詁推求言，當亦阮氏之意。訓詁條列，所謂「從某聲多有某意」〔註74〕阮元已證之精詳；〔註75〕又若〈釋且〉例云：「且、始也。且既與祖同字同音，則其誼亦同。」：〔註76〕又若〈釋且〉例云「義從音生也，字從音義造也。」〔註77〕……諸例，皆可爲證。此外，若〈釋相〉例，說明尋求本字之法；〈釋鮮〉例，析述借字輾轉

〔註70〕同上，頁104。

〔註71〕《揅經室續集》卷二下卷，頁93。

〔註72〕《揅經》一○七。

〔註73〕《揅經室一集室一集》卷五，頁108。

〔註74〕林尹《訓詁學概要》，頁151，林氏並舉黃承吉〈字義起於右旁之聲說〉、劉師培〈字義起於字音說〉以爲參證，論述甚詳。

〔註75〕錢大昕《潛研堂文集》卷三十三，〈答孫淵如書〉，頁522。

〔註76〕《揅經室一集》，頁9。

〔註77〕同上，頁18。

相通之理，〈釋佞〉例，言述字義隨時變遷之語，〔註 78〕亦阮氏治學心得，足堪後人借鏡。

次者，潛研訓詁，不離傳、注。後人距古遙遠，古書意涵每未明確，傳、注之釋，恰足爲迻譯之津樑。阮元平日鑽研訓詁，著意於傳、注、箋、疏之作，然墳籍淵海，即有注釋，亦僅皮毛，是以督學浙省期間，乃有《經籍纂詁》之編纂，而論其發凡處，則錢大昕（1728～1804）先生序意，最是允妥，敘之如下：

1. 有文字而後有訓詁，有訓詁而後有義理；詁訓者，義理之所由出，非別有義理出乎詁訓之外者也。
2. 儀徵阮公以懿文碩學，……首以經術爲多士倡，謂治經必通訓詁，而載籍極博，未有會撮成一編者。往歲休寧戴東原在書局實刱此議。……乃於視學兩浙之暇，手定凡例，即字而審其義，依韻而類其字，有本訓有轉訓，……擇浙士之秀者，若干人分門編錄。〔註 79〕

「義理非出訓詁之外」，則古訓是式，纂錄古訓，以言義理，此爲阮元之說，其實即清儒治經之儒，論其淵自，顧炎武「經學即理學」之論，已先之矣。再以《纂詁》之刱義，戴震已先議之，故細推阮氏之訓詁，則順戴震而上，至於顧氏，其學之源委脈絡，可謂一線相承，繼而不墜者也。

（二）因考據以明古學

張舜徽先生云：

清代乾嘉學者研究工作的中心內容，絕大部分是集中在經學方面。由于經典中所包含的內容十分豐富，想徹底理解它，便非具備許多輔助知識不可。〔註 80〕

以「輔助知識」言，戴震已有此述，其〈與是仲明論學書〉即謂：

誦〈堯典〉數行，至「乃命羲和」，不知恆星七政所以運行，則掩卷不能卒業。誦〈周南、召南〉，自〈關雎〉而往，不知古意，徒強以協韻，則齟齬失讀。讀古《禮經》，先〈士冠禮〉，不知古者宮室、衣服等制，則迷於其方，莫辨其用。不知古今地名沿革，則〈禹貢〉

〔註 78〕同上，頁 27、頁 5。
〔註 79〕《經籍纂詁》錢大昕序。
〔註 80〕《張舜徽學術論著選》〈揚州學記〉，頁 327。

職方失其處所。不知少廣旁要，則〈考工〉之器不能因文而推其制。不知鳥獸、蟲魚、草木之狀類名號，此比興之意乖。〔註 81〕

戴氏之說，殆已浸入經學內蘊，苟非鑽研有年者，恐未足堪其任。然阮元學本多方，承戴氏之意，復矻矻覃思，故研治經術，每能探其驪而得其珠。而自序所謂：「推明古訓，實事求是」〔註 82〕者，乃待乎豐富學養，與夫運智之力，否則學養未足，經書理義未得其解；運智之力薄弱，又何能駁辨？此猶戴氏諄諄誨言：「僕聞事於經學，蓋有三難：淹博難，識斷難，精審難。」〔註 83〕意即在斯。阮氏學承戴氏，於經之考證，熟諳其道，自能以拔萃之姿，出同類之上，故論考證實例，《揅經室集》諸作，可為印證。如：

1. 〈考工記車制圖解〉

阮自題跋言云：

車制圖解，元二十四歲寓京師時所撰，撰成即刊之，其間重較軓前十尺，後軫諸義，實可辨正鄭注，為江慎修、戴東原諸家所未發，且以此立法，實可閉門而造，駕而行之。此後金輔之、程易田兩先生亦言車制，書出元後，其於任木、梢藪等義，頗與鄙說不同，其說亦有是者，元之說亦姑與江、戴諸說並存之，以待後學者精益求精焉。〔註 84〕

阮氏辨正「諸家未發」者，乃以算學密度，正鄭玄及江、戴之未足。其後嚴杰（1763～1843）於〈車制圖解跋云〉：

宮保〈考工記車制圖解〉，乾隆戊申（1788）秋杰從丁教授（杰）小雅（1738～1807）所見之，教授云解中，言漢以前任正（長六尺六寸）因近軫（輿下四面材）而冒軫之名，〔註 85〕漢以後歸軫於輿，而失任正之本，是確論不可易。近編經解。合眾說觀之，實非考證賅治，亦何能精審若是也。〔註 86〕

是則以算學為根底，計出車制軓軸，阮氏之考察，堪稱精銳。

〔註 81〕《戴震文集》卷九，頁 140。

〔註 82〕《揅經室一堡》自序。

〔註 83〕《戴震文集》，頁 141。

〔註 84〕《揅經室一集》卷七，頁 156。

〔註 85〕《揅經室一集》卷六，頁 124，阮元言及古車馬設計圖，且以〈任木軸圖〉證得任木之正，長為六尺六寸，與輿下之軫有異，說並見頁 144。

〔註 86〕《皇清經解》卷一〇五六。

2.〈詩十月之交四篇屬幽王說〉

是篇毛傳謂:「十月之交,大夫刺幽王也。」鄭箋則謂:「當爲刺厲王也。」〔註 87〕則「十月之交」究爲幽王時,亦或厲王時,說甚紛紜。而謂厲王者,詩三家之魯申培公,蓋致意於鄭氏;若大毛公之幽王說,則源自子夏〈詩序〉,然以兩漢毛詩後出,其說甚孤,公卿大儒,多從魯說。阮元則援引曆數,確正毛傳之說:

> 今考毛說之合者有四,魯說之不合者亦有四。……今以雍正癸卯(元年 1723)上推之,幽王六年十月辛卯朔,正入食限,此合者一也。若厲王在位,有十月辛卯朔日食,緣何自古術家無一人言及?此不合者一也。〔註 88〕

近人王靜芝先生言及此篇,亦云:

> 依曆法,據梁虞鄺之說,推得幽王六年乙丑歲,建酉之月(即夏曆八月、周之十月)辛卯朔辰時日食。〔註 89〕

如是,阮氏提正反之論,以駁鄭說之非,王氏亦引古說,證幽王六年日食之事,再揆諸史志,〔註 90〕則「十月之交四篇」(次爲節南山、雨無正、小旻)爲刺幽王之作可知矣。

故就通篇歸結,阮元論斷,厥爲:

> ……本朝時憲書,密合天行,爲往古所無,今遵後編法,推幽王六年十月朔,正得入交,從魯詩說,謂厲王時事者,斷難執以爭矣。〔註 91〕

則先生以時憲曆書,正古籍之未當,使舊說難執以爭,決斷之力,可謂卓越。

(三)以金石考證器物

阮元以算學證車制,以曆數駁鄭說,其他諸作,若〈浙江圖考〉以圖爲證,勘舊說之謬,〔註 92〕〈明堂論〉陳述古祭天宮室圖,皆就大體言之,蓋

〔註 87〕《十三經注疏·詩經》,頁 405。
〔註 88〕《揅經室一集》,頁 73。
〔註 89〕王靜芝《詩經通釋》,頁 407,王氏且補云:「交,日月之交會也,謂誨朔之間月,周之十月,即夏之八月也。」意乃益明。
〔註 90〕按志史者,阮氏以爲:「梁虞鄺、隋張胄元、唐博仁均一行、元郭守敬」皆推幽王之日爲正。
〔註 91〕《揅經室一集》,頁 83。
〔註 92〕同上,卷十二,頁 239~316。

爲時賢學者所未及也。

辨經述古外，阮氏復浸淫金石器物之蒐證。《揅經室一集》卷五攸關考器之文甚夥，譬若〈古戟考〉、〈匕圖考〉、〈銅和考〉、〈古劍鐔臘考〉、〈鐘枚說〉……諸篇，皆能以之證經，於《說文》所引〔註 93〕、禮學所舉，亦能昭若吻合。近人羅德美即頗推贊阮氏古器之說，以爲阮氏之古器物考，佳者有三：

1. 除〈鐘枚說〉未附圖外，其餘諸文皆有根據實物或拓本之圖以助解說。
2. 文字說明或據後代發現實物以爲印證，或據經傳文字考訂正誤。均充滿實證精神。
3. 最重要的是他指出錯誤後，解釋致誤的原因，如由把握《說文》對戟的本義爲有刺兵器，不僅據以釐清鄭玄注解的誨誤，而比程瑤田《通藝錄》說法正確，所繪圖形確與近年出土的實物相合。〔註 94〕

羅氏之說，甚有見地。即以證鄭玄之說爲言，阮氏以爲（璧羨考）乃指九寸璧外，多餘半寸，即所謂圓璧之羨意，而鄭氏訓羨爲「延」，以羨爲不圓（橢）之貌，其意乃非。再者，阮元考證事物，古籍之外，仍究心於鐘鼎彝器形制之驗證，及金文之隸定。《積古齋鐘鼎彝器款識》十卷，爲其精研之作，其刊刻原委，容庚先生亦曾略述之，且謂是書板本及緣由：

1. 嘉慶九年刻本，光緒五年崇文書局翻刻本，光緒八年常熟抱芳閣翻刻本，光緒九年改稱鮑氏（廷博 1728～1814）《後不足齋》刻本。
2. 阮氏欲以此續薛（尚功）氏之書，而朱爲弼（1771～1840）爲之編定審釋者，觀阮氏自序及《積古齋鐘鼎款識稿本》可見也。
3. 所收商器一百七十三，周器二百七十三，秦器五，漢晉器一百，凡五百五十一器，考釋甚詳。〔註 95〕

〔註 93〕《揅經室一集》，頁 93，如〈古戟圖考〉引《說文》謂：「戈，平頭戟也。」反之，戟即不平之戈，而戟之異戈者，以有刺也。阮元並以圖示之，言戈、戟之別，以此證《說文》言戈爲平頭戟之正。

〔註 94〕羅德美《阮元學術之研究》，頁 54。而程瑤田《考工創物小記》卷八載〈與阮梁伯論戈戟形體名義書〉，亦言古器甚詳。

〔註 95〕容庚《商周彝器通考》，頁 274。

而阮元之蒐輯研摩，非僅爲把玩而已，其意概以款識文字，證之史事，尚嫌未足，仍當與九經同其價值。故〈商周銅器書〉即言茲再三：

古銅器有銘，銘之文爲古人篆蹟，非經文隸楷縑楮傳寫之比，且其詞爲古王侯大夫賢者所爲，其重與九經同之。……器者所以藏禮，故孔子曰：「唯器與名，不可假人。」……器者先王所以馴天下尊王敬祖之心，教天下習禮博文之學。……先王使用其才與力與禮與文于器之中，禮明而文達，位定而王尊。〔註96〕

則銅器銘彝，先王用之，乃所以敬祖尊王，教天下人習禮博文；所期者，乃在臻之至道。

次者，以銘文隸定古字，亦阮元金石考辨之一穫也。其〈商銅距未跋〉即言前人以「未」爲「來」字，阮氏則以用韻之說，明「未」字非「來」字，實爲「黍」字。

1. 曲阜人，掘地得銅器，……八觚，……銘字八，小篆體狹長，……曰：「愕作距未用鼇商國」，用字下有小穿，徑一寸，距未不知何器？
2. 《戰國策》蘇秦說韓王曰：「谿子少府時力距來，皆射六百步之外。」疑此爲弩飾。……按荀子〈性惡篇〉曰：「繁弱鉅黍，古之良弓也。」……據此，則國策之「來」，荀子文選又作「黍」矣；楊倞注欲改「黍」從「來」誤矣。此未來二字皆誤，當是「黍」也。
3. 古人爲銘，必用韻文，逾少而逾密：此銘「作、黍」相韻，「鼇、國」相韻，蓋上聲之「語」，與入聲之「鐸」同部，平聲之「之」，與入聲之「德」同部也。〔註97〕

阮元以「距未」爲非，而「距黍」爲是，荀子之言雖爲一證，然所重者，惟在同部韻之分合。未未、來、黍三者，其韻部分則爲一部、四部、五部，音韻本未相同，而以銘文之「愕作距黍」代「愕作距未」者，乃以「作、黍」相韻也。段注《說文》於「作」字云：「則洛切，古音五部。」於「黍」字云：「則洛切，古音五部。」是「作、黍」相韻也。段注《說文》於「作」字云：「則洛切，古音五部。」；於「黍」字云：「舒呂切，古音五部。」是「作、

〔註96〕《揅經室三集》卷三，頁591。
〔註97〕《揅經室三集》，頁612、613。

黍」相韻，合於銘文用韻之例。再以「用釐商國」相襯，則「釐」爲「里之切，古音一部。」;「國」爲「古惑切，古音一部。」故「釐、國」相韻可知。至若上聲「語」字，「魚舉切。古音五部」;「鐸」字，「徒洛切，古音九部。」;以及「之」字，「止而切，古音一部。」;「德」字，「多則切，古音一部。」;諸韻部皆合，由是「距黍」聱飾之意，較「距末」得當，亦無疑議。〔註98〕

依上所言，阮元之治學，諳於訓詁，明於考證，故研議所獲，闢透入裏，宜爲時賢所重，殆非無因。

三、重科學方法歸納義理

阮元之學，不全爲考證，義理亦其所長。然其義理，非宋儒臆說之詮解乃是以訓詁爲鈐鍵之思想。易言之。訓詁爲主紐，義理乃抒發之線端，主紐無法箴定，線端亦無由經緯上下，此即主從相依相輔之關係。譬其〈論語一貫說〉之論，首云：

> 聖賢之言，不但深遠者非訓詁不明，即淺近者亦訓詁不明。〔註99〕

是阮氏解《論語》之「貫」字，即依歸納爲之，所謂：

> 論語貫字凡三見，曾子之一貫也；子貢之一貫也；閔子之言一貫也。此三貫字，其訓不應有異。〔註100〕

以此，阮元自按云：「貫，行也，事也。」且引古注云：

> 《爾雅》貫，行也，事也。《廣雅》貫，行也。《詩，碩鼠》三歲貫女。《周禮・職方》使同貫利。《論語・先進》仍舊貫。傳注皆訓爲事。《漢書・谷永傳》云：以次貫行。《後漢書・光武十五王傳》云：奉承貫行，皆行事也。〔註101〕

再以〈論語解〉觀之：

> 學而時習之者，學兼誦之行之，凡禮樂文藝之繁，倫常之紀，道德之要，載在先王之書者，皆當講習之，貫習之。《爾雅》曰：「貫，習也。」轉注之，習，亦貫也。時習之習，即一貫之貫，貫主行事，習亦行事，故時習者，時通之，時行之也。……故孔子告曾子曰：「吾道一以貫之。」貫者壹者是皆行之也。又告子貢曰：「汝以予爲多學

〔註98〕段玉裁《說文解字注》，本資料採天工書局版，諸字韻部，皆依部首檢字而列之。
〔註99〕《揅經室一集》卷二，頁45。
〔註100〕同上，頁45、46。
〔註101〕同上，頁46。

而識之者與？予一以貫之。」此義與告曾子同，言聖道壹是貫行，非徒學而識之。兩章對校，其義益顯。〔註102〕

然則阮氏言「貫」意，謂行也事也，蓋自實證爲言；而王念孫尤力贊此說，其《廣雅疏證》即云：

衛靈公篇:「子貢問曰:有一言而可以終身行之者乎？子曰:其恕乎。」里仁篇：「子曰：吾道一以貫之。」一以貫之，即一以行之也。……《爾雅》:「貫，事也。」事與行義相近，故事謂之貫，亦謂之服，亦謂之貫矣。〔註103〕

王氏以歸納之法，證「貫」字爲行也、事也、服也。與阮氏殊無二致；則阮氏解經蓋不孤。至於阮氏「貫」字而外，「仁」之訓解，亦就歸類言之。〈論語論仁篇〉載：

……惟論仁者凡五十有八章。仁字之見於《論語》者，凡百有五爲尤詳；……元竊謂詮解仁字，不必煩稱遠引，但舉〈曾子制言篇〉，人之相與也。……〈中庸篇〉仁者，人也。鄭康成注，讀如相人偶之人，數語足以明之矣。〔註104〕

由是，阮元解《論語》，歸類之法頗明。復次，於「仁」之字，其〈論語論仁篇〉，及〈孟子論仁篇〉，解說之道，與宋儒見或有異。〔註105〕然阮氏之解《論語》，大抵自平常處用工夫，亦自淺近處求，以爲聖人之語，淺易平常即是道理，而其中道理，文字、聲音、訓詁自是淺顯入手所在，此亦阮氏論學精當之處；胡適先生之〈戴學的反響〉一文，於阮氏之陳義，即有所評論：

清代考據之學有兩種涵義：一是認明文字聲音訓詁往往有時代的不同；一是深信比較歸納方法可以尋出古音與古義來。前者是歷史的眼光，後者是科學的眼光。這種態度本於哲學無甚關係，但宋明理

〔註102〕同上，頁42。

〔註103〕《廣雅疏證》〈貫〉字條。

〔註104〕《揅經室一集》卷八，頁256。

〔註105〕徐復觀先生《中國思想史論集續集》〈釋論語的「仁」‧孔學新論〉，頁362，詮釋宋儒之仁云:「儒語上所說的仁，是中國文化由外向內反省、自覺而發生的對『人』、對『己』的要求與努力的大標誌。」其意「仁」在乎內省、自覺，此爲自仁之主體立說；而徐先生於同書頁378又云:「宋儒不滿意漢儒從人與人的關係上去說仁，乃將仁轉道德底實踐上去，而極其量於天地萬物之一，……清人如阮元之流，僅由文字語言上拾漢儒之餘唾，欲以此而上迫宋儒之壘，張漢學之幟，亦徒見清人在思想上之淺薄而已。」則堪斟酌。

學皆自托於儒家的古經典，理學都掛著經學招牌；所以後人若想打倒宋明理學，不能不建立一種科學的新經學；它們若想建立新哲學，也就不能不從這種新經學下手。〔註 106〕

胡適之意，頗發人深省，以為清儒治學，所以凝聚「歷史眼光」與「科學方法」，旨趣所在，惟在迥殊宋明儒，故謂其異軍突起者，亦在由此二法，獨樹一幟，提出「新經學」之名目，然此新經學與純思辨之哲理究竟有異，是經學者雖有意融經學之考證與哲學之義理為一，然以取擇未同，糾葛纏繞必顯而易見；再以事實言，經學家者，沉淫墳典，思慮輒縛於經史傳統，義理之發抒或嫌薄弱；言義理之哲思者，雖抒發一己之見，然臆度鑿空，易於武斷執著如此，軋斥相尋，群蔚成風，而漢、宋學脈之壁壘分明，亦屬必然。

阮元生當乾、嘉之際，新經學風氣鼎盛，治學之道，惟尚詁訓，亦風氣之趨，故其以比較、歸納之法研摩古籍，尤能顯見「實事求是」之殊色，雖其理義抒發或未嘗周延，然「推明古訓」，闡揚詁義，嘉惠士林，功亦厥偉。是其「一貫」、「論仁」之作而外，若「大學格物說」、「性命古訓」篇什，於古訓之推明，實義之昭顯，均具卓識，後之篇章，當有所詳述，此暫不贅言，特略申梗概，以見端緒耳。

第三節　阮元師友門人錄

阮元任浙江巡撫及兩廣總督期間，先後在浙立「詁經精舍」，於粵立「學海堂」，二者皆以經古學取士，士之成才者，多能揚聲於儒林。更以督學浙江時，編輯《經籍纂詁》；撫贛時，校刊《十三經注疏》；督兩廣時，彙刻《皇清經解》，一時文風斐然，博雅碩彥，紛然蔚起，其間盛況，可謂勃越而壯闊！

先生居官，心志所重，非為仕途，乃在學林。於人才之拔擢，不遺餘力；優學處士，博彥碩士，學養宏富者，蓋皆延用之。故其幕僚及門弟子，凡有能者，皆參與修書、編輯之事，因此江南為官數十年間，人文鼎盛，漢學之風，若波瀾排蕩，煥然蚩妍，凝鑄一嶄新之氣象！

先生於其師友，凡學淵識廣者，均獎掖提攜，此華實並至之才者，紛至其門，洙泗之風，泛暢賡續；儒門脈絡，迢遞傳衍，蓋先生之功也！至於諸多才士，若一一縷列，恐無法盡皆羅舉，故於師友中，謹舉參與修書、編輯

〔註 106〕胡適《戴東原的哲學》，頁 147。

之助於學者以爲言述，其餘學者，則列表以明，庶遺珠之中，得有所裨補。至於犖犖諸士，以及學行，與阮元學術之關係較爲密切者，略分師友及其門人弟子，據《揅經室集》所及，爲之羅列。

一、阮元之師友

程發軔先生於皖派人物，舉其較著者，若：

> 汪紱、江永、金榜、戴震、汪萊、洪梧、江有誥、凌廷堪、三胡（胡匡衷、胡培翬、胡承拱）、程瑤田、段玉裁、任大椿、王念孫、李惇、劉臺拱、汪中、顧九苞、焦循。

其〈清代考證學〉且云：

> 阮元之學，亦得之焦循、凌廷堪，繼從戴門弟子學，故所學均宗戴氏，以知新爲主，不惑於陳言，然兼治校勘、金石。黃承吉（字謙牧，號春谷）亦友焦循，移焦氏說易之詞，以治小學，故以聲爲綱之說，寖以大昌。〔註107〕

張舜徽先生《揚州學記》〈總論揚州學術的精神〉亦云：

> 戴震治學的範圍比校惠棟寬闊些，方法也比較縝密，有實事求是的精神。他的優點全被揚州學者們繼承了，並且發揚了。揚州學者治學的特點，首先在于能「創」，像焦循的研究《周易》，黃承吉的研究文字，都是前無古人，自創新例；其次在于能「通」，像王念孫的研究訓詁，阮元的研究名物制度，汪中的辨明學術源流，都是融會貫通，確能說明問題。〔註108〕

則阮元之學，一承戴學而來；師友之教，與揚州諸儒復密不可分，賢碩之中，焦循之學又似影響先生甚鉅，故言關係深刻之儒門人物，宜先自焦氏始。

（一）焦　循

字里堂，別名里堂老人，江蘇甘泉人士，生於乾隆二十八年（癸未1763），卒於嘉慶二十五年（庚辰1820）。

曾祖源，江都縣學生，爲周易之學。祖鏡，父蔥，皆方正有隱德，傳易學。先生生三四歲，即穎異，八歲至公道橋阮氏家，與賓客辨壁上「馮、夷」字，曰：「此當如《楚辭》讀皮冰切，不當讀如縫。」阮公賡堯大奇之，遂以

〔註107〕程發軔《國學概論》下，頁9。
〔註108〕《張舜徽學術論著》，頁285。

女妻之，即阮元之姊夫；又與興化顧超宗同學，超宗傳其父子之經學。先生始用力於經。超宗歿，君理其喪，作〈招亡友賦〉，哭之。後遊阮元幕府，甚相得。乾隆六十年（1795）春，應阮元之邀赴山東學署校士各屬。同年冬，阮元調至浙江學政，焦氏隨同至浙校士。期間，曾由山陰、四明至通東訪萬氏遺書，嘉慶元年（丙辰 1796）阮元督學於浙，復招先生遊浙東，有《浙東詩鈔》一卷，五年（庚申 1800）阮元撫浙，六年（辛酉 1801），始歸揚州。方焦氏於阮元幕府之際，每與李銳共治經史，窮天人消息之理，又與幕賓談泰相與訂正古算術。七年（壬戌 1802）秋，復客阮元浙江撫署，與朱爲弼、程瑤田遊處。讀程所著《喪服足徵記》，代阮元爲之作序。又自撰《群經宮室圖》、《算學記》，就正於程瑤田；瑤田亦以所著《通藝錄》問學於焦氏。十年（乙丑 1805）有勸君應禮部試且資之者，君以書辭之曰：「生母殷，病雖愈，而神未健，此不北行之苦心，非樂安佚輕仕進也。」殷竟以夏病，冬卒，君哀毀如初，克盡其孝。除喪後，小有足疾，遂託疾居黃鈺橋村舍，閉戶著書，葺其老屋，曰「半九書塾」，復構一樓曰「雕菰樓」，有湖光山水之勝，讀書著書恆在樓，足不入城市者，十餘年矣。〔註 109〕

阮元蓋以「揚州通儒」稱焦循，乃以焦氏博聞強記，識力精卓，每遇一書，無論隱奧平衍，必究其源，以故經史、曆算、聲音、訓詁無所不精。《易學三書》與《孟子正義》皆專家之業；《揅經室集》〈焦氏雕菰樓易序〉特言其《易》說：

> 焦君之易之爲書也，曰《章句》十二卷、曰《通釋》十二卷、《易圖略》八卷，其大旨見於圖略，而旁通三十證，由爲顯據，可例其餘，或曰比例爲圖，因其末之同而溯其本如此，則所通不幾多矣。元曰：「此正可見聖人之易，錯綜參伍，化裁推行。」聖人不能一一悉之，特各于相通處，偶舉一隅，以示其例而賅其餘，若因事而揲筮，因卦而求象，必又一定之法，亦必有無盡之言，始各象變適于各事以決吉凶，是以《左傳》筮辭更出于今易辭之外，籍曰：「非也。」何以折其三十證之所說哉！……元曰：「古未有字，先有言有意，言與意立乎諸字未造以前。」……若立乎其後而分執之，蓋未知聲音文字之本矣。

又云：

〔註 109〕《揅經室二集》卷四，頁 441。

元與焦君，少同遊，元以服宮，愧荒所學，焦君乃致其心與力于學，其初治《易》也，亦不圖至斯，久之如有所牖，而此學竟成。元于嘉慶十九年（1814）夏，逮郵過北湖里中，見君問《易》法，君匆匆于終食之間舉三十證語元，元即有聞道之喜，及至江西，時時趣其寫定寄讀，讀竟而敘其本末如此。傳曰：「君子居則觀其象而玩其辭，動則觀其變而完其占，自天祐之，吉無不利，其是學之謂乎！」〔註 110〕

綜上之言，則知阮、焦二先生共學適道有如此，信若棠棣之誼，足資法式。

而於〈通儒揚州焦君傳〉，阮元亦贊云：

評曰：焦君與元年相若，且元族姊夫也。弱冠與元齊名，自元服官後，君學乃精深博大，遠邁于元矣。今君雖殂，而學不朽，元哀之切、知之深，綜其學之大指而爲之傳，且名之爲通儒，諗之史館之傳儒林者，曰：「斯一大家，曷可遺也。」〔註 111〕

觀此，若非交誼深者，曷能語此！阮、焦二先生之志道、據德，堪爲儒林之典範。

（二）段玉裁

字若膺，別號懋堂，別名硯北先生、僑吳老人、長塘湖居士。江蘇金檀人士，生於雍正十三年（乙卯 1735），卒於嘉慶二十年（乙亥 1815）。

先生生而穎異，讀書有兼人之資。年十三，補諸生。學使尹會一，授以小學書，遂究心焉。乾隆二十五年舉人，至京師，見休寧戴震，好其學，遂師事之。以官學教習，授貴州玉屏縣知縣。坐事罷，尋復起。權四川富順、南溪二縣，補巫山事，簿書之餘，著述不輟。以親老引疾歸，卜居吳門，閉戶不問世事者三十餘年。先生於兩漢書無所不讀，諸家小學皆別則其是非。其注《說文》，貫通融會，駸駸駕東原《方言》之上。若義理之學，集中釋《大學》「明明德」，《孟子》「聖之於天道」，皆墨守東原之義，猶漢儒之尊家法也。傳世之作，爲《說文解字注》三十卷。〔註 112〕

至阮元與段氏之交誼，由書信往返，可見一斑，劉盼遂先生《段玉裁先生年譜》分載數事：

乾隆五十六年（辛亥 1791），先生五十七歲。

〔註 110〕《揅經室一集》卷五，頁 106。

〔註 111〕《揅經室二集》卷四，頁 446。

〔註 112〕嚴文郁《清儒列傳》，頁 133。

阮伯元（元）奉詔校勘石經《儀禮》，來函商問疑難之處。（阮元〈與劉台拱書〉所云）

仁宗嘉慶元年（丙辰 1796），先生六十二歲。

五月，阮伯元（元）爲先生作《周禮漢讀考序》（原書卷首）

按：阮元〈漢讀考周禮序〉言：

……其言古音也，別支、佳爲一，脂、微、齊、皆、灰爲一；之、台爲一；職、德、者，之、支、入，術、物、迄、月、沒、曷、末、黠、轄、薛者；脂、之、入，陌、麥、昔、錫者，支、之、入；自唐虞至陳隋，有韻之文，無不印合。而歌、麻近支，文、元、寒、刪近脂；尤、幽近之；古音今音，皆可得其條貫，此先生之功一也。……其引經傳，有引以說古義者，以轉注、假借分觀之，……學者以其說求，斯《說文》無不可通之處；斯經傳無不可通之處矣。此先生之功二也。至若〈漢讀考敘例〉謂讀如，主於說音；讀爲，主於更字；說義當爲，主於糾正誤字，如者，比方之詞；爲者，變化之詞；當爲者，糾正之詞。讀如，不易其字，故下文仍用經之本字；讀爲，必易其字，故下文乃用所易之字。《說文》者，說字之書，故有讀如、無讀爲，說經傳之書，則必兼是二者。……此先生之功三也。〔註 113〕

然則阮元可謂深明音義之旨也。

嘉慶六年（辛酉 1801），段玉裁六十歲。

五月先生到杭州，十二日，阮中丞招先生同孫淵如（星衍）、程易疇（瑤田）雅集於「詁經精舍」之第一樓，淵如有詩紀之（濟上停雲集）。西湖上「詁經精舍」設許叔重主，題曰：「漢洨長太尉南閣祭酒許公」，先生非之，與阮梁伯（元）書，以爲應書「太尉南閣祭酒前洨長」可也。〔註 114〕

則先生亦可謂阮元之諍友矣。

嘉慶八年（癸亥 1803），段玉裁六十九歲。

冬至日，作《春秋左傳校勘記目錄・序》。

劉盼遂按云：

序中云：錢塘嚴生杰博聞強識，因授以慶元所刻淳化本，并陳氏考

〔註 113〕《揅經室一集》卷十一，頁 218、219。

〔註 114〕劉盼遂編《段玉裁先生年譜》，頁 69。

證，及唐石經以下各本及《釋文》各本，令其精詳捃摭，觀其所聚，而於是非難定者，則予以暇日折其衷焉。詳此文義與阮元《十三經校勘記．左傳題辭》全同，則此篇殆爲代阮伯元捉刀而作，然則由此亦可見阮氏《左傳校勘記》爲出於先生手矣。〔註 115〕

劉氏於段氏年譜、嘉慶九年（甲子 1804，段玉裁七十歲）又補云：

是年作跋黃堯圃《石經毛詩殘本》末云：「余爲阮梁伯定十三經校勘記」云云。是阮氏《十三經注疏校勘記》或出先生手定，觀于文集第一篇〈十三經注疏釋文校勘記序〉（嘉慶十三年戊辰 1809）及文集四卷〈春秋左傳校勘記目錄序〉，此中消息可闚一斑；又文集五〈與孫淵如書〉云：「昔年愚爲阮梁伯修十三經校勘記，本年夏與王石臞書有云：“惟恨前此三年爲人作嫁衣裳而不自作，致此時拙著不能成矣。”」〔註 116〕

由二則觀之，段氏不免忿忿之氣，以彼時先生尙於阮元府中，生生所資，或仰於阮氏，捉刀也者，誠非本意，數年之後，容有未平，故有所抒露，惟此公案，是非曲直，恐難論斷。

嘉慶十年（乙丑 1805），段玉裁七十一歲。

與阮芸臺論〈阮氏湘圃府君行狀〉中謬誤。

按以前少爲己之父母作文者，惟〈瀧岡阡表〉始著；近人則多爲父母作文，而曰「行述」，或但曰「述」，本朝諸君子皆然，無曰「行狀」者。前明如《歸震川集》有〈先妣事略〉、《瞿文懿集》有〈先考行事〉，皆不曰「行狀」，所以然者，古者「行狀」皆名人爲之，其式多以曾祖父、某祖父、某父、某排列於首幅，其用則以申諸史館，因以上聞議謚，《文苑英華》所載是也。故《韓昌黎集》以「表」與「狀」與「行狀」三者類聚爲一，非名人不可爲之也。所以非名人不可爲之者，以蓄道德而能文章，其言乃可信也。故人子所自爲，但可云「述」而已。〔註 117〕

阮元撰〈誥封光祿大夫戶部左侍郎顯考湘圃府君顯妣一品夫人行狀〉，次子阮福識云：「古者子不自狀其親。狀者，自元郝文忠始。國朝之制，大臣卒後，

〔註 115〕同上，頁 73。

〔註 116〕同上，頁 75。

〔註 117〕段玉裁《經韻樓集》卷三，《段氏遺書》，頁 908。

國史館行文取其家狀子其子孫，故不能盡拘古制也。」〔註 118〕此或自圓之說，段氏之語，則婉曲剴切，直可爲阮元之諍友矣。

（三）王念孫

字懷祖，號石渠，別號石臞。江蘇高郵人士，生於乾隆九年。（甲子 1744）卒於道光十二年（壬辰 1832）。

先生生數歲，即能讀。父文肅公（吏部尚書）口授諸經皆成誦，都下有神童之目。八歲屬文，偶作史論，斷制有識，由是文肅公教之忠恕正直立身之道。且延戴東原君爲之師。十四歲扶櫬南歸，學與行，老成所不逮也。服闋，補州學生，以大臣子迎鑾獻文冊，賜舉人。乾隆四十年（乙未 1775）成進士，選庶吉士，乞假歸，謝絕人物，居湖濱，與李君惇，賈君田祖，汪君中，劉君台拱，程君瑤田，以古學相勵，凡四年入都，改工部主事，遂究心治河之道，洞澈古今利弊。嘉慶間出爲河道，後以永定河水溢，自引罷休致仕。官御史時，始注釋《廣雅》，十年書成，名曰《廣雅疏證》。既罷官以著述自娛，著《讀書雜誌》，證博群書，精於校讎。

阮元〈王石臞先生墓誌銘〉載：

> 元于先生，爲鄉後學，乾隆丙午（1786，時年二十三歲）入京謁先生，先生之學，精微廣博，語元，元略能知其意，先生遂樂以爲教，元之稍知聲音、文字、訓詁者，得於先生也。先生初從東原戴氏受聲音、文字、訓詁，遂通《爾雅》、《說文》，皆有撰述矣。繼而餘姚邵學士晉涵，爲《爾雅疏》；金壇段進士玉裁，爲《說文注》，先生遂不再爲之。綜其經學，納入《廣雅》，撰《廣雅疏證》二十卷，……謂訓詁之旨，本于聲音，就古音以求古義，……似乎無所不達，然聲音文字部分之嚴，則一絲不亂。〔註 119〕

《雷塘庵主弟子記》卷一，於乾隆五十一年丙午亦載：

> 十一月十九日，抵京師，寓前門內西城根，因得見餘姚邵二雲、高郵王懷祖、興化任子田三先生。

張鑑按云：

> 《揅經室集・南江邵氏遺書序》：「歲丙午，元初入京師，時前輩講學者有高郵王懷祖、興化任子田暨邵二雲三先生。元隨事請問，捧

〔註 118〕《揅經室二集》卷一，頁 350。
〔註 119〕《揅經室續二集》卷二之下卷，頁 91。

> 手有所授焉。」又〈任子田侍御弁服釋例序〉:「元居江淮間，鄉里先進多治經之儒，若興化顧進士文子九苞、李進士成裕惇、劉廣文端臨台拱、任侍御子田大椿、王黃門石臞念孫、汪明經容甫中，皆耳目所及，或奉手有所受。」〔註 120〕

則阮元奉手受教，於諸師中，得於王氏者爲多矣。

（四）孫星衍

字季逑，號淵如，別名伯淵。江蘇陽湖人士，生於乾隆十八年（癸酉 1753）卒於嘉慶二十三年（戊寅 1818）。

先生幼有異稟，讀書過目成誦，父勳授以《文選》，君全誦之，及長，補學生員，與同里楊芳燦、洪亮吉，黃景仁，文學相齊。袁枚品其詩謂：「天下清才多，奇才少，淵如天下奇才也。」與訂忘年交。先生雅不欲以詩文名，然具有風骨遒勁之義，世推重之。更深究經史文字音訓，旁及諸子百家，皆心通其義。既從錢大昕遊，精研漢學。孫氏博極群書，勤於著述，又好聚書，聞人家藏有善本，借鈔無虛日。常病古文尚書爲東晉梅頤所亂，官刑部時，即集古文尚書、馬鄭注十卷、逸文二卷，歸田後，又爲《尚書今古文注疏》三十九卷。治經不取宋以後說，通九流之學，於周秦古書，貫串靡遺，博辨皆據古合誼，所謂能讀三墳五典八索九邱者也。精研金石碑版，工篆隸，尤精校勘。輯刊本津館叢書、岱南閣叢書，世稱善本。

至於孫氏之與阮元，阮元〈山東糧道淵如孫君傳〉則載：

> 六年四月，元撫浙，建詁經精舍於西湖之濱，選督學時所知文行兼長之士，讀書其中，與君及王少司寇昶，迭主講命題課業，問以經史疑義，旁及小學、天部、地理、算法、詞章，各聽搜討書傳條對，以觀其器識，諸生執經問字者盈門，未及十年，而舍中士登魁科、入館閣，及選述成一家言者，不可勝數。〔註 121〕

許宗彥〈詁經精舍文集序〉亦云：

> 吾師雲臺先生，以名世之德，爲人倫藻鑑，先是視學兩浙，以行誼經術厲士，士風曠然一變，既奉命鎮撫是邦，綱舉目張，百爲具理，……爰於湖壖立詁經精舍，祀許洨長、鄭長農兩先師，擇十一郡端僅之士尤好古學者萃處其中，相與講明雅訓，兼治詩、古文辭，

〔註 120〕《阮元年譜》〈雷塘庵主弟子記〉卷一，頁 7。

〔註 121〕《揅經室二集》卷三，頁 406。

公暇親點定，并請王蘭泉（昶），孫淵如（星衍）兩先生爲之主講，閱二年，得文集若干卷。

是孫氏爲阮氏所聘「詁經精舍」之講席也。而自嘉慶六年（1801）後十年，諸生因之以興，孫氏之功蓋不可掩也。

（五）江　藩

字子屏，號鄭堂，別名節甫，江蘇甘泉人士。生於乾隆二十六年（辛巳 1761），卒於道光十一年（辛卯 1831）。

先生非皖派人物，所傳乃惠棟之學，與阮元交，情誼深厚。其少長蘇州，受業余仲林（蕭客）、江叔澐（聲）之門，與焦循（理堂）有「甘泉二堂」之稱。其學源自惠氏，墨守師承，得其正傳。學則博綜群經，尤深漢詁，旁及九流二氏之書。所爲古文辭，豪邁雄俊。早歲蓄書萬餘卷，以好客貧其家，歲饑盡以易米。嘗撰《高宗氏集注》，由韓城相國杰進呈，恩賞御製詩文集，復諭召對。値林爽文陷臺灣，報至，遂輟，落魄而歸，飢驅至粵，阮文達延修《通志》，書成，修晡累千金，隨手揮霍略盡。凡以布衣而爲掌故者，垂二十年。〔註 122〕所著《漢學師承記》八卷，於兩漢儒林家法之承授，清代經學之淵源，釐然可考。又成《宋學淵源記》三卷，分北學、南學、附記，共若干人。又取諸儒撰述之專精漢學者，仿唐陸氏《經典釋文》傳注姓氏之例，成《國朝經師經義目錄》一卷。義旨嚴正，文詞茂美，雖間或失之僻固，然能甄擇無汎愛。

阮元於江氏《經解入門》敘云：

元少時與君同里同學，接其議論者垂三十年。曩居余廣州節院時，元嘗刻其所纂《國朝漢學師承記》八卷。昭代經學之淵源，與近儒之微言大義，賴以不墜。今又得此，子屏之於學，其眞可謂語大而不外，語小而不遺，俾學者淺深求之而各得其致者矣。〔註 123〕

於〈國朝漢學師承記序〉，言之尤詳：

甘泉江君子屏，得師傳于紅豆惠氏，博聞強記，無所不通，心貫群經，折衷兩漢。元幼與君同理同學，竊聞論說三十餘年，江君所纂《國朝師承記》八卷，嘉慶二十三年（1817），居元廣州節院時刻之，讀此可知漢世儒林家法之承授，國朝學者經學之淵源，大義微言，不乖不絕，而二氏之說不攻自破矣。……海內學友，惟江君暨顧君

〔註 122〕支偉成《清代樸學大師列傳》。

〔註 123〕江藩《經解入門》序，頁 2。

> 千里二三人，他年各家所著之書，或不盡傳，奧義單辭，淪替可惜，若之何哉。〔註124〕

上之二則，意雖近似，然亦知阮元念茲在茲，惟在學友之相互砥礪也。日月逝於上，體貌衰於下，淪替可惜，先生之言，蓋有深意！

（六）顧廣圻

字千里，號澗蘋，別名思適居士，江蘇武進人士。生於乾隆四十一年（丙申 1776），卒於道光十五年（乙未 1835）。

先生少孤，多病，枕上未曾廢書。少從同郡張白華（思孝）遊，繼又受業於江艮庭（聲）之門。得惠氏遺學，通經學小學之義。嘗館於程氏，程富藏書，遍覽之。學者稱「萬卷書生」焉。不事科舉業，年逾三十始爲諸生。家故貧，常以爲人校刻博稍以食。嘗論古書之訛舛，細若毛髮，棼如亂絲，一經剖析，豁然心開而目明。〔註125〕

嘉慶六、七間，應阮元之聘，參與編纂《十三經注疏》，阮氏亦延之與臧拜經、何夢華同輯《校勘記》。先生以小學而通經學，以經學而爲校勘。當時是，孫星衍、胡克家、秦恩復、黃丕烈、吳鼒、張敦仁等，并深于校讎之學，莫不推重之，延之刻書，每一書竟，綜其所正定者，作考異或作校勘記於後。《揅經室集》未載其刻書是否，葉德輝《書林清話》〈國朝不仿宋刻經史之缺典〉則云：

> 畢秋帆（沅）、胡果泉（克家）、阮文達（元）皆位至封疆，性喜校刻古書而獨不及諸經、正史，以顧千里（廣圻）、嚴鐵橋（可均）之好事，而不慫恿諸貴人多刻有用之書，此固可怪之事也。〔註126〕

葉氏蓋有心之人，然則阮元等亦未嘗不究心於經史之校刻也。

（七）淩廷堪

字次仲，別名仲子，安徽歙縣人士。生於乾隆二十二年（丁丑 1757），卒於嘉慶十四年（乙巳 1809）。

阮元〈次仲淩君傳〉，謂先生六歲而孤，冠後始讀書，能屬文，懼時過難成，著〈辨志賦〉以見志。乾隆四十六年（1781）遊揚州，慕其鄉江愼修（永）、戴東原（震）兩先生之學；四十八年（1781）至京師，始多交遊，大興翁覃

〔註124〕《揅經室一集》卷十一，頁224。
〔註125〕嚴文郁《清儒列傳》，頁342。
〔註126〕葉德輝《書林清話》，頁488。

溪先生，見君所撰述，大嗟異，始導之為四書文。五十四年（1789），應江南鄉試中式，明年（1790）成進士，出朱文正（珪）、王文瑞（杰）二公之門，蓋與洪亮吉等，皆以鴻傳見拔也。〔註 127〕

凌氏早遊揚州，與阮元、江藩論學極相得。乾隆四十九年（1784）見阮氏，以學問相益，乃擬李白〈大鵬見希有鳥賦〉以見意。深道禮經，復潛心樂律。並時學人，多精於六書九數，若論及禮樂，蓋靡不推次仲焉。

至凌氏《校禮堂文集》有與阮元論學書者，盡懇摯為言，情理並兼，務令所言，皆確鑿有致也。若卷二十二，丁未（1787）〈與阮伯元孝廉書〉即謂阮元：

> 來示云：「矯疏不破注之說」，誠為有見。然以疏不破注為謬，說則不然。疏不破注，此義疏之例也。劉光伯、黃慶之徒，公然違注，見譏孔、賈。若以謬而矯之，恐又蹈宋人武斷之習矣。〔註 128〕

蓋以疏不破注，為義疏之例，矯之則可，若以謬而矯之，則不免如宋人之陷於武斷。

卷二十三，〈與阮伯元閣論畫舫錄書〉文末追記二人之誼，云：

> 僕與閣下自辛丑（1781）年識面，甲辰（1784）年定交，皆在揚州，事非偶然。彼時少年氣盛，自謂不啻大鵬之遇希有鳥也。嘗妄擬李太白之於司馬子微，後〈後大鵬希有鳥賦〉一篇紀其事。今事雖判若雲泥，而交誼自在。合志同方之際，而擬諸時流，尚無愧色，不僅為〈畫舫〉之光也。〔註 129〕

又卷二十四，癸亥十一月（嘉慶八年 1803）〈與阮侍郎書〉云：

> 頃者使來，蒙寄《經籍纂詁》一部及新著《浙江圖考》一部，匆匆尚未細閱，僅讀序文與圖一過。三江主《漢志》，實東原先生開其端，近人若金輔之（榜）、姚惜抱（鼐）、錢溉亭（塘）皆然。然《說文》所載浙、漸二水，皎若列眉，俱不知引，非閣下博稽精證，則學者疑義終未析也。洪稚存（亮吉）亦有〈分江水考〉一篇，即金、姚諸君之說。前過宛畯，留飲累日，告以《說文》云云，渠為之疑愕，不能言下了然，蓋由於襲人之說，非有心得故也。東陵主《漢志》，

〔註 127〕《揅經室二集》卷四，頁 432。
〔註 128〕凌廷堪《校禮堂文集》，頁 199。
〔註 129〕凌廷堪《校禮堂文集》，頁 210。

亦確不可移。以巴陵爲東陵者，眞臆說也。〔註 130〕

阮氏《浙江圖考》成於嘉慶七年（1802）正月，凌氏於次年十一月回覆，時隔年餘。拙作「阮元之經學」後文當詳探，不再贅敘。

又卷二十五，〈與阮伯元侍郎論樂書〉云：

竊謂推步（天文）自西人之後，有實測可憑。……若樂律諸書，雖言之成理，及深求其故，皆如海上三神山，但望見焉，風引之則又遠矣。何者？一實有其境，一虛構其理也。……因念此中神悟，雖容甫、眾仲二君尚存，亦難語此。可以語者，惟大弟耳。〔註 131〕

此言惟阮元爲知音者也。

又戊辰年（嘉慶十三年，1808），〈與阮中丞論克己書〉云：

前在甬上聞閣下談及《論語》「克己」之己字，不當作私欲解，當時深以爲然。頃又新著〈論語論仁〉一篇，并以蕭山（毛奇齡）《四書改錯》見示，其扶翼遺經，覺悟來世，皆國家稽古之瑞，曷勝抃躍。〔註 132〕

阮元解「克己」爲約己自剋之意，謂：

凌次仲教授曰：即以《論語》克己章而論，下文云：「爲仁由己，而由人乎哉！」己對稱，正是鄭氏「相人偶」之説，若如《集注》所云，豈可曰「爲仁由私欲乎哉！」再以《論語》全書而論，如「不患人之不己知。」……若作「私欲」解，則舉不可通矣。〔註 133〕

此蓋阮、凌二先生論學之況，師友之隆情盛意，堪稱直、諒、多聞矣。

（八）程瑤田

字易田，號易疇，別名讓堂老人。安徽歙縣人士。生於雍正三年（丁巳 1725），卒於嘉慶十九年（甲戌，1814）。

先生少時與戴東原（震）、金輔之（榜），同學於婺源江氏愼修（永），篤志治經。顧質魯，讀書百遍或不能成誦；然好深沉之思。平居雞鳴而起，燃鐙達旦，夜分就寢，數十年如一日。自少迄老，篤志著述。其學長於涵泳經文，得其眞解，不屑於依傍傳注，而融會貫通，確有心得。裨益經學，啓迪

〔註 130〕同上，頁 222。
〔註 131〕同上，頁 224、234。
〔註 132〕同上。
〔註 133〕《揅經室一集》八卷，頁 163。

後人非淺鮮也。所撰《通藝錄》十九種，《附錄》七種，凡義理、訓詁、制度、名物、聲律、象數，無不賅備，所作《儀禮喪服足徵記》、《磬折古義》、《三江考》，循文考索，所得每較鄭注爲精。〔註 134〕

阮元雖爲後學，與程氏則師友相稱，得之程氏者亦多。其〈考工記車制圖解〉、〈與程易疇孝廉方正論磬直縣書〉、〈浙江圖考〉，皆參酌程氏之車制、磬之直縣之說，及禹貢三江之考，可謂助益於阮氏矣。而阮元〈焦里堂（循）群經宮室圖序〉特云：

> 歙縣程易田孝廉近之善說者也。其說〈考工〉戈、戟、鐘、磬等篇，率皆與鄭注相違，而證之於古器之僅存者，無有不合，通儒碩學，咸以爲不刊之論，未聞以違注見譏；蓋株守傳注，曲從附會，其弊與不從傳注憑臆空談者等。夫不從傳注憑臆空談之弊，近人類能言之，而株守舊注曲爲附會之弊，非心知其意者，未必能言也。元向有〈考工記車制圖解〉，其說亦頗異于鄭君，今得里堂此書，而鄙見爲不孤矣。〔註 135〕

株守傳注，曲從附會，弊同憑空臆談者，以其未知變通也。凌廷堪與阮元之書，謂「疏不破注」乃義例，阮元與程瑤田則突出於鄭注之外，與凌氏相較，固有所創矣。

（九）臧庸（鏞）

本名鏞堂。字在東，號西成，別名拜經，江蘇武進人士。生於乾隆三十二年（丁亥 1767），卒於嘉慶十六年（辛未 1811）。

先生爲經學家臧琳（玉琳）之玄孫，乾隆中，盧學士文弨主常州書院，先生往受經學，報其高祖玉琳先生所著《經義雜記》質於學士，學士驚異之，於校《經典釋文》中引其說。嗣在蘇州從錢辛楣（大昕）、王德甫（昶）、段若膺（玉裁）諸先生研究學術，錢、王因薦於鄂督畢秋帆（沅）所，授其孫蘭慶經。嘉慶丁巳（1797），阮元督學浙江學政，延助輯《經籍籑詁》，書成，尋爲校刊於廣東。庚申（1800），阮元撫浙，新闢詁經精舍，復延之佐校《十三經注疏》，兩應順天鄉試不售。在京師，侍講王伯申（引之）、桂香東（馥），咸加禮重。其爲學根抵經傳，剖析精微。後館於阮氏署中爲多，其《拜經日記》阮氏寫其書爲副本，以原本還其家，蓋爲所重也。

〔註 134〕支道成《清代樸學大師列傳》〈皖派經學家列傳〉，頁 153～154。
〔註 135〕《揅經室一集》卷十一，頁 226。

《揅經室一集》卷十一，載阮元〈與臧拜經書〉，所論乃〈皋陶謨〉「撻以記之」以下七十四字之眞僞，顯師友之誼。而臧庸《經籍纂詁・後序》則對阮氏禮敬有加：

> 少宗伯儀徵阮公視學浙江，以經術倡迪士子，思治經必先通詁訓，庶免鑿空逃虛之病，而倚古以來未有彙輯成書者；因遴拔經生若干人，分籍纂訓，依韻歸字，授之凡例，示以指南，期年分纂成，分選其尤者十人，每二人彙編一聲，知鏞堂留心經詁，精力差勝；嘉慶三年（1798）春，移書來常州（江蘇武進），屬以總編之役。鏞堂不辭翦陋，謹遵宗伯原例，申明而整齊之，以告諸君子。……書既成，宗伯將授之剞劂，以嘉惠來學，鏞堂因識其顛末，以告海內治經之士。〔註 136〕

序中引宗伯之意者，三、四次之多，是臧氏之感戴阮元，當非僅止言語之仰贊耳！至於十三經之注疏校勘，臧氏亦協助《周禮》、《公羊傳》之勘定：

《周禮》

> 有杜子春之《周禮》，有二鄭之《周禮》，有後鄭之《周禮》，……元於此經舊有校本，且合經注疏讀之，時闚見其一二，因通校經注疏之訛字，更屬武進監生臧庸蒐校各本，并及陸氏《釋文》。〔註 137〕

阮元又云：

> 漢武帝好公羊，治其學者，胡毋子都、董膠西（仲舒）爲最著。……臣舊有校本，今更以何煌所校蜀大字本、宋鄂州官本，及唐石經本，宋元以來各注疏本，屬武進監生臧庸臚其異同之字，臣爲定其是非。〔註 138〕

則阮、臧二先生，學行爲相契矣。

（十）李　銳

字尚之，別名四香，江蘇元和人士。生於乾隆三十三（戊子 1768），卒於嘉慶二十二年（甲戌 1765）。

先生篤學樸厚，長於經義，通《公羊春秋》、《虞氏易》。好算術，阮元〈李尚之傳〉謂其：「從書塾中檢討得算法統宗，心通其義，遂爲九章八線之

〔註 136〕其時乃「嘉慶戊午（三年 1798）秋九月，武進臧庸堂識於浙學使院之譔詁齋。」
〔註 137〕《揅經室一集》卷十一，頁 231、235。
〔註 138〕同上。

學。」〔註139〕師事錢竹汀（大昕），聞中西異同之奧，竹汀誨之曰：「爲弟子不勝其師，不爲賢弟子。」先生閉戶沉思五年，盡通疇人家言，尤究心古曆，有藍勝冰寒之譽。〔註140〕

阮元云：

> 元昔在浙，延君至西湖校《禮記正義》，予所輯《疇人傳》，亦與君共商榷，君之力爲多。〔註141〕

其望重有如此。而十三經注疏校勘，李銳亦時參其中，如：

《周易》：

> 元於《周易》注疏舊有校正各本，……屬元和生員李銳筆之，爲書九卷，別校略一卷，陸氏《釋文》一卷。〔註142〕

《穀梁傳》：

> 《六藝論》云：穀梁善于經，豈以其親炙於子夏所傳爲得其實與。……康熙間，長洲何煌者，何焯之弟，其所據宋槧經注殘本，宋單疏殘本並希世之珍，雖殘編斷簡，亦足寶貴。臣（元）曾校錄，今更屬元和生員李銳，合唐石經元版注疏本、及閩本、監本、毛本，以校宋十行本之訛。〔註143〕

《孟子》：

> 漢人《孟子》注存於今者，惟趙岐一家。……吳中舊有北宋蜀大字本，宋劉氏丹桂堂巾箱本，……皆經注善本也。賴吳寬、……鉛版，於是經注訛可正、闕可補，而注疏本有十行者，亦較它注疏本爲善。今屬元和生員李銳，合諸本臚其異同，臣（元）辨其是非。〔註144〕

則李銳之助益於阮元者，厥爲閎廣。

至於阮元師友，若汪中、任大椿、鮑廷博、紀昀等，皆好學博辨之士。《揅經室集》亦載相與問學之文，如《續集》卷三，〈汪容甫先生手書跋〉；《一集》卷十一，〈任子田侍御弁服釋例序〉；《二集》卷四〈知不足齋鮑君傳〉；《三集》卷五，〈紀文達公集序〉，盡皆師友交誼，亦志道據德，學行相期之例，雖未

〔註139〕《揅經室二集》卷四，頁446。
〔註140〕嚴文郁《清儒傳略》，頁84。
〔註141〕同註138。
〔註142〕《揅經室一集》卷十一，頁229、236。
〔註143〕同上。
〔註144〕同上，頁238。

言敘，然先生得諸多師友之推贊，如眾星之拱北斗，德亦高矣。

二、阮元之門人

《阮氏年譜》謂阮元於嘉慶四年（1799）充經筵講官，與朱珪總裁會試，得士最盛。六年（1801）立詁精舍，延王昶、孫星衍主講席，選高材生讀書其中，課以經史，而刻其文尤雅者，曰《詁經精舍集》。不十年上舍生致身通顯，即撰述成一言者，不可殫數，東南人才稱極盛。門人陳鴻壽《詁經精舍題名碑記》所贊：「中丞之好士在一時，而樹人在數十年之後。吾知上舍諸君子亦必束修自好，力求有用之學，以爲一代不可少之人。」〔註 145〕則先生獎掖人才，推尊儒術，十年有成，助益道業，堪稱綿長。今謹就門人弟子，舉其裨益經術者述之。

（一）王引之

字伯申，號曼卿，江蘇高郵人士。生於乾隆三十一年（丙戌 1766），卒於道光十四年（甲午 1834）。

先生爲禮部尚書王安國之孫，四品京卿王念孫之長子，三世翰林門第也。少從事聲音、訓詁、文字之學，以所得質於石臞（念孫），石臞喜曰：「乃今可以傳吾學矣。」遂語以古韻二十一部之分合，《說文》諧聲之義例，《爾雅》、《方言》及漢代經師訓詁之本原。歷官至工部尚書，政事之暇，惟以著述爲事。親侍石臞先生，討論經義，凡有所得，即筆之於篇，成《經義述聞》。考九經三傳及周秦兩漢之書，發明助語古訓，分字編次，爲《經傳釋詞》。論者謂有清經術，獨絕千古，高郵王氏一家之學，三氏相承，與長洲惠氏相埒云。〔註 146〕而阮元與王引之師弟之誼，於劉盼遂先生《高郵王氏父子年譜》、《揅經室集》〈王伯申經義述聞序〉，及《經籍纂詁》序，可見之。

《高郵王氏父子年譜》載：

> 乾隆五十八年癸丑（1793），二十八歲。阮伯元來第三書、阮伯元來第五書。
>
> 嘉慶九年甲子（1804），阮氏〈臧拜經傳〉：「九年入京，應順天府甲子鄉試。王伯侍講引之、桂東香侍講芳皆引重之。」
>
> 嘉慶十年乙丑（1805），阮元來書：論刻二十一部古韻事。

〔註 145〕〈詁經精舍題名碑記〉，《詁經精舍文集》，頁 2。
〔註 146〕《清儒學案》卷一〇一，〈石臞學案〉下。

> 嘉慶二十年乙亥（1815），五十歲。南昌盧宣旬（文弨）讀《經義述聞》而慕之；明年以全帙寄阮文達屬文；文達授之盧氏，爲刻于江西焉。
>
> 道光十三年癸巳（1833），六十八歲（時阮元七十歲），八月與阮伯元第四書及第五書。
>
> 道光十四年甲午（1834），阮伯元來第六書，又第二書。〔註147〕

則阮、王師弟厚誼，於獎掖拔擢中，已然可見；雖往返書信，劉氏所取稍簡要，然君子以德相重，當無疑議。再者，阮元〈與王伯申經義述聞序〉亦云：

> 嘉慶二十年（1815），南昌盧氏宣旬讀其書而慕之，既而伯申又從京師以手訂全帙寄余，余授之盧氏，盧氏於刻十三經注疏之暇，付之刻工；伯申亦請余言序之。昔余初入京師，嘗問字於懷祖（念孫）先生，先生頗有所授，既而伯申及余門，余平日說經之意，與王氏喬梓投合無間，是編之出，學者當曉然於古書之義，庶不至爲成見舊習所膠固矣。〔註148〕

方俊吉先生以爲阮元此序，於嘉慶二十三年（1818）春，〔註149〕作于江西，而序所述當可補盧文弨刻書之所未言。

〈王伯申經傳釋詞序〉亦云：

> 高郵王氏喬梓，貫通經訓，兼及詞氣，昔聆其「終風」諸說，每爲解頤，乃勸伯申勒成一書，今二十年，伯申侍郎始刻成《釋詞》十卷，恨不能起毛鄭諸儒而共證此快論也。〔註150〕

則引之《釋詞》獨能旁引曲喻，得其本義所在，此阮元解頤爲不可易也。

阮元贊引之，引之《經籍纂詁・序》亦推尊阮氏：

> 曩者戴東原庶常、朱笥河學士，皆欲纂集傳注以示學者，未成及編。吾師雲臺先生欲與孫淵如編脩、朱少河孝廉共成之，亦未果；及先生督學浙江，乃手定體制，逐韻增收，總彙名流，分書編輯，凡歷二年之久，編成一百六卷。

是引之與阮元書信之往返，亦莫非《述聞》、《釋詞》及《纂詁》論學之

〔註147〕劉盼遂《王氏父子年譜》，頁31～50。

〔註148〕《揅經室一集》卷五，頁104、105。

〔註149〕方師俊吉《高郵王氏父子學之研究》，頁25。

〔註150〕同註148。

切磋也；阮氏師念孫，引之師阮氏，師門一脈，先後軒承，堪稱儒門嘉話。

（二）張 鑑

字春治，號荀鶴，別名貞疾居士，浙江烏程人士。生於乾隆三十三年（戊子 1768），卒於道光三十年（庚戌 1850）。

《清儒學案》及《續碑傳》，載先生傳，取辭甚少，僅云先生爲嘉慶甲子（九年 1804）副貢官、武義縣教諭，博學多通。阮文達器之，佐修《鹽法志》、輯《經籍纂詁》；曾從文達督師寧波，剿海寇及賑災，皆資贊畫。所作較著者，若：《西夏紀事本末》三十六卷、《古文尚書脞說》、《詩本事》、《韓詩考逸》、《左傳規過比辭》……《冬清館》甲集六卷、乙集八卷等。〔註 151〕記雖未多，然《阮元年譜》之撰作，首其端者則張氏也。而謂之《阮元年譜》者，黃愛平先生云：

> 《阮元年譜》，原名《雷塘庵主弟子記》，由其弟子、門生及諸子合撰。阮元因其祖墓在揚州北「雷塘」，又自定壽壙於此，故以雷塘庵主自號。弟子爲撰年譜，乃仿宋劉敞《公是先生弟子記》之名，定名爲《雷塘庵主弟子記》。是譜凡八卷，卷一、卷二爲弟子張鑑撰，起乾隆二十九年，迄於嘉慶十二年。〔註 152〕

而嘉慶十二年丁卯，阮元年歲四十四，爲撫浙及設立詁經精舍之時，正術業鼎盛之際，張鑑之撰，不啻爲阮氏立身行世、學術風會，提供最佳之史料，作爲弟子門人，張氏當不愧於阮氏之門矣。《雷庵塘主弟子記》卷首云：

> 吾師年甫強仕，已揚歷中外，雖立朝行政，來者方滋，而教學、救荒、靖寇大事，昭然在浙。鑑浙江產，且侍坐甚久，粗能得其涯略，因仿劉氏《公是弟子記》之名，取其歲月，都爲一冊，閱者毋徒以言行區以別諸！即吾黨後有續者，以是爲權輿可也。

故雖卷三之後迄卷八之載，爲阮元門下及子弟所錄，然「權輿」者，厥爲張氏，此《雷塘庵主》之傳於世，張氏居功厥偉。再者，《詁經精舍文集》亦錄張氏數篇文論暨詩作，若卷五〈大衍之數其用四十有九論〉，卷七〈第一樓賦并序〉，卷十三〈題劉松年南宋中興四將圖歌〉、〈夕陽〉、〈聽蟬〉，卷十四〈焦山舊藏周鼎今以西漢定陶陵鼎并置焦山詩以紀〉；率皆嫻熟圓融，清雅典麗，則張氏斐然之才，當非虛譽。

〔註 151〕《清儒學案》卷一一九；繆荃孫《續碑傳集》卷七三。
〔註 152〕黃愛平《阮元年譜》〈點校說明〉，頁 1、2。

（三）嚴　杰

字厚民，別名鷗盟，浙江餘杭人士。生於乾隆二十八年（癸未 1763），卒於道光二十三年（癸卯 1843）。

《清儒學案》言先生潛研經術，邃學能文。阮元督學浙江，深賞之。立詁經精舍，以爲上舍生。佐編《經籍纂詁》；從至廣東，復佐編《皇清經解》。《經義叢鈔》三十卷爲其得力之作。〔註 153〕

阮元弟子中，嚴杰具卓犖之資，亦頗爲阮氏賞識。《揅經室續集》卷六，〈題嚴厚民（杰）書福樓圖〉序云：

> 厚民湛深經籍，校勘精詳。因昔人云：書不飽蠹魚，不經俗子誤改，書之福也，因以名樓。

詩云：

> 古書有古義，後人每未詳。俗子作聰明，何妄下雌黃。少見多所怪，以不狂爲狂。石經在開成，據宋已改唐。孰知據明監，更改金陀坊。嚴子精校讎，館我日最長。校經校《文選》，十目始一行。人有讀書福，書服人亦康。書樓畫爲冊，樹石雜縹緲。北齊勘書圖，今復見前塘。厚民比古人，遵明其可方。〔註 154〕

於「據宋已改唐」下，注：「今石經“願車、馬、衣、輕裘。”輕字等處，皆後人妄添，幸碑跡可見。」

於「更改金陀坊」下，注：「乾隆間奉敕摹刻岳板五經，甚盛典也。余校石時，見其誤字，反與明監本同，大疑之。及訪之，始知原摹不誤，後爲武英殿校刻之人所倒改也。」

於「十目始一行」下，注：「世人每矜一目十行之才，余哂之。夫必十目一行，始是眞能讀書也。」

於「遵明其可方」下，注：「勘書始於北齊，遵明謂齊儒徐遵明。」

則由諸注，知嚴杰；一精校讎，一善讀書，沉穩勁健，是十目一行之人，非一目十行者也。

因之，校勘十三經之《左傳》、《孝經》，嚴氏皆本熟校之義，合底本而勘之，所校亦精審也。故阮元云：

> 錢塘監生嚴杰熟於經疏，因授以舊日手校本。又慶元間所刻之本，

〔註 153〕《清儒學案》卷九十一；《清國史傳》卷六十九。

〔註 154〕《揅經室續集》卷六，頁 204。

并陳樹華考證、及《唐石經》以下各本，及《釋本》各本，精詳捃摭，共爲《校勘記》四十二卷。〔註155〕

又：

《孝經》……惟其訛字實繁，因更屬錢塘監生嚴杰，旁披各本，并《文苑英華》、《唐會要》諸書，或讎或校，務求其是。臣（元）復親酌定之，爲《孝經校勘記》三卷、《釋文校勘記》一卷。〔註156〕

則嚴杰之善校勘，且知遇於阮元者，亦可知也。

至於嚴杰之作，亦列《皇清經解》。沈豫《皇清經解提要・序》云：

《皇清經解》書一百八十餘種，卷一千有四百。始顧處士《左傳杜解補正》，中嚴杰《經義叢鈔》。〔註157〕

而嚴氏於阮元《車制圖解》，則推崇云：

錢塘嚴杰《經義叢鈔》，編輯手也。

芸臺《揅經室集》〈車制圖解〉尾跋云：「宮保師《考宮記・車制圖解》，乾隆戊申（1788）秋，杰從丁教授所見之教授云：……是論確不可易。近編《經解》合眾說觀之，實非考證賅洽，亦何能精審若是也。道光六年（1826）錢塘弟子嚴杰，謹識於兩廣督署。」〔註158〕

則阮、嚴師弟相傳，可爲法式。

（四）陳壽祺

字恭甫，號左海，別名隱屏山人，福建閩縣人士。生於乾隆三十六年（辛卯1771），卒於嘉慶十四年（甲午1834）。

先生少能文筆，有才子之稱。初從同縣孟超然遊，爲宋儒之學，慨然以古君子自任。嘉慶四年（1799）成進士，授編修，其試出於朱珪、阮元之門，乃專爲漢儒之學，與同年張惠言、王引之齊名。又及見錢大昕、王念孫、程瑤田諸人，故學益精博。遭父憂歸，遂不復出。自歸里後，嘗爲阮元延課詁經精舍，一時樸學之士，多出門下。後主清源、鰲峰兩書院，一以術業相提倡。若夫閩中諸儒，多宗宋儒，服膺程朱，自先生始兼精揅漢學，治經重家法，辨今古文，爲一代宗師。〔註159〕傳世之作，較著者，則爲《尚書大傳》

〔註155〕《揅經室一集》卷十一，頁234、237。

〔註156〕同上。

〔註157〕沈豫《皇清經解提要》，頁17。

〔註158〕沈豫《皇清經解淵源錄》，頁11。

〔註159〕《揅經室續集》卷一之下卷，頁98。

定本三卷，《序錄》一卷；附錄《洪範五行傳輯本》三卷；《五經異義疏證》卷；《左海經辨》二卷、《左海文集》一卷、《左海駢體文》二卷。

論及阮元、陳氏師弟之況，《揅經室續集》〈隱屏山人陳編修傳〉所述尤詳：

> 嘉慶己未（四年 1799），會試中式，賜進士出身，會試闈中，其卷爲人所遏。元言於朱文正公（珪）曰：「師欲得如博學鴻詞科之名士乎！閱某卷經策是也。」遏者適摘其四書文中語，元曰：「此語出自《白虎通》。」於是朱文正公由後場力拔出之。

此者，若非阮元之慧識，朱珪未必能自後場舉陳氏文而出，陳氏之才，亦未必脫穎出眾。

阮元又云：

> 辛酉（嘉慶六年 1801）散館，授翰林編修，請歸省親。會元巡撫浙江，延主講杭州敷文書院，兼課詁經精舍生徒，元修《海塘志》，且鑽群經古義爲《經郛》，壽祺皆定其義例焉。

阮元自云纂群經古義爲《經郛》，定其義例者，乃左海先生。先生定義例十條上云：一曰探原本，二曰鉤微言，三曰綜大義，四曰備古禮，五曰存漢學，六曰證傳注，七曰通互詮，八曰辨勦說，九曰正繆解，十曰廣異文。明所以原本訓辭，會通典禮，存家法而析異同之意，惜此書未就而罷。

《皇經清解》錄其《五經異義疏證》、《左海經辨》及文集中之說經者。阮元謂壽祺解經：「得兩漢大義，每舉一義，輒有折衷，上溯伏生，下至許鄭，靡不通徹。」沈豫〈陳編修左海經辨文集〉提要亦云：「編修獨以經術雄長一時，予讀是集，深歎其根據確議論宏，蓋漢之馬鄭與。」〔註 160〕則先生之經術雄長，蓋其確議論宏也。

壽祺先生雅慕武夷山水，紫陽精舍，晚年自號隱屏山人。卒於道光十四年（1834）春，其子喬樅等訃至滇，請阮元爲墓誌，阮元不爲誌而爲之傳：

> 論曰：人山以強仕之年，告歸養親，可謂孝矣。親終，不復仕，非如義之誓墓有所激也，恬而已矣。立身於道義之中，而經學博通兩漢，文章雅似齊梁。其學行卓然傳矣，以千秋自命，不爭名一時，秋坪之言諒哉。〔註 161〕

阮元爲此傳，年亦七十一矣，而辭切意剴，所云敦篤，則師生之情，溢於言表。

〔註 160〕沈豫《皇經經解提要》，頁 103。
〔註 161〕《揅經室續》卷二之下卷，100。

（五）周中孚

字信之，號鄭堂，浙江烏程人士。生於乾隆三十三年（戊子 1768），卒於道光十一年（辛卯 1831）。

先生幼有孝行，善力學。嘉慶元年（1796），舉拔萃科。阮元撫浙，築詁經精舍於西湖，以處浙中文學士，使修《經籍纂詁》，先生與焉。遊京師，交宋翔鳳，爲刊正新著書十餘事，宋大嘆服。同舍生後多貴顯，先生至道光乙酉（1825）猶應鄉試，同考官錢君爲辛楣（大昕）少詹族子，得卷歎絕，力薦於主者。將列名，以策中數用《錢集》語，主者疑有私，置副榜第一，揭曉乃大悔謝過，自是無意仕進。先生初讀《四庫書提要》，謂爲學之途徑在此。仍依其例，取現存目睹諸書，條撮篇目，甄敘卷部；更旁臚其鈔槧得失，得數十萬言，著《鄭堂讀書記》若干卷。別撰《孝經集解》諸書。歿後，其次子不肖，悉以手稿鬻他姓，無可究問。止《讀書記》藏獨山莫氏，已逸十之二三。嗣外孫戴望，頗私其說。〔註 162〕

戴望〈外王父周先生述〉記云：

> ……父某，爲縣吏，有隱德。生子二人，長先生，次聚之先生。……阮文達公督浙江學政，先生兄弟並受知。以嘉慶元年，選拔貢生。文達巡撫浙江，築學舍西湖，以處浙中文學士，使修《經籍纂詁》，先生與焉。〔註 163〕

則先生受知於阮元，當在阮氏任浙江學政之時，其時爲乾隆六十年（1795），阮元三十二歲，蓋亦英才勃發之年也，是於擇士，乃不遺餘力。

至周氏之作，先後亦輯於《學海堂經解》。同治時人趙之謙跋云：

> 周鄭堂先生博聞彊識，以紀事纂言爲己任。……先生說經諸作，阮文達公刻《學海堂經解》，編入《叢鈔》。〔註 164〕

是先生歿後，雖不肖子弟將之鬻於他氏，然幸《學海堂經解》收錄，否則必散失亡逸，再以外孫戴望之訪求遺書，更歷患難，若《札記》五卷者，纔守而弗失。故論其淵源，阮元乃最有助益於先生之人也。因之，鄭堂《書目》，凡語及阮元者，必以「吾師」見稱，其尊師重道，始終如一。譬：

〔註 162〕參考《清儒學案》卷一二三、《續碑傳》卷七二。

〔註 163〕《鄭堂讀書記》卷首。

〔註 164〕周中孚《鄭堂讀書記》下，《鄭堂札記》跋，載趙之謙所以跋此後記，乃受戴望病危之託，時爲同治壬申（1885），而忽忽歲月，同治壬午（1895）爲跋時，已十年矣。

《七經孟子考文補遺》二百卷，云：

阮雲臺師視學浙江時，嘗命工依寫刊成小版以廣其傳，而爲之序，并校勘譌字，附於卷末。其中《尚書古文攷》一卷，李雨村又刻入《函海》云。〔註165〕

又《考工記車制圖解》二卷，云：

國朝阮元撰。吾師以《考工記注》解釋尚疏，唐以後學者又專守傳注，罕貫經文，近儒於考工之事既宣之矣，而於車工之事猶闕。……實可辨正鄭注，爲江愼修、戴東原諸家所未發。書成於乾隆丁未（五十二年1799），越十七載，嘉慶癸亥（八年1803），復跋其後，刊入《揅經室一集》，此其別之本也。（同上）

又《禮經釋例》十三卷，云：

國朝凌廷堪撰。……前有嘉慶己未（四年1799）自序，末附所作〈七戒〉一篇，以當後序。其書至戊辰（十三年1808）始卒業。明年，阮雲臺師刊於杭州。雲臺從子壽昌（常生）復爲之序。壽昌即其弟子云。〔註166〕

又《儀禮圖》六卷，云：

國朝張惠言撰，……書刊于嘉慶乙丑（十年 1805），阮雲臺師爲之序。〔註同上〕

又《大戴禮記補注》十三卷，云：

國朝孔廣森撰。……書成，而巽軒歿。稿藏于家，至乾隆甲寅（五十九年，1794），其弟廣廉始付梓。阮雲臺師爲之序。〔註167〕

又《樂器三事能言》一卷，云：

國朝程瑤田撰。阮雲臺師撫浙時，修葺杭州府學校，錄禮器、樂器而考定之。……略作〈寶和鐘記〉答吾師書三篇，附錄于後，并爲之記。〔註168〕

由此諸例，知周氏書目所錄，凡關係阮元者，必敬謹以師道之；且由此亦知阮元與諸友共學之宏闊敦仁；問一知二，爲之美善。

〔註165〕《鄭堂讀書記》，鄭記三。
〔註166〕同上，鄭記四。
〔註167〕同上，鄭記五。
〔註168〕同上，鄭記七。

（六）徐養原

字新田，號飴庵，浙江德清人士。生於乾隆二十三年（戊寅 1758），卒於道光五年（乙酉 1825）。夙承家學，讀書有深識。年十三，隨父宦入京師，從一時名士問業，於學術之鴻流派別，靡不曉貫。父乞養歸，益覃思經訓，順事左右，往往以說經娛親。充嘉慶六年（1801）副貢生。父母先後卒，遂無意攻制舉業。初，阮元撫浙，築精舍西湖上，選高材生數十人講肄其中，先生及弟養灝與焉。又集諸儒校勘十三經注疏，先生任《尚書》、《儀禮》。《儀禮》多脫文錯簡，素號難治，所校獨精，以古儒者必修六藝，居之禮樂，所以養性，因之，兼通三禮、六書、古音、曆算、輿地、氏族之學。以其母善鼓琴，因研究音律。爲人舍書籍外無嗜好，非疾病喪紀不輟業，誦讀孜孜，考論矻矻，迄老弗衰。〔註 169〕

《十三經注疏》徐氏任校《尚書》、《儀禮》。阮元云：

> 自梅賾獻孔傳，而漢之眞古文與今文皆亡。乃梅本又有今文古文之別。……是所謂古文，不過如《周禮》、《漢書》，略有古體，及假借通用之字而已。晁氏《讀書志》云：陸德明獨存一二於《釋文》，此正與古字無幾之説相合，若連篇累牘，悉是奇字，則陸氏豈得或釋或不釋哉。……臣於《尚書》注疏，舊有校本。茲以各本授德清貢生徐養原校之。〔註 170〕

又：

> 《儀禮》最爲難讀者。……昔顧炎武以唐石刻九經，校明監本，惟《儀禮》訛脱尤甚，經文且然，況注疏乎！賈疏文筆冗蔓，詞意鬱轖，不若孔氏《五經正義》之條暢。……朱子作《通解》，而疏之文義未安者，多爲刪潤。在朱子自成一家之書，未爲不可；而明之刻注疏者，一切惟《通解》之從，遂盡失賈氏之舊。臣於《儀禮》注疏舊有校本，奉旨石經校勘官，曾校經文上石，今合諸本，屬德清貢生徐養原詳列異同，臣復定其是非。〔註 171〕

此一知《尚書》、《儀禮》勘定之始末，一知阮元授徐氏以校勘，蓋壹在於知人也。至若徐氏所作甚多，《清儒學案》所載〈禘祫辨〉、〈郊社辨〉、〈旋宮說〉、

〔註 169〕參見支偉成《清代樸學大師列傳》，頁 189；《清儒學案》卷一二二。

〔註 170〕《揅經室一集》卷十一，頁 230、232。

〔註 171〕同上。

〈三樂說〉皆有助釐清學術；《詁經精舍文集》所載諸作亦多，則先生之才可見，而卷十一載，〈策問史記載尚書孰爲今文孰爲古文〉末所云：「蓋孔壁古文，當以司馬遷所見者爲最眞，若馬、鄭之本，依賈氏所定，已非純用古文，況梅賾所獻乎。後之讀《史記》者，見其與孔本異，即以爲今文，見與馬鄭同，又即以爲古人，均失之矣。」〔註 172〕則此說當有以補阮元之語者也。

（七）朱為弼

字右甫，號某堂，浙江平湖人士。生於乾隆三十六年（辛卯 1771），卒於道光二十年（庚子 1840）。

先生少耽六書，尤嗜金石文字。爲諸生時，朱文正（珪）、阮文達（元）兩公器之。生平嗜金石三代鼎彝，秦漢碑碣，古文奇字鉤摘。官京師時，與漢陽葉志詵交甚歡，遇古器未嘗不手搨，遇搨本未嘗不手摩；其用心之專，鑒古之當，殆天性然。既出阮元門，元萃并世同好十二家搨本益所自藏，成《積古齋鐘鼎彝器款識》二十卷，以續薛尚功書，而考義釋文遠秩薛作，編定蓋全出右甫。原稿藏於家，題《吉金古文釋》者是也；并爲撰序文三千言，博綜弇雅，冠絕等倫，一時士林傳誦。〔註 173〕

《清儒學案》輯先生之文，〈尚書鄭本辨〉外，他若〈釋敦璉瑚簋〉、〈釋璽印〉，皆類金石之作。阮石《積古齋鐘鼎彝器款識》序謂：

> 友人之與余同好者，則有江侍郎德量、朱右甫爲弼、孫觀察星衍、趙銀臺秉沖、翁北部樹培、秦太史恩復、宋學博葆醇、錢博士坫、趙晉齋魏、何夢華元錫、江鄭堂藩、張解元廷濟，等各有藏器、各有搨本，余皆聚之，與余所自搨，集爲《鐘鼎款識》一書，以續薛尚功之後。

則阮元所輯鐘鼎彝器，所列諸人，朱氏亦參與其中，當相知於阮氏矣。

而《積古齋鐘鼎彝器款識・後敘》，朱爲弼特敘薪傳之由：

> 維吾師雲臺先生，經緯馮生，鑄鎔邃古，宸御鸞造，辟廱鵠從。釋天上雲雷之文，辨階�球鏄之刻；……鉛則斗建周杓，數弓則日干合筴；紀商周以乞魏晉，摹頡籀以眾斯邈；剞劂垂藏，校勘遂施；敢施薪傳，用綴簡末。〔註 174〕

〔註 172〕《詁經精舍文集》卷十一，頁 315。

〔註 173〕參酌《清儒學案》卷一二三；《續碑傳》二二。

〔註 174〕《積古齋鐘鼎彝器款識》後序，頁 2。

以是知朱氏所賡續者，乃在承阮元邃古之業，亦如阮元所言，接續薛尚功之後也。至於朱氏文，用語取辭，皆不忘詠贊其師，其〈詠周五戈〉即云：

吾師嗜金石，星宿胸中羅。精心稽篆籀，積古何其多。……吾師祖名將，征苗駶驎驔。呂虔佩刀利，殺賊至橫坡。築臺受降虜，全活萬螻蛾。〔註175〕

於阮元之文韜、武略，仰瞻乃深矣。

（八）金 鶚

字誠齋，號風薦，浙江臨海人士。生於乾隆三十六（辛卯1771），卒於嘉慶二十四年（己卯1819）。

幼承庭訓，端重如成人，不苟言笑去之惟質甚魯。日僅誦三四行。稍長，折節讀書，專心致志，熟而弗忘。中年以還，轉加敏捷。於書無不闚，旁及形家言，尤精文算法，詞章乃其餘事。受知大興朱文正（珪）公，補諸生。阮文達（元）建詁經精舍於西湖，檄召暨同邑洪頤煊、震煊兄弟講肄其中。業益進，名益噪。邃於三禮之學。繼受知於山陽汪文端（廷珍），至京師居文端邸中。元和陳碩甫（奐）往見之，與語相見恨晚。爲學披郤導窾，實事求是，著《求古錄禮說》十五卷，《補遺》一卷，取宮室衣服郊祀井田之類，串漢唐諸儒之說，條考而詳辨之。鎔鑄古訓，爲一代大作手。〔註176〕

《清儒學案》所錄先生之作，若〈五官考〉、〈學制考〉、〈井田考〉皆言禮之作，此爲先生精於三禮之證。所取〈學制考〉言「大學」所在云：

《大戴禮》云：「大學，明堂之東序也。」又云：「明堂外水爲辟雍。」《韓詩》說天子立明堂於辟雍之中；賈誼言：「王大學曰辟雍。」是大學與明堂同處。明堂在郊三里（詳明堂考），故曰：「大學在郊也。」國以向南爲正，故惟南郊可專稱郊祭也。……故大學在郊，不必言南也；明堂自古有之，當在國之陽，以象大微在紫微之南。〔註177〕

言「大學、明堂」於國之陽者，必其南郊也；此說當有裨《揅經室集》〈明堂位〉之言也。再以《論語》「一貫」說，阮元解「貫」爲行也、事也。〔註178〕金鶚

〔註175〕《詁經精舍文集》卷十三，頁382。
〔註176〕《清儒學案》卷一二二之33、39。
〔註177〕同上。
〔註178〕《揅經室一集》卷二，頁46。

〈釋貫〉說，則引《說文》，謂貫同毌，乃穿物持之。今「貫」原本作「毌」，蓋假借通用，〔註179〕此說當可與阮氏之見互爲相參；又阮元〈釋頌〉，以「頌」爲「容」字；〔註180〕金氏則謂：「古文頌爲庸，頌古容字，與庸同聲，故通用。」〔註181〕此「頌、容、庸」乃聲之通轉，字義較阮氏寬廣，是又裨益阮元之說也。

（九）洪頤煊

字旌賢，號筠軒，晚號倦舫老人，浙江臨海人士。生於乾隆三十年（乙酉1765），卒於道光十七年（丁酉1837）。

先生少即苦志力學。爲諸生時，與兄坤煊、弟震煊，嘗讀書僧寮，夜偕佛燈圍坐，談經不輟。阮元督浙學，招先生與弟就學詁經精舍，時有「二洪」之稱。先生尤精究經訓，貫串子史，并熟習曆算之學。舉嘉慶六年（1801）拔貢生，館孫星衍所，爲撰《孫祠內外書目》七卷，《平津碑記》十二卷，考據明審。就職爲直隸州判官，廣東署新興縣事。性好聚書，時嶺南舊籍充斥，收以重資購置，家藏善本三百餘種，碑版二千餘通，鐘鼎彝器，法書名畫，皆撰有目錄，都世所罕見者。〔註182〕

先生所著《禮經宮室答問》二卷，上卷紀宗廟之制，附圖三；下卷紀路寢、明堂、太學之制，附圖四；皆設爲問答研究，鉤稽深奧。所作《孔子三朝記》八卷，以阮元謂：「孔門遺訓《論語》外，玆爲最重。」因作是注，體例頗爲賅詳。阮元〈與洪筠軒（頤煊）論朝記書〉則謂：

> 《孔子三朝記》七篇，與《論語》並重，今世以其文字艱澀，莫之學。夫孔子之言存于世者無多，豈可不發明以觀聖道哉！今子注之甚善，余紬繹之，有疑而爲解之者，爲子列之：〈千乘篇〉記曰：「卿設如四體：毋易事、毋假名、毋重食。」元謂「易學」，謂變易政事；「假名」，謂假人名器；重食，謂增食采邑，此皆指魯三家之弊。……〈小辨記〉曰：「士學順辨言以遂志。」元謂「順與訓」通，即《爾雅》「釋訓」之訓，遂、志通意也；學訓詁，方能通絕代別國之言之意也。……凡此數事，致之子以爲何如？〔註183〕

此爲師之口義，言來親切，又非言道而自以爲是，所重者，乃以訓詁通絕代

〔註179〕《詁經精舍文集》卷十，頁301。
〔註180〕《揅經室一集》卷一，頁15。
〔註181〕《詁經精舍文集》，頁300。
〔註182〕《清儒學案》卷一二三之一；支偉成《清代樸學大師列傳》，頁191、192。
〔註183〕《揅經室一集》卷十一，頁227、228。

別國之言，亦見阮元之微意也。阮元意如此，洪氏〈七經孟子考文補亦跋〉亦推重阮元之嘉惠後學：

> 右《七經考文》，並《補遺》二百卷，日本西條掌院記山井鼎所撰，東都講官補遺。嘉慶丁巳（二年 1797）夏，阮雲臺夫子視學兩浙，以日本板苔紙本，再雕于瑯嬛僊館，以一本贈頤煊，頤煊始得卒讀是書，據凡例引各本，有曰宋板者，足利學所藏刻本；有曰古本者，足利學所藏寫本；有曰足利本者，本學所印活字板本；有曰正德本者，明正德注疏本；有曰嘉靖本者，明嘉靖注疏本；有曰萬曆本者，明萬曆注疏本；有曰崇禎本者，明汲古閣注疏本。今中國所行，惟萬歷北監本、崇禎汲古閣本而已，餘不可悉得也。……頤煊偶以他書所引證之：如〈隨〉「大亨貞。」貞上有利字：「升積小以高。」以下有成字。……昔人謂《文選》注一字一縑，頤煊于此書亦云：「頤煊喜公之嘉惠後學，重雕是書，而獲至寶也」因略書所見于卷尾。〔註 184〕

則洪氏之嗜書，阮元之不吝贈書，如魚之得水，可謂儒林薪傳之顯例。

（十）洪震煊

爲洪頤煊之弟。字百里，浙江臨海人士。生於乾隆三十五年（庚寅 1770），卒於嘉慶二十年（乙亥 1815）。

先生少有雋名。昆弟居詁經精舍，與臧庸、丁杰嘗辯難。臧每嘆曰：「大洪淵博，小洪精銳，兩君卓識，吾所不及。」阮元稱之曰：「齊侍郎後，不圖復見洪生也。」阮修《十三經校勘記》，爲任《小戴禮記》；修《經籍纂詁》，爲任《方言》。他所刊書，并恆佐校讎之役。所治經學，嘗以《太史公書》以魯定公十二年冬，孔子去魯適魏爲誤，定爲十三年春，就《史記》證之。又辨《禹貢》「降水」非絳水，鄭康成以淇爲降，亦古文家舊說。浙江即岷江，非漸江，取《漢書・地理志》、郭璞《山海經》注，用證酈道元之誤。〔註 185〕所述頗助益阮元〈浙江圖考〉之見，蓋亦發揚師說者也。

《十三經注疏校勘記》之《小戴禮記》，阮元特以震煊先生勘定，且云：

> 小戴禮記，隋唐志並二十卷。《唐石經》所分，是也。……《禮記》十卷之本，出於吳中吳泰來家。乾隆間，惠棟用以校汲古閣本。識

〔註 184〕《詁經精舍文集》卷三，頁 78。
〔註 185〕《清儒學案》卷一二三之八。

之云：訛字四千七百有四，……點勘是正，四百年來闕誤之書。犁然備具，為之稱快。今記中所云惠棟校宋本者，其眞本今藏曲阜孔氏。近人有巧僞之書賈，取六十三卷舊刻，添注塗改，綴以惠棟跋語，鬻於人，鏤板京師者，乃贗本耳。今屬臨海生員洪震煊，以惠棟本為主，並合臣舊校本及新得各本，考其異同，臣復定其是非，為校勘記六十三卷，《釋文》則別為四卷。……〔註 186〕

由此，亦知《禮記》有眞僞之本，惠棟所勘宋本方為眞本，今洪氏所勘者，即氏之本與阮元校本、新得各本，合而並校，乃為善本。

至於〈禹貢北過降水至于大陸考〉言「降水」非「絳水」云：

〈禹貢〉有二水同一名者矣。如「漆沮既從，又東過漆沮」是也。未有一水而二名者。如果一水，冀州曰衡漳，道河曰降水，忠質之世，主名山川，何有此繁稱之文哉！況〈地理志〉「漳、絳并列。」漳水入河，絳水入海，是古者漳、絳二水分也。降水非絳亦非漳。……賈讓所謂淇水口，即鄭君所渭淇水，近所謂降水。黎陽，即鄭君所謂淇水，至魏郡黎陽入河。由是知鄭君以淇為降，非出胸臆，蓋亦古文家之舊說也。〔註 187〕

然則「降」者何謂？洪氏未明言。汪家禧之同為〈禹貢過降水至于大陸考〉云：

降音下江反，古音近洪。洪水橫流，《孟子》作「洚水」，以聲相近也。後世昧于古音，以絳水為降水，而共水之名掩。……僞孔傳注「降水」為水名而不詳其地；孔穎達泥〈地理志〉，反謂鄭之改讀，出于胸臆，專己守殘，詎知鄭學之閎通哉。〔註 188〕

由洪、汪之文，見鄭說為是。而「降水」雖洪水之稱，亦淇水之名，非所謂之絳水。此雖地理之說，於《浙江圖考》〈江水篇〉所解，〔註 189〕蓋亦有所發明。

（十一）阮　福

字賜卿，一字喜齋，江蘇儀徵人士。生於嘉慶七年（壬戌 1802），卒年未詳。先生為阮元次子。官湖北宜昌知府。博雅好古，夙承家學。嘗受業於江

〔註 186〕《揅經室一集》卷十一，頁 232、233。

〔註 187〕《詁經精舍文集》，頁 193、194；196、197。

〔註 188〕同上。

〔註 189〕《揅經室一集》卷十三，頁 271；有助〈導河〉：「北過降水，至於大陸。」之解。

鄭堂（藩）、凌曉樓（曙）。初，文達既撰《曾子注釋》，以與《孝經》相表裏，因命福撰《孝經義疏補》九卷。全載注疏音義全文，而以《曾子》十篇中凡可以發明《孝經》，可以見孔曾授受大義者，悉分系於各章各句之下；如有鄭注見於唐以前書，復據以補入；而於《說文》所載注舊義，搜采靡遺，俾還鄭氏舊觀，且疏證之；古籍可相輔翼，並爲甄錄，兼下己意，曲鬯旁通，既博且精，得未曾有。雖曰補疏，而實與疏全經者無殊，即此足徵其家學之淵源。〔註190〕其《孝經義疏補・序》云：

> 《孝經》者，孔子教五等之孝，維持家國天下者也。家大人言孔子作《春秋》，以帝王大法治之於已事之後；孔子傳《孝經》，以帝王大道順之於未事之前。此發明孔子所言：「吾志在《春秋》，行在《孝經》之微言大義也。」福早受庭訓，讀家大人所著《曾子十篇》注釋，與《孝經》相爲表裏。家大人教福曰：「汝試撰《孝經義疏補》一書。」福謹以《曾子十篇》中，凡可發明《孝經》，凡可以見孔、曾授受大義者，悉分補於各章各句之下。今《孝經注》爲唐明皇所刪之鄭注，而鄭注半存其中，爰定鄭注爲鄭小，同唐以前書，凡可見鄭氏舊注者，今皆補之。陸氏音義尚可見鄭注舊字舊義，但又多爲唐疏宋校時所刪，今全據《經典釋文・孝經音義》載入，以存鄭氏舊觀。且疏證之古籍可發明《孝經》者，自魏文侯《孝經傳》以下多引證之，偶下己意，不敢自是，皆就訓於家大人而後著之；大人謂：「《孝經》之郊祀即〈召誥〉之用牲於郊；《孝經》之宗祀，即〈洛誥〉之宗禮、宗功。」福又備引各經，推明此義；謂：「〈洛誥〉之文祖，即《孝經》之明堂。」以著之此本，以正德板本爲主。……〔註191〕

此序雖言《孝經義疏》之所由，實則言庭訓之誨示，故序中「家大人」之意處處可見，所重乃在家學矣。再者，《阮元年譜・雷塘庵主弟子記》之卷五、卷六爲阮福所撰，所記年歲，爲自嘉慶十九年迄道光九年之期，亦阮元五十以後之事，所按之語，皆精闢簡當，條鬯明確。其例如：「嘉慶十九年（1814）秋刻宋本《十三經注疏》」

阮福按云：

> 此書尚未刻校完竣，大人即奉命移撫河南。校書之人不能如大人在

〔註190〕支偉成《清代樸學大師列傳》〈提倡樸學諸顯達列傳二十五〉，頁635。
〔註191〕見《清儒學案》卷一二二之一。

江西時細心，其中錯字甚多，有監本、毛本不錯而今反錯者，要在善讀書人參觀而得益矣。《校勘記》去取亦不盡善，故大人不以此刻本爲善也。〔註 192〕

此段文字，後之言「阮元著述」章亦提及。然依阮福語，則知阮元勘刻《十三經注疏》何等用心。

「七月，改建貢院合成」

阮福按云：

江西貢院落成之後，申嚴科場禁例。向來江西鄉試之年，士子房考頗有交通弊竇。大人於夏間即出示通省加嚴預爲禁誡，末云：「如官吏士子必欲犯法，本郎院亦惟有日礪白刃，以待蹈者。」是秋，大人雖未及監臨去任，而鄉場內外肅清，門生吳其彥來主試考拔，亦爲公明，士論稱爲清榜，嗣後，科場風氣爲之一變。〔註 193〕

科場舞弊非今始，久已有之。阮元之申嚴科場禁例，乃樹立精良之典範。

「道光四年甲申（1824）三月十五日，刻焦氏《雕菰樓集成》」

阮福跋云：

里堂先生《雕菰樓集》廿四卷，末附其子虎玉《密梅花館集》二卷。癸未（1823）秋，大人命福校而刊之。凡六閱月而工畢。〔註 194〕

則焦循《雕菰樓集》、其子焦珽琥《密梅花館集》，皆阮元命阮福勘刻而成。

「十二月，建學海堂成」

阮福案云：

堂中扁額亦是大人仿三國吳〈天發神讖碑〉字體書之。并撰楹帖云：「此地有獅海珠江之勝，其人在儒林文苑之間。」又撰一聯云：「公羊傳經，司馬記史，《白虎》德論，《雕龍》文心。」是時學海課士，經解詩賦諸作已得數十題，乃刊爲《初集》，大人撰序一篇，冠諸集首。又書刊于右，嵌于堂壁。福竊聞庭訓，以爲粵東自前明以來，多傳白沙、甘泉之學，固甚高妙，但有束書不睹，不立文字之流弊。此序文特爲駢體，且命福考文與筆之分。〔註 195〕

〔註 192〕《阮元年譜》121、122。

〔註 193〕同上。

〔註 194〕《阮元年譜》，頁 146、147。

〔註 195〕同上。

庭訓所謂：「粵東自前明以來，多傳白沙、甘泉之學，固甚高妙，但有束書不睹，不立文字之流弊。」則言語謦欬之間，必以束書不觀、空口心性爲積弊，此學海堂以經古課士意之所在，亦阮元教子之隱意。

再者，乾隆四十七年（1782）《四庫全書》告成；六十年（1795），工竣。阮元以內閣學士兼禮部侍郎浙江學政之官，撰〈四庫提要刊成恭紀〉所謂：「四庫卷帙繁多，嗜古者未及遍覽，而提要一書，實備載時地姓名，及作書大旨。承學之士，鈔錄尤勤，毫楮叢集，求者不給。」〔註 196〕而阮氏適奉命視學兩浙，得仰瞻文瀾閣於杭州之西湖，確爲歡忭忻幸。然四庫書仍有若干未奏進者，即《四庫未收書目》是也，而裒集者，則爲阮福。〈揅經室外集原序〉云：

> 大人在浙時，曾購得四庫未收古書，進呈內府。每進一書，必仿《四庫提要》之式，奏進提要一篇，凡所考證，皆從采訪之處，先查看此書原委，繼而又屬鮑廷博、何元錫君子，參互審訂，家大人親加改定纂寫，而後奏之，十數年之久，進書一百數十部。此提要散藏于揚州，及大兄京邸，福因偕弟祜、孔厚校刊《揅經室集》，請刊錄提要于集內。〔註 197〕

而光緒八年大興傅以禮亦敘云：

> 嘉慶中阮文達相國，視學浙江，繼官巡撫，後採進遺一百七十四種，……隨書奏進仁廟，獎賚有加，特進〈宛委別藏〉以庋之；文達次子福，裒集稿本，爲《揅經室外集》，題曰《四庫全書未收書目提要》（一名揅經室經進書錄），凡五卷行世。〔註 198〕

則阮福承阮元之續，一爲庭訓之教，一爲書海之傳；乃克紹箕裘而進盡善道也。

以上所舉，阮元師友門人，不過犖犖數位，若《儀徵學案》、《詁經精舍文集》乃至《淮海英靈集》、《廣陵詩事》、《江蘇詩徵》、《小滄浪筆談》及《兩浙輶軒錄》、《兩浙金石志》所載人物，何止上千；更以《十三經注疏校勘》、《經籍纂詁》、《積古齋鐘鼎彝器款識》、《皇清經解》所引之人所計尤多，欲盡臚列，勢有所不能；故所取乃關係先生之學術者；而此諸人，略如上述，皆與阮元經學或金石、校勘相連接者，蓋必如此，乃能見出先生學問之淵深與博大；亦由此，始能見先生嘉惠士林之敦仁厚意；至於其餘賢哲，則依阮

〔註 196〕《四庫全書簡明目錄》下，頁 957。

〔註 197〕《四庫未收書目提要》附錄，頁 101。

〔註 198〕《四庫未收書目提要》序，頁 1。

元幕府交往所游，爲之敘列；而敘列也者，則大陸學者尚小明先生，於其《學人游幕與清代學術》附錄，載〈阮元幕府〉，〔註199〕所舉人物與阮元關係，頗爲精詳，謹援引序列，以見阮氏宦途及學海師友之交往：

三、阮元幕府

幕府姓名	字號	籍貫	生　卒	在幕時間	幕中活動	資料來源
胡廷森	字衡之號西琴	江蘇江都	1719～1803	嘉慶四年（1799）	擘畫兵刑、漕糧等事	〈胡西琴先生墓志銘〉《揅經室二集》卷二
王　昶	字德甫、號述庵、蘭泉	江蘇青浦	1725～1806	嘉慶五年（1800）	主講詁經精舍	嚴榮《述庵先生年譜》
徐聯奎	字璧堂號訥齋	浙江山明	1730～1822	嘉慶五年至十四年	治漕、治賑災、治海盜	〈南昌府同知璧堂徐君傳〉《揅經室二集》卷二
吳文溥	字博如號澹川	浙江嘉興	1736～1800	嘉慶四年至八年	校訂《兩浙輶軒錄》	吳文博《南軒堂筆記》卷九、阮元《兩浙輶軒錄》卷三八
朱文藻	子映潳號朗齋	浙江仁和	1736～1806	乾隆五九年至六十年；嘉慶二、三年嘉慶六年	輯《山左金石志》。編《兩浙輶軒錄》	阮元《定香亭筆談》卷二;〈山左金石志序〉、〈兩浙輶軒錄序〉
黃文暘	字時若	浙江甘泉	1736～？	嘉慶八年至十年		〈淨因道人傳〉《揅經室二集》卷六
陳昌齊	字賓臣號觀樓	廣東海康	1743～1820	嘉慶廿四年到廿五年	纂《廣東通志》	陳昌齊〈潘周太夫墓志銘〉，《賜書堂書鈔》卷六，《國朝文錄》卷七一。
錢大昭	字晦之號可廬	江蘇嘉定	1744～1813	乾隆五八年至六十年前後	校　士	阮元《定香亭筆談》卷一;《小滄浪筆談》卷二
武　億	字虛谷號半石道人	河南偃師	1745～1799	乾隆五九年至六十年前後	輯《山左金石志》	阮元〈山左金石志序〉《揅經室三集》卷三
趙　魏	字晉齋	浙江仁和	1746～1825	乾隆六十年約至嘉慶二年	校訂《山左金石志》、《七經孟子考異》、輯《兩浙金石志》	阮元〈山左金石志序〉、〈兩浙金石志序〉《揅經室三集》卷三;〈刻七經孟子考文并補遺〉《揅經室一集》卷二

〔註199〕向小明《學人游幕與清代學術》附錄，頁283。

王聘珍	字實齋	江西南城	1746～？		參訂古籍	《清史列傳》卷四
喬春齡	字書酉	江蘇甘泉	1746～1794	乾隆五八年至五九年	佐　校	《淮海英靈集甲集》卷四
孫　韶	字九成蓮水居士	江蘇江寧	1752～1837	乾隆六十年、嘉慶四年至七年	佐　校	《小滄浪筆談》卷四、〈孫蓮水春雨樓詩序〉《揅經室三集》卷五
王　崧	字伯高號東山	雲南浪穹	1752～1837	道光六年後	總纂《雲南通志》	王崧《東山集》下
陳　鱣	字仲魚號簡庄	浙江海寧	1752～1817	嘉慶二年	助纂《經籍纂詁》	阮元《定香亭筆談》卷四
楊鳳苞	字傳九號秋室、西園老人	浙江歸安	1754～1816	嘉慶二年後	分纂《經籍纂詁》	阮元《定香亭筆談》卷四、《清史列傳》卷七三
楊芳燦	字才淑號蓉裳	江蘇金匱	1754～1816	嘉慶十三年	主講詁經精舍	楊芳燦、余一鰲《楊蓉裳先生年譜》《清史列傳》卷七十二
謝蘭生	字佩士、澧浦	廣東南海	1760～1831		纂志《廣東通志》	《清史列傳》卷七十二
秦恩復	字近觀	江蘇江都	1760～1831		主詁經精舍	《清史列傳》卷七十二
顧日新	號劍峰	江蘇吳江	1763～1823	嘉慶六年		朱春生《顧劍峰先生墓志銘》、《簫庵文集》卷四
江光曦	字晉藩	江蘇江都	1765～1807		助輯《淮海英靈集》	凌廷堪〈與阮伯元閣學論書舫錄書〉《校禮堂文集》卷二、阮元《淮海英靈集》卷首
趙　坦	字寬夫號石侶	浙江仁和	1765～1828	嘉慶二年	參與編輯《經籍纂詁》	《定香亭筆談》卷四
錢東璧	字星伯號飲石	江蘇嘉定	1767～1834	嘉慶四年至十年	潛心經史之學兼吏治	阮亨《瀛州筆談》卷九、《顧氏家集》卷首
陳鴻壽	字子恭號曼生	浙江錢塘	1768～1822	嘉慶四年至六年後	參理文檄、籌畫海防	陳文述〈從兄翼庵先生三十九歲像贊〉《頤道堂文鈔》卷四
李黼平	字繡子、貞甫	廣西嘉應	1770～1832	嘉慶廿年	閱學海堂課藝	劉熊《南歸集序》〈繡子先生集〉卷首
高　塏	字才子號眞泉	江蘇儀徵	1771～1839		訂制金石文字	《國朝耆獻類徵初編》卷四四二

陸耀遹	字郁文	江蘇陽湖	1771～1836	嘉慶二年		陸耀遹《雙白燕堂詩集》卷一
凌　霄	字芝泉	江蘇江寧	1772～1892	乾隆五七年		諸可寶《疇人傳三編》卷一至二
陳文述	字退庵號雲伯	浙江錢塘	1771～1845	嘉慶三年至九年	治文書、以詩見意	陳文述《頤道堂詩選自序》、卷首
孫同元	字雨人	浙江仁和	1771～？		參纂《經籍纂詁》、校《十三經注疏・論語》	《定香亭筆談》卷四、《揅經室一集》卷十一
陸繼輅	字祁生、修平	江蘇陽湖	1772～1834	嘉慶二年、四年	助校試文	陸繼輅〈先太孺人譜〉、《崇百藥齋文集》
方東樹	字植之號儀衛老人	安徽桐城	1772～1851	嘉慶廿四年、道光四年、五年	纂《廣東通志》；著《漢學商兌》《書林揚觶》	鄭福照《方儀衛先生年譜》
嚴元照	字修能號悔庵	浙江歸安	1773～1817	嘉慶十三年	校　書	嚴元照〈悔庵學詩自序〉《悔庵學文集》卷二
端　木 國　瑚	字子彝、鶴田號太鶴山人	浙江青田	1773～1837	嘉慶二年至三年、嘉慶五年	校士；以詩見賞	端木百祿、陳謐《太鶴山人年譜》
童　槐	字晉三、樹眉號萼君	浙江鄞縣	1773～1857	嘉慶二年至四年、嘉慶廿一年、道光四年	閱試卷；閱學海尚課卷	童恩《顯者萼府君年譜》
何治遠	字支海	福建閩縣	1774～1821	嘉慶廿二年	纂《廣東通志》	陳若霖《何氏學序》
凌　曙	字曉樓	江蘇江都	1755～1829		輯校《經郛》。課阮元公子兼與阮元論學	包世臣《國子監生凌君墓表》、《續碑傳集》卷四七
臧禮堂	字和貴	江蘇武進	1776～1805	嘉慶三年	與兄臧庸總編《經籍纂詁》	吉川幸次郎《臧在東先生年譜》
李　誠	字靜軒	浙江黃巖	1778～1844		纂《雲南通志》	《清史列傳》卷六八
王衍梅	字律芳號笠舫	浙江會稽	1776～1830	道光三年	校勘《粵東峽山寺詩》	王衍梅《綠雪堂遺集》卷十一
夏　炘	字欣伯	安徽當塗	1788～1844		助平海寇	《清史列傳》卷六七

汪文台	字南土	安徽黟縣	1794～1844			《清史稿》卷四九一
儀克中	字墨農	廣東番禺	1797～1838	嘉慶廿三年至道光二年	助修《廣東通志》，任採訪之責	曾釗〈儀君墨農墓誌銘〉《面城樓集鈔》卷四
曾　釗	字敏修	廣東南海	？～1854	同上	助修《廣東通志》	曾釗〈儀君墨農墓誌銘〉《面城樓集鈔》卷四
周　瓚	字采巖	江蘇吳縣				錢泳《履園叢話》卷十一
袁　鈞	字秉國 號陶軒	浙江鄞縣			以詩見賞	阮亨《瀛舟筆談》卷十
邵保初		浙江歸安			同　上	同　上
方廷瑚		浙江石門			同　上	同　上
江　鏐		江蘇長洲				阮元《定香亭筆談》卷一
方　溥						同上
張彥曾	字農聞	江蘇				同上
程幫寵						同上
程贊和						同上
錢東垣		江蘇嘉定		乾隆五八年後	佐　閱	同上，卷二
顧　沭		江蘇嘉定		同　上	助阮元衡文，並校群經	同　上
蔣徵蔚	字應質 號蔣山	江蘇元和				童槐〈西園雜詠〉《今白華堂詩錄補》卷四
季爾慶		江蘇奉興				同　上
張若采	字子白	江蘇華亭				同　上
段松苓		山東益都		乾隆六十年	搜采金石遺文	武億〈益都金石記〉《授堂文鈔》卷八
姚之麟	字虎城 號南溪	浙江仁和				竇鎮《國朝書畫家筆錄》卷二

宋咸熙	字德恢 號小茗	浙江 仁和		嘉慶二年	參纂《經籍纂詁》	阮元《定香亭筆記》卷四
金廷桐		浙江 仁和		同　上	同　上	同　上
趙春沂		浙江 仁和		同　上	同　上	同　上
諸嘉東		浙江 仁和		同　上	同　上	同　上
吳文健		浙江 錢塘		同　上	同　上	同　上
梁祖恩		浙江 錢塘		同　上	同　上	同　上
吳克勤		浙江 錢塘		同　上	同　上	同　上
陸堯香		浙江 錢塘		同　上	同　上	同　上
潘學敏		浙江 錢塘		同　上	同　上	同　上
倪　綬	字印樓 號墨卿	浙江 海寧		同　上	同　上	同　上
丁子復		浙江 嘉興		同　上	同　上	同　上
孫鳳起		浙江 嘉善		同　上	同　上	同　上
吳東發		浙江 海鹽		同　上	同　上	同　上
丁授經		浙江 歸安		同　上	同　上	同　上
何蘭汀		浙江 山陽		同　上	同　上	同　上
劉九華		浙江 會稽		同　上	同　上	同　上
徐　鯤		浙江 蕭山		同　上	同　上	同　上

王端履		浙江蕭山		同　上	同　上	同　上
陶定山		浙江蕭山		同　上	同　上	同　上
傅學灝		浙江蕭山		同　上	同　上	同　上
黃　嚴		浙江蕭山		同　上	同　上	同　上
施　彬		浙江蕭山		同　上	同　上	同　上
沈阿斗		浙江蕭山		同　上	同　上	同　上
張立本		浙江開化		同　上	同　上	同　上
湯　遂		浙江仁和		同　上	同　上	同　上
方起濂		安徽歙縣		同　上	同　上	同　上
何元錫		浙江錢塘		嘉慶二年後、嘉慶六年	參纂《經籍纂詁》；校勘十三經注疏	阮元《定香亭筆談》卷四、楊文蓀〈思想齋集序〉；《阮元年譜》
陳　焯		浙江烏程			助阮編輯《淮海英靈集》	阮元《淮海英靈集》
趙蕙芬		浙江秀水			同　上	同　上
陳文杰		浙江錢塘			同　上	同　上
阮　鴻		江蘇儀徵			同　上	同　上
許　珩		江蘇儀徵			校正《江蘇詩徵》	阮元〈江蘇詩徵序〉《揅經室二集》卷八
董士揚	字晉卿、損甫	江蘇武進				吳德旋〈晉卿董加傳〉《初月樓文續鈔》卷六
邵東江						阮元〈題元椒堂西泠話別圖〉《揅經室四集》卷七

張　詡						阮元〈題張淥卿詡露華榭稿〉《揅經室四集・詩》卷九
賈啓彪	字相臣 號少虎	江蘇 儀徵				王豫《江蘇詩徵》卷一一二
林道源	字仲深 號庚泉	江蘇 天長		嘉慶六年		王豫《江蘇詩徵》卷八七
林述曾	字季修	江蘇		司案牘	同　上	
查　枏	字讓之 號春山 、拓村	浙江 海寧		修《兩浙鹽法志》	丁申、丁丙《國朝杭郡詩三輯》卷十五	
張迎煦	字鄒谷 號晴崖	浙江 仁和		詩酒酬唱	吳文溥《南野堂筆記》卷九	
楊昌緒	字補凡	江蘇 長洲				李濬之《清畫家詩史》己上
張肇岑	字蘭坡	江蘇 江都				（同治）《續纂揚州府志》卷十三、《人物志五・文苑》

第三章　阮元之著述

阮元之傳狀、生平及行誼，固知其爲人之大要，惟著作之良窳，則攸關其學術之成就。是研討之際，仍另闢一章，以爲言說。

就時代言，阮元年歲與惠棟、戴震、汪中、錢大昕諸賢相較，當爲後生晚輩，然學術成就則未稍遜色，原因無他，要在著述之粹然高軒者也。益以嗜愛刻書，於時賢宿儒著述之佳者，輒斥資刊刻。舉其要者，若錢大昕之《三統術》、《衍地球圖說》；張惠言之《虞氏易》、《儀禮圖》；汪中之《述學》；錢塘之《述古錄》；劉台拱之《劉端臨遺書》；凌次仲之《禮經釋例》；焦循之《雕菰樓集》；鍾懷之《考古錄》；孔廣森之《儀鄭堂集》……，〔註1〕皆所刊行而廣布流傳者，而《皇清經解》之匯刻，尤迴映乾嘉學術之盛況，是其影響經學者，特爲深遠。

至若阮元之著述，類例雖夥，細分之，則出諸撰述、輯錄、編刻三者，依此探微，較易有得，分述如后：

（一）撰　述

《論語論仁論》一卷；《孟子論仁論》一卷；《國史儒林傳》；《揅經室全集》五十八卷；《十三經注疏校勘記》二百四十三卷；《積古齋鐘鼎彝器款識》十卷；《華山碑考》四卷；《四庫未收書目提要》五卷；《疇人傳》四十六卷；《詩書古訓》六卷；《曾子注釋》四卷，敍錄一卷；《孟子音義校勘記》一卷；《釋文校勘》二十五卷；《儀禮石經校勘記》四卷，《考工記車制圖解》二卷；《石書記》五卷；《兩浙防護錄》；《廣陵詩事》十卷；《石渠隨筆》八卷；《定香亭筆談》四卷；《小滄浪筆談》八卷；《揅經室詩錄》五卷；《文選樓詩存》

〔註1〕分見《張舜徽學術論著》，頁325；程發軔《國學概要》，頁281。

五卷；《瑯環僊館詩略》八卷；《皇清碑版錄》；《四史疑年錄》；《楚中文筆》二卷，附錄一卷；《銅鼓考》一卷。

（二）輯　錄

《經籍纂詁》並補遺一百六卷；《山左金石志》二十四卷；《兩浙金石志》十八卷；《淮海英靈集》二十四卷；《兩浙輶軒錄》四十卷；《江蘇詩徵》。

（三）編　刻

《十三經注疏》四百一十六卷；《皇清經解》一千四百卷；《詁經精舍文集》八卷，《續集》八卷；《學海堂初集》十六卷；《重編天一閣書目》四卷；《浙士解經錄》二卷；《廣東通志》三百三十四卷；《雲南通志稿》二百十六卷。

上列書目，琳琳瑯瑯，眾多之作，可謂積學豐盈。詳觀諸作，則考證之著，踰越泰半，此阮氏之致意訓詁名物亦可知也。而阮氏致力於古籍之編纂，其引領幕僚門生之纂輯、校勘、考釋，功尤不可沒。於古學之探賾，一則發揚蹈厲；一則嘉惠後學，可謂裨益匪淺。故夏炯（1795～1846）即贊云：

> 數十年來，書行之多，無過於儀徵阮氏。其《十三經注疏校勘記》，則爲魯魚亥豕起見也；其《經籍纂詁》則爲聲音訓故悉力也；其《考工記車制圖解》則爲制度名物究心也；其《山左金石志》則搜羅碑版鐘鼎之作也；其《詁經精舍集》及自編《揅經室文集》，篇帙富有，……著書如此，可謂博矣；刻書如此，可謂勤矣。〔註2〕

然則以「著書之博，刻書之勤」贊阮氏，可謂得之矣。

今依阮元著述，於嘉惠後世之作，分節闡論，其他撰敘，則分列他章，有以抒發。

第一節　撰　述

阮元之撰，爲數甚夥，欲逐一提舉，勢有所不能，所爲者，乃在舉其精要。其中詳略，則視篇幅內容，采予斟酌。

一、《揅經室集》五十八卷

《揅經室集》卷數，據原刻本，廣東局重刻本，載五十六卷；《四部叢

〔註 2〕夏炯《仲子文集》卷三，〈書儀徵阮氏各種後〉

刊》影印原刻本，無再續集，爲四十九卷，張之洞《書目答問》爲六十卷；《文選樓叢書》第一函，爲五十八卷，卷數互有增損，概敘如下：

（一）原刊本，廣東局刻本

輯《揅經室集》四十卷，《詩錄》五卷，《續錄》六卷，《外集》五卷，計五十六卷，此爲世界書局援引之刻本。

（二）《四部叢刊》影印原刻本

此爲上海商務印書館原刊本。所輯：《揅經室集》四十卷，《續錄》四卷，《外集》五卷，計四十九卷。

（三）張之洞《書目答問》六十卷

所輯：一集十四卷，二集八卷，三集五卷，四集二卷，詩集十二卷，《外集》五卷，《續集》十一卷，《再續集》六卷。〔註3〕

按：張氏所輯爲六十三卷，非六十卷。且於「詩集十二卷」、「續集十一卷」，注云：「校本爲九卷。」則非六十卷，而爲五十八卷，是其數或有出入。

（四）《文選樓叢書》第一函

是書嘉慶輯刻，道光阮亨（阮元弟）彙印。所輯爲：《揅經室集》四十卷，《續集》八卷，《外集》五卷，《詩錄》五卷，計五十八卷。

按：此道光刻本，爲阮元原刻本無誤。今之學者張舜徽、嚴文郁二先生皆以《揅經室集》爲五十八卷，〔註4〕是亦取之於《文選樓叢書》也。

而《揅經室集》《續集》之作，〈阮元自序〉述之甚詳：

一載道光三年（1823）癸未：

> 今余年屆六十矣，自取舊帙，授兒子輩重編寫之，分爲四集：其一，則說經之作，……十四卷：其二，則近于史之作，八卷：其三，則近于子之作，五卷，……其四，則御試之賦，及駢體有韻之作，或有近于古人所謂文者乎，……凡二卷，又詩十一卷，共四十卷。……室名揅經者，余幼學以經爲近也，余之說經，推明古訓，實事求是而已。〔註5〕

一載道光十九年（1839）己亥：

> 元四十餘歲，已刻文集二三卷，心竊不安，曰：此可當古人所謂文

〔註3〕張之洞《書目答問》集部，卷四。

〔註4〕《張舜徽學術論集》，頁325，嚴文郁編《清儒傳略》，頁70。

〔註5〕《揅經室集》自序，頁1。

乎！……六十歲後，乃據此削去文字，祇名曰集而刻之：又十數年，積若干篇，至七十六歲，予告歸田，以所積者，刻爲續集。不肯索序予人，祇于此自識數言，以明己意而已。〔註6〕

然則二集有別，謂《揅經室集》者，爲明訓詁，研義理，亦阮元六十歲前，學術之綜輯：《續集》者，雖云「卑毋高論」，〔註7〕然攸關學術之作仍多，有如〈明堂圖說〉、〈詩書古訓序〉、〈孝經郊祀宗祀說〉、〈宗禮餘說〉及〈釋閏〉、〈釋佞〉、〈釋來〉、〈釋敬〉諸詞，均裨益經說，以之與《揅經室集》相照應，可得輔成之效。

二、《十三經注疏校勘記》二百四十三卷

是書卷帙宏大，助校者夥，然總其事者爲阮元，故仍以撰述歸之。而其校勘之況，宜分緣起、刻印、得失爲言。

（一）緣　起

校勘之學，於乾嘉學術，爲主要一環，亦乾嘉學者治學績效之一。所以爲校勘，據江藩云：

蓋以讀書而不知校勘，則書之眞僞、義之同異、文之脱誤，均無由見，故先儒必以校勘爲要。〔註8〕

阮元亦同江氏，重古籍之校勘。惟阮氏之校，不好以己意刪潤故書，〈十三經注疏校勘記序・周易〉即謂：

國朝之治《周易》者，未有過於惠棟也，而其校刊雅雨堂李鼎祚《周易集解》，與自著《周易述》，其文字多有似是而非者。〔註9〕

又謂：

蓋經典相沿已久之本，無庸突爲擅易，況師說之不同，他書之引用，未便據以改久沿之本也，但當錄其說於考證而已。〔註10〕

則妄以己意改書，究竟無得於經典，況師說未同，久沿之本，裨於考證，驟然改易，有失古籍原貌，於後之治學者，反易謬指歧徑，終屬不妥。尤以南宋以返，書賈每易經注之分，而爲經注合，釋文亦多曲解，由是經疏文字，

〔註 6〕《揅經室續集》自序。
〔註 7〕同上。
〔註 8〕江藩《經解入門》卷五，頁 131。
〔註 9〕《揅經室一集》十一卷，頁 229。
〔註10〕同上。

迴互轉折，板本繁省，牴牾舛謬，殊多窒礙。而清儒所期則在注疏精校之有無，故學人於此，累年耗月，積學崇術，亦在斯道之發揚：此者，盧文弨雖有志遍校群經，然僅纂成《儀禮》之校。〔註11〕

至阮元任浙江學政，即從事校勘之事，所以如此，祇以童稚之時，已注意經章之章句同異，所謂：

> 幼被治化，肄業諸經，校理注疏，綜核經義，於諸本之異同，見相沿之舛誤，每多訂正。〔註12〕

更有進者，先生弱冠之時，即以汲古閣本《十三經注疏》多訛謬，曾以《釋文》、《唐石經》等書，手自校改。〔註13〕督學以後，校勘之事始行，其法：

> 始以宋十行本爲主，參以《開成石經》及元明舊刻、葉林宗影宋抄本，陸氏《釋文》等書，屬門人弟子分編，而自下鉛黃，定其同異。〔註14〕

是則以宋本爲主，校其正訛，定其同異，爲先生校書之大端也。

（二）刻　印

《皇清經解》全錄《十三經注疏校勘記》，其訛誤脫衍，增刪改易，計卷數爲二百四十八卷，其中二十五卷爲《經典釋文》之校勘，其一卷爲《孟子音義校勘記》。至刻印之況，先生〈恭進十三經注疏校勘記摺子〉言述甚詳：

> 乾隆五十六年，奉敕分校太學，曾以唐石經及各宋板悉心校勘，比之幼時所校，又加詳備。自後出任外省，復聚漢、唐、宋石刻，暨各宋元板本，選長於校經之士，詳加校勘；自唐以後，單疏分合之不同，明閩附音之有別，皆使異同畢錄，得失兼明，成《十三經注疏校勘記》二百十七卷，附《孟子音義校勘記》一卷、《釋文校勘記》二十五卷。〔註15〕

此間所述，可言者有二，一即校經之士，一即校勘之況。

以前者言，則《易》爲李銳；《書》爲徐養原；《詩》爲顧廣圻；《周禮》爲臧庸；《儀禮》爲徐養原；《禮記》爲洪震煊；《左傳》爲嚴杰；《公羊傳》爲臧庸；《穀梁傳》爲李銳；《論語》爲孫同元；《孝經》爲嚴杰；《爾雅》爲

〔註11〕盧文弨《抱經堂叢書》，《儀禮論疏詳校》十七卷。
〔註12〕《揅經室二集》卷八，頁541，〈恭進十三經注疏校勘摺子〉。
〔註13〕《阮元年譜》，頁65。
〔註14〕同上。
〔註15〕同註12。

臧庸；《孟子》爲李銳〔註16〕則去其重覆，助纂諸人，必爲李銳、徐養原、顧廣圻、臧庸、洪震煊、嚴杰、孫同元等詁經精舍諸賢。〔註17〕

若夫校勘之況，則阮元於經書之板本，頗爲審慎，於《周易》、《尚書》、《毛詩》、《周禮》、《禮記》、《左傳》、《公羊傳》、《穀梁傳》、《論語》、《孟子》十經，以宋十行本爲據；《孝經》以翻宋本爲據；《儀禮》、《爾雅》皆以北宋所刊單疏本爲據，旁及閩本、監本、毛本、與日人通行之足利本，詳校本同異，舉字句正誤，首由江浙經生，若徐、嚴諸人分校；次由先生親爲勘定，終則更審其是非。〔註18〕

至如論及校勘疑惑之字，阮元態度頗爲審愼，於〈江西校刻宋本十三經書後〉即謂：

> 刻書者最患以臆見改古書，今重刻宋本，凡有明知宋之誤字，亦不便輕改，但加圈于誤字之旁，而別據校勘記擇其說附載於每卷之末，俾後之學者不疑于古籍之不可據，愼之至也。〔註19〕

所謂「明知宋板之誤字」，仍未爲修改，僅加圈其旁，此即先生之愼，亦先生治學之誠也。惟阮元江西巡撫任內，爲期甚短，未幾即調撫河南，而經書校刻，倉卒以行，舛誤必多，甚而不辨古書眞僞者，此事阮福於校勘書後，即案云：

> 此書尚未刻校完峻，家大人即奉命巡撫河南，校書之人，不能如家大人在江西時細心，其中錯字甚多，有監本毛本不錯而今反錯者，要在善讀書人參觀而得益矣。校勘記去取亦不盡善，故家大人頗不以此刻本爲善也。〔註20〕

以阮福言，《十三經》刻書雖疏漏，阮元亦未見滿意，然流傳至今，經書刻本仍不出阮元之校，〔註21〕則其嘉惠士林，謂爲遠矣。

〔註16〕《揅經室一集》卷十一，頁229～238。

〔註17〕《詁經精舍文集》，所載諸生，亦爲注疏之諸賢。

〔註18〕《揅經室三集》，卷二、頁580。〈江西校刻宋本十三經注疏書後〉有云：「……有汲古閣毛氏本，此本漫漶不可議讀，近人修補，更多訛舛，元家所藏十行宋本，有十一經，雖無《儀禮》、《爾雅》，但有蘇州北宋所刻之疏本，爲賈公彥，邢昺之原著，此二經更在十行本之前，元舊作《十三經注疏校勘既記》雖不主十行本單疏本，而大端實在此二本。」說甚詳密，足堪資一證。

〔註19〕《揅經室三集》卷二，頁581。

〔註20〕同上，阮福案語。

〔註21〕楊家駱《叢書子目類編》，頁181，書《十三經注疏校勘記》板本甚多，若嘉慶廿年南昌府學開雕本、道光六年重訂本、光緒三年江西書局刊本、光緒十三年上海脈望仙館石本、光緒十八年寶慶務本書局刊本、民國十五年刊本、

（三）得　失

阮元《十三經注疏校勘記》影響後之士林甚鉅，此書之成，各方意見不一，綜匯諸書，則褒多於貶，葉德輝以爲：

> 文達一代碩儒，校刻未遂其志，豈非諸經之不幸哉！自今以往，欲求如當日之會萃諸善本，從事校勘，益無望矣。〔註22〕

於阮元志業，亦頗憐惜。而所謂「無望」後之校勘者，即首肯於阮氏著述之業，此亦毋庸置疑。若乎此番言語，時賢及後學評議其夥，揚贊之意，則所同之。沈豫《皇清經解提要》論及〈阮宮保十三經注疏校勘記〉即言：

> 是編緣落，起於宋代，歷元明善刻，海外鴻編，業集案頭，搜賜毫髮；或一字之訛，或數語之錯，或點畫之稍殊，或偏旁之偶異，或援古以證今，或別行而辨疑，三占從二，得所折衷，還胚胎之舊觀，足垂示於來哲，斯亦四庫之離婁，群儒所頫首也。〔註23〕

言述頗致推崇。又以焦循〈讀書三十二贊〉，亦持等同之言：

> 群經之刻，訛缺不明；校以眾本，審訂獨精；於說經者，餽以法程。〔註24〕

再如俞樾亦贊《校勘記》，謂「羅列諸家異同，使人讀一本如遍讀各本。」〔註25〕於此亦知，小疵不足掩大醇，《十三經注疏校勘記》，雖不免缺失，〔註26〕然保持完整注疏，霑育學者之功，豈可道里計哉！

三、《詩書古訓六卷》

書於道光十六年寫定，雖亦輯錄，然此爲阮元所輯，殆毋庸疑，書作之由，分起始、取材言述：

（一）起　始

《詩書古訓》序云：

台北藝文印書館影印本等。

〔註22〕葉德輝《書林清話》卷九，頁493。

〔註23〕沈豫《皇清經解提要》，頁94。

〔註24〕分見焦循《雕菰樓集》卷六；徐世昌《清儒學案・焦循學案》卷一二〇，〈讀書三十二贊〉。

〔註25〕俞樾《春在堂雜文四編》卷六，〈即印十三經小字本序〉。

〔註26〕《十三經注疏校勘記》雖以宋刊十行本爲依據，仍不免若干之缺，諸如：分卷與經注之未合，行款標目之未當，標題之重疊錯出，釋文之迴互改易，及刊刻之衍誤……惟皆未足揄揚其大禮。

萬世之學，以孔、孟爲宗；孔孟之學，以詩書爲宗。學不宗孔、孟，必入於異端，孔、孟之學，所以不雜者，守商、周以來詩、書古訓以爲據也。〔註27〕

阮元以爲詩、書所以爲孔、孟之宗者，以其不雜也，而所謂不雜，亦在守商、周之古訓。其意儒家經籍愈古愈醇，欲探就儒學精華，若非悠遠古籍，恐莫由也矣。故愈古愈眞，欲知孔孟之學，則商周古訓，乃爲必要，此即「古訓是式」之意。然則何以如此？以其去古未遠，得其眞也。此喻若：

譬之越人之語言，吳人能辨之，楚人則否；高曾之容體，祖父及見之，雲仍則否，遠者見文，終不若近者之實也。〔註28〕

而欲得近者之實，則宋不若唐，唐不若晉、魏；晉、魏又不若漢之得實情。〔註29〕進一層言，則孔、賈之深於經疏，不若毛、鄭說經之確；毛、鄭之深於詩禮，不若游、夏之親聞見於聖人。此阮元以爲由聖人以推，則易、詩、書，概皆有古學，而古學者，「商周之卿大夫，魯鄒之諸聖賢，秦漢之主儒也。」〔註30〕是所謂古學，本即深遠，商周至秦漢之儒，其犖犖大者，皆古學之範疇，當不必虛玄以擬；故《詩書古訓》草作之先，阮元已有《十三經經郛》之構思，惜以卷帙浩繁，采釋未周，艱於補闕，而未完成，〔註31〕然《詩書古訓》反因之以成。

（二）取　材

阮元自序云：

元錄《詩書古訓》六卷，乃總論《論語》、《孝經》、《孟子》、《禮記》、《大戴記》、《春秋三傳》、《國語》、《爾雅》十經。〔註32〕

是書之錄，雖以《論語》諸書爲主，亦輔晉以前子史之書，此阮元復云：

十經中，引詩、書爲訓者，采繫於詩、書各篇各句之下，降至《國策》，罕引詩、書，極至暴秦、雜燒詩、書，……漢興，祀孔子，詩、

〔註27〕阮元《詩書古訓》序。

〔註28〕《揅經室二集》卷七〈西湖詁經精舍記〉，頁505。

〔註29〕同上。

〔註30〕《小滄浪筆談》卷四，頁123。

〔註31〕《詩書古訓序郛》，按此可於阮氏之子阮福、阮祜於道光十九年之補識見之：「昔家大人撰集《十三經經郛》，一時所采之書，未得詳盡，……道光十五六年，在京師，欲撰《詩書古訓》，將詩、書二經提出，錄成六卷，付門下士畢韞齋校定之，刪節之，增補之，遂爲完書。」則是書阮元作可知。

〔註32〕《詩書古訓》序。

書復出，朝野誦習，人心反正矣。子史引詩書者，多存古訓，惟恐不能盡醇，則低寫一格，附之於後，以晉爲斷，蓋因漢、晉以前，尚未以二氏爲訓，所說皆在政治言行，不尚空言也。〔註33〕

是以晉爲斷，乃知晉以前，未以釋、道爲訓，學亦醇而不雜，所存古訓確切可說，即云爲謦欬，皆朗然可述，虛言空蹈之意去，敦篤紮實之言留，以之研判詩書旨要，當可切中膚裏，得其肯綮者也。

又以輯刊此書，雖復古意甚明，紹承聖賢德慧，則爲宗旨所在。觀夫《詩書古訓》撰作伊始，即剴切以言：

《詩》三百篇，《尚書》數十篇，孔、孟以此爲學，以此爲教，故一言一行皆尊奉不疑。〔註34〕

《詩》之三百篇，《書》之數十篇，孔孟以之爲學，以之爲教，所守者亦在商周之古訓，則先生學有本源，可以知之。且若循孔孟之學，一路順勢而上，則異端之見，必化爲烏有。又焉歧途之可能！

至於書之優劣，俞樾謂本書僅重詩書義理，未及文字異同，亦未援引碑版文字，或爲一缺，〔註35〕惟就本書詳觀，書之大義在陳述古訓精要，未及於校勘，故文字之同異，碑版之有無，本未顧及，此是當然。至江瀚《續修四庫全書提要》所言，則較具意義：

博徵古訓，不加論贊，以俟讀者自得焉，較之惠棟《九經古義》，非曲徇古人，不免拘執，即參以臆說，失之傅會，實事半而效倍之矣。〔註36〕

所謂「博徵古訓，不加論斷，以俟讀者自得。」蓋即《詩書古訓》徵引緣由，亦即阮元立意之所在也。

四、《曾子注釋》四卷

本篇之撰，阮元《曾子十篇敘錄》一卷，說述頗詳，謹按篇章要義，依次列敘。

（一）《曾子十篇》由來

阮元序云：

〔註33〕同上。

〔註34〕同上。

〔註35〕俞樾《春在堂雜文》六編，卷六。

〔註36〕江翰《續修四庫全書提要》，頁1021。

> 百世學者，皆取法孔子矣。然去孔子漸遠者其言亦漸異。子思、孟子近孔子而言不異，猶非親受業於孔子者也。然則七十子親受業于孔子，其言之無異於孔子，而獨存者，惟《曾子十篇》乎！〔註37〕

又云：

> 曾子脩身慎行，忠實不欺，而大端本乎孝。……今讚〈事父母〉以上四篇，實與《孝經》相表裏焉……竊以曾子所學，較後儒爲博，而其行較後儒爲庸。〔註38〕

而曾子之脩身慎行，忠實不缺者，惟在庸德之行與庸言之謹，以其在平常處求，言行之間，皆慥慥篤實，且謹守孔子云爲，故獨能傳孝道之本意，是《曾子十篇》與《孝經》相表裏，意亦莫在乎此。

（二）版本探究

曾子之作，《漢志》以後，版本甚多，惟以時代湮遠，散佚者亦夥，而《大戴禮》第四十九迄五十八之章，則載《曾子十篇》，阮元依此，以爲即曾子之遺作，若篇章沿革，阮元則按時代先後，依次敘述，說爲：

1. 《漢書・藝文志》載曾子十八篇，此先秦古書，爲第一本。
2. 《隋書・經籍志》據阮孝緒《七錄》，稱曾子二卷，連目錄三卷，爲六朝以前舊本，或爲六朝以前舊本，或十八篇，或十篇，無明文。
3. 《新唐書・藝文志》、《舊唐書・經籍志》皆作二卷，較《隋志》，亡目錄一卷，篇數亦不可考，爲第三本。
4. 晁公武《郡齋讀書志》據唐本十篇，〔註39〕文蓋與《大戴記》同，有題紹述本者，紹述即樊宗師，〔註40〕此昭德（晁公武）所據唐本。〔註41〕
5. 昭德從父詹事父，病唐本文字回舛，以家藏《曾子》，與司馬溫公所藏

〔註37〕《曾子十篇》敘錄。

〔註38〕阮元《曾子十篇敘錄》，頁1。

〔註39〕同上，頁4。

〔註40〕阮元自注云：「案《新唐書・樊澤傳》澤河中人，子宗師，字紹述，始爲國子主簿，元和三年，握軍謀宏遠科，授著作佐朗，歷金部郎中，綿州刺史，徙絳州，韓昌黎作墓誌，稱其著述甚多，是時未有刻本，晁氏索云紹述本者，或傳鈔之本歟。」

〔註41〕李曰剛《中國目錄學》，頁154，載「晁公武，字子正，鉅野人。四世祖宗慤，天聖中，累遷尚書祠部員外郎，知制誥，終資政殿學士給學中，謚文莊，賜京師昭德坊，故曰『昭德晁家』。」而此昭德，乃指晁公武而言。

《大戴禮》，參校是正，并盧辯〔註 42〕注，此宋人以單行《曾子》及《大戴》合校本，為第五本。

6. 宋代楊簡，即十篇之文而注之，此宋人新注，為第六本。

7. 今第一篇為〈立事〉，而宋高似孫、王應麟所見首篇，皆作〈修身〉〔註 43〕與今本不同，此為第七本。

8. 宋王堯臣等《崇文總目》、鄭樵《通志·藝文略》、章俊卿《山堂考索》、《宋史·藝文志》、元馬端臨《文獻通考·經籍考》等書，皆載《曾子》二卷，蓋為同一書，此為第八本。

9. 周逷《曾子音訓》十篇，此為第九本。

此九本，古籍皆曾載錄，然以輾轉鈔錄，今多不傳，亦無從參校。阮元所注曾子，仍據北周盧辯之本：

> 博考群書，正以文字，參以諸家之說，擇善而從，如有不同，即下己意，稱名以別之，至於文字異同，及訓義所本，皆釋之，以明從違之意；又嘗訪友人，商榷疑義，說之善者，擇而載之。〔註 44〕

校書之況，於此可知。而謂參以諸家之流，乃舉同朝精研大戴學者，若盧文弨、戴震、孔廣森、王念孫、汪中、朱筠、丁杰〔註 45〕諸人，擇善從之，擷同去異，多所詮釋，務期文字義訓，彰彰明晰，阮元著力於《曾子十篇》用心可知。

（三）得　失

嘉慶三年戊午（1778）夏六月，阮元注釋是書，刊於浙江使院之揅經室，板藏揚州福壽庭，以道光廿三年癸卯（1843）毀於火，〔註 46〕乃於道光廿五年乙巳（1845）十一月重刊，選門下生劉文淇、王翼鳳同校焉。

至於是書所長，乃在正諸家之失，辨文字之異同，即其所善，又在乎考

〔註 42〕阮元《曾子十篇敘錄》注云：「謹案：《北周書·盧辯傳》，辯字景宣，范陽涿人，舉秀才，為太學博士，累遷尚書僕射，進位大將軍，後出為宜州刺史，以《大戴禮》未有解詁，辯乃注之。」

〔註 43〕高似孫《子略》、王應麟《小學紺珠·漢書藝文志考證》皆言：「曾子十八篇，隋唐志二卷，參與第子公明儀、樂正子春、單居離、曾元、曾華之徒、論述立身行孝之要，天地萬物之理，今十篇，自修身至天員，皆見於大戴禮。」是高、王之見，與阮元版本有異。

〔註 44〕《曾子十篇》敘錄。

〔註 45〕同上。

〔註 46〕同上。

覈之精詳。惟以所列諸家，皆漢學者流，考證謹嚴，先生取以相校，不免略見門戶；大抵而言，先生持論，乃爲執中。故梅叔先生（阮亨，阮元弟）《瀛州筆談》即言：

> 予兄早歲能文章，尤研經義，……自言入官以後編纂之書特多，而沉經覃思、獨發古誼之作甚少，不能似經生時之專力矣。然所作《曾子十篇注釋》則時時自隨，凡三易稿。……近人考證經史小學之書則愈精，發明聖賢古行之書甚少，否則專以攻駁程朱爲事，於顏曾純篤之學未之深究，茲《注釋》五卷〈敘錄一卷〉，不敢存昔人門戶之見，而實以濟近時流派之偏也。〔註47〕

則阮元之作，亦若阮亨所引，概以實濟時流之偏也；其於漢、宋之論，皆謹就《注釋》立言，仍未嘗多所偏離。

五、《考工記車制圖解》二卷

《車制圖解》爲阮元二十四歲時，寄遇京師所撰，歲當乾隆五十二年丁未（1787），此年譜已載之。書之後跋，則作於浙江撫院，時年四十，歲當嘉慶八年癸亥（1803）。書作之意有二：

（一）正傳注之失

阮元云：

> 作車以行陸，聖人之事也，至周人上輿，一器而工聚者車爲多。《考工記》注，解釋尚疏，唐以後學者，又專守傳注，罕貫經文，以考工之事，今之二三君子既宣之矣，于車工之事猶闕焉。〔註48〕

車制者，在乎崇實，僅於注釋，仍未得解。有圖爲證，以之設計，澄而不闇，則車之形成，輿地之行，自然便利；否則停佇字面之意，未得實物之況，終亦闕漏。

（二）參較諸家之說

阮氏以爲車制圖解，一則辯正鄭注之非；一則補江永，戴震未發之處。且以爲金榜、程瑤田二氏，亦言車制，其涉入任、木、藪等義，亦未同阮氏，然其說有是者，故與江、戴二說並存，期後學之求精也。

按：車制圖解之論，戴震之作，若〈釋車〉、〈嬴旋車記〉、〈考工記圖序〉

〔註47〕引自《阮元年譜》，頁18。
〔註48〕《揅經室一集》卷六，頁111。

諸文，皆嘗言述，說爲簡易，〔註 49〕惟江永《禮經綱目》載車制之述，則甚鮮少，即戴震〈江愼修先生事略狀〉亦未提及，〔註 50〕阮元并舉二先生，蓋重師法之授也。而金、程二先生，學皆承江、戴，金氏《禮箋》三卷，程氏《考工創物小記》八卷，於車制者，皆有以見，與阮元之作，可相互印證。要之，皆爲皖派之系，此足以明。

六、《儀禮石經校勘記》四卷

乾隆五十六年辛亥（1791）冬十一月，阮元奉詔充石經校勘官，得《儀禮》十七篇，而其時先生年僅廿八，可謂得志矣。

是書之作，〈儀禮石經校勘記序〉言述甚詳，可依校勘緣由及傳注觀之：

（一）校勘緣由

阮元自序云：

> 《儀禮》，漢石經僅有殘字，難校全經。自鄭康成作注，參用古今文後，至隋末，陸德明始作《釋文》，校其同異；今《釋文》本又爲唐宋人所亂，唐開成石經所校未盡精審，且多朱梁補刻，及明人補字之訛，宋張淳校刻浙本，去取復据臆見。〔註 51〕

則漢以來，《儀禮》石經多殘字，經文漫漶，欲通校全文，宜乎甚難。至鄭玄起，參用古今文，而隋之陸德明復撰《釋文》，乃能別其同異，惜唐宋之後，《釋文》瘖亂，開成石經校未精審，〔註 52〕雖或補刻，訛乃紛起，是阮元以之爲校，亦云必然。

（二）校勘典籍

本書之校，所採典籍，皆依漢、唐集說，以次宋、明通解，取善而從，務爲精詳，阮元云：

> 總漢石經殘字、陸德明《釋文》、唐石經、杜佑《通典》、朱熹《經傳通解》、李如圭《集釋》、張淳《識誤》、楊復《圖》、敖繼公《集

〔註 49〕《戴震文集》卷八，頁 132、150。

〔註 50〕同上，卷十二，頁 178，〈江愼修先生事略狀〉。

〔註 51〕《揅經室一集》卷二，頁 35。

〔註 52〕關於漢、唐石經，詳闕之端，戴震亦曾言及，《文集》卷十，頁 156，〈重刊五經文字九經字樣序〉即謂「方漢熹平切，議郎蔡邕以經籍去聖久遠，文字多謬，奏請於朝，得詔正定六經文字，立石太學門外。」又云：「唐國子司業張參《五經文字》，切書於屋壁，日久剝壞，乃更土塗，以木版覩其背，……，而書其表。……今石刻具存，字多損闕，末有庸妄人補字。」可知。

說》、明監本、欽定《義疏》、武英殿《注疏》本諸本，以及內廷〈天祿琳瑯〉所收諸宋本、曲阜孔氏宋本，綜而核之，經文字體擇善而從。〔註 53〕

由此亦知，阮元爲學，取材蒐輯，最是精謹。而此作又爲《十三經注疏》所援引，故阮福云：

《石經儀禮校勘記》，此其序也。在浙定《十三經疏校勘記》時，此記皆采載彼本矣。〔註 54〕

是《注疏》引《石經》之作，以之校別同異，則《石經》也者，具開創之功，洵可知矣。

七、《國史儒林傳稿》

阮元《國史儒林傳》，意在合儒林、道學爲一。其說於〈擬國史儒林傳序〉，〈擬儒林傳稿凡例〉二文，闡述甚明，舉其要者：

（一）師儒合一

自漢以來，《史記》、《後漢書》分持〈儒林傳〉、〈文苑傳〉，於志潔行高，文質兼備者，皆有所傳，此亦闇合宗周師、儒之教，〔註 55〕然宋之時，理學爲盛，《宋史》特闢〈道學傳〉，與〈儒林傳〉別爲二傳，是師儒之教，蓋分爲儒林、道學與文苑之傳矣。沿至清室，治古學者，則期期以爲儒林、道學不宜分立，應與合一，錢謙益特力贊此說，且以爲儒林、道學之分，於傳、注、箋、解及義疏之學，究竟有礙；〔註 56〕阮元於〈擬儒林傳稿凡例〉，持論尤爲卓絕：

《史、漢》始記儒林，《宋史》別出道學，其實講經者豈可不立品行？講學者豈可不治經史？強爲分別，殊爲褊狹。〔註 57〕

是師儒兼備，道與藝合，甚於道藝之分離；更有進者，亦以儒林、道學、文苑都爲資傳，此黃宗羲〈移史館論不宜立理學傳書〉，即以道學之出別出儒林，終乃未妥。且云：

周程諸子，道德雖盛，以視孔子，則猶然在弟子之列，入之儒林，

〔註 53〕《揅經室一集》卷二，頁 35。
〔註 54〕同上。
〔註 55〕《揅經室一集》卷二，頁 31。
〔註 56〕錢謙益《初學記》卷二八，頁 10，〈新刻十三經注疏序〉。
〔註 57〕《揅經室續集》卷二，頁 57。

至爲允當，今無故而出之爲道學，在周程未加重，而於大一統之義乖矣。〔註 58〕

而阮元之所以合道學於儒林，蓋亦有深意焉。其謂：

宋初名臣，皆敦道誼，濂洛以後，遂啓紫陽，闡發心性，分析道理，孔孟學行不明著於天下哉。〔註 59〕

言語之間，於宋之道學，略有微辭，亦知阮氏之偏漢矣。

（二）選才之則

史志之儒林傳，舉才也者。首在學德并重。阮元所舉，通篇觀之，則學重乎德，即德或微疵，學有建術，亦所均列。此若毛奇齡、閻若璩諸人，於清之學者，褒貶不一，而阮氏以之入儒林之傳，則其選才與漢學之考證關係頗大，故雖言所舉之才必「學行兼優，方登此傳。」〔註 60〕然通篇以觀，仍有未足之處。

至其選才之則，依〈擬儒林傳稿凡例〉，約之爲：

1. 理學各家與經學並重，一併同列。

2. 各儒以清初，明人貳仕於清，及行止有可議者，皆不列入。

3. 次序以顧棟高爲始，此外則以年分相次。

4. 各儒傳語，皆採之載籍，接續成文，雙注各句之下，以記來歷，……必其學行兼優，方登傳略，是以多所褒許。……著述醇疵互見者，直加貶辭；私家狀述，涉於私譽者，一字不錄。〔註 61〕

稿之人物，自順治至嘉慶之初，得百數十人，而孔門聖裔則仿《明史》儒林傳例，別爲孔氏傳；於清初陸隴其、孫其逢諸儒，以國史有傳，不宜載錄，此門戶之森嚴，可謂壁壘分明。

（三）得　失

阮元之子阮福嘗言述《儒林傳》，且贊云：

福謹案：家大人撰儒林正傳，附傳百數十人，持漢書、宋學之平，群書采集其傳，全是裁綴集句而成，不自加撰一字。因館中修史，例必有據，儒林無案據，故百餘年來不能措手，家大人謂群書即案

〔註 58〕黃宗義《南雷文定》卷四，頁 66。

〔註 59〕同註 55。

〔註 60〕《揅經室續集》卷二，頁 58。

〔註 61〕同上。

據也，故史館賴以進呈。〔註62〕

阮福以阮元之《儒林傳》，爲持漢、宋之平，故書之裁成，於傳之連綴，應無疵漏，然就通篇言，闕失仍然未免，平步青《霞外捃屑》即引李定伯〈孟學齋日記〉，以評斷《儒林傳》：

1. 時儒若邵晉涵、王鳴盛、汪中諸人，宜立專傳。
2. 惠、萬二學，應以惠棟、萬斯同列名，而附以惠周惕、惠士奇及萬斯大。
3. 李塨宜附毛奇齡傳；薛鳳祚宜附梅文鼎傳；錢澄之宜附黃宗羲傳。
4. 馬驌、張爾岐、武億學術容有未同，仍宜分傳。
5. 劉源淥宜附張爾歧傳；武億宜附朱筠傳；而任啓運學過徐文靖，仍宜以徐附任後。
6. 不宜以顧棟高爲首，至先後倒置，違離常法。

要之，《儒林傳》雖云漢、宋持平，然引用人物，漢學者爲居多，選錄準則，後人嘗有意見，〔註63〕惟以傳屬草創，疏漏不免，大體而言，略述及凡例，仍值來者尊循。

八、《積古齋鐘鼎彝器款識》十卷

謂之「積古」者，實「稽古」之誤。乃以乾隆御筆過書，以「稽」爲「積」。遂將錯就錯，而取「積古」之名也。〔註64〕

是書之作，〈積古齋鐘鼎彝器款識序〉言之甚詳，依敘述說：

（一）緣　起

阮元自序云：

> 鐘鼎彝器，三代之所寶貴，故分器贈器，皆以是爲先；直與土地並重，且或以爲重賂。其造作之精，文字之古，非後人所能及。……余心好古文奇字，每摩挲一器，搨釋一銘，俯仰之間，輒心往于千年前，以爲此器之作，此文之鑄，尚在周公、孔子未生以前，何論秦漢乎！由簡策而卷軸，其竹帛已灰燼矣，此乃巋然獨存乎！

則阮元之好鐘鼎彝器，一以器物歷久不朽，足供摩研；一以藉古文奇字，識

〔註62〕《揅經室續集》卷二，頁33。
〔註63〕平步青《霞外捃屑》卷一，頁32、33。
〔註64〕《揅經室三集》卷三，頁606。

商周文化，涵蘊所及，較周孔生前深廣，是究心古器物，非僅研摩而已，亦在藉以明古社會之人文耳。

（二）編輯之況

器物之蒐輯，當非阮元一人所能，亦在同好有以襄贊，此諸人：

> 友人之與余同好者，則有江侍卿（德量）、朱右甫（爲弼）、孫觀星（星衍）、趙銀臺（秉沖）、翁比部（樹培）、秦太史（恩復）、宋學博（葆醇）、錢博士（坫）、趙晉齋（魏）、何夢華（元錫）、江鄭堂（藩）、張解元（廷濟）等。〔註65〕

此諸先生皆有藏器，亦皆有搨本，阮元取與自藏自搨者，合翻刻考釋宋王伯厚《復齋鐘鼎款識》五十九種，集爲《鐘鼎款識》一書，其意亦在續宋薛尚功《歷代鐘鼎款識法帖》之例。至薛尚功摩挲之器爲四百九十三件，阮元則爲五百五十件，是合諸友之器，阮元以爲「數殆過之」，此亦後出轉精也。

而器物編列之狀，則首記諸器來源，次記收藏者平生、文字之隸釋，再則依朝代編目，所錄器物，周爲多，商次之，秦漢以後較少，脈絡腠理，頗爲明晰。

（三）得　失

《積古齋鐘鼎彝器款識》一書，開啓清金石學之門，而其佳處，即在證經辨史，是阮元以爲古代彝銘足茲：

> 稽考古籍國邑大夫之名，有補經傳所未備者；偏旁篆籀之字，有可補《說文》所未及者。〔註66〕

而孫星衍於〈答袁簡齋前輩書〉亦推闡云：

> 經文生于文字·文字本于六書，六書當庋之篆籀古文，始知《倉頡》、《爾雅》之本質，于是博稽鐘鼎款識及漢人小學之書，而九經三史之疑，可得而解。〔註67〕

則此亦阮說極佳之注釋。

至如《鐘鼎款識》，小疵仍爲不免，若俞樾即以爲此書雖匯集諸多器銘，然只「止錄銘辭，不具形製」，千年古物形貌，無法充份嶄露，終竟有憾。〔註68〕

〔註65〕同上。
〔註66〕《揅經室三集》卷三，頁595。
〔註67〕孫星衍《問字堂文集》卷四。
〔註68〕《春在堂全集》卷五。

又若孫詒讓《古籀拾遺》亦援指阮元之誤，〔註 69〕然皆後來之說，當無礙於書之價值，則是書於清之金文，影響深遠，蓋爲可知。

九、《疇人傳》四十六卷

乾嘉考證之學，名物詁訓而外，天文曆算亦重要一環。以戴震爲主之徽州學派，尤重曆法算學，阮元隸屬揚州，復爲徽皖名流，於曆算之學特爲偏好，故於浙江學政時，即擬議編纂疇人之傳。雖其所撰，未能與王錫闡、梅文鼎躋同等之列，然於曆算之精髓亦能多所掌握，故其書仍値稱道，是論述之際，謹依起始、凡例、得失三者，爲之言敘：

（一）起　始

阮元撰《疇人傳》，意欲矯魏晉以來之空疏，此空疏之學，洎乎晚明，益爲寖微，欲去此敝，莫若實學處下工夫。而天算曆算又此實學之彰彰可見者，故阮元於〈理堂學算記序〉，即以數之步算，抒發創作理念，觀其序云：

> 數爲六藝之一，而廣其用，則天地之綱紀，絕倫之統系也。天與星辰之高遠，非數無以效其靈；地域之廣輪，非數無以步其極；世事之糾紛繁頤，非數無以提其要。

又云：

> 通天地人之道曰儒，孰謂儒者而可以不知數乎！自漢以來，如許商、劉歆、鄭康成、賈逵、何休、韋昭、杜預、虞喜、劉焯、劉炫之徒，或步天路而有驗於時，或著算術而傳之於後，凡在儒林，類能爲算。後之學者，喜空談而不務實學，薄藝事而不爲，其學始衰：降及時代，寖以益微。〔註 70〕

則六藝之數，廣其用，可以知天宇星辰之高遠，亦可測寰海地域之廣袤，上下四方，古往今來，慮念所及，數皆能之。儒者以數爲用，顯發通達，必事無不舉，理無不知，故云實學，數算推衍，亦爲緊要。惜漢之後，玄言性理之論起，儒林學者，雖多能算，然言談抵論，仍視算學爲末，亦未嘗究心其間，至斯學流於湮沉，若此之狀，迄乎明末，心性之空談玄言，益爲殷烈，〔註 71〕而阮元

〔註 69〕如「\u5203」字，阮元釋爲「蘄」，而引《祭法》諸侯五廟月祭之文，以釋月享之義。而孫詒讓《古籀拾遺》引〈叔殷父敦釋文〉，言〈蘄〉者多頌禱之語，享祀爲常禮，不當言「蘄」。

〔註 70〕《揅經室三集》卷五，頁 633。

〔註 71〕林尹《中國學術思想大綱》，頁 226，林氏謂：「陽明之學，盛於明季；然其末

宦途涯轍所至，走覽山川河泊，視察水利農桑，深知欲長治久安，物阜民豐，僅爲口談答辯，實未足揄揚大義，此若〈黃河海口日遠運口日高圖說〉〔註72〕、〈糧船量米捷法說〉〔註73〕之作，即以曆算之學，用之於實際，且欲斯學永續不墜，整理上下千年之算學成就，乃爲必需，故嘉慶十五年（1810），於浙江學政時，乃有《疇人傳》之成書，雖云「綴拾群書，薈萃群籍。」〔註74〕亦在宏揚曆算之道。

（二）凡　例

《疇人傳》四十六卷，阮元手訂凡例爲十八則，明其要項：

1. 謂之「疇人」者，《史記・裴駰集解》引漢如淳語：「家業世世相傳爲疇。」是「疇人」爲世傳家業之人，然則世傳之家業究何指，說亦未確，宋程大昌謂「疇」爲「籌」古字之假借，〔註75〕疇人即籌人，非世傳之業，乃以算數得名，此又一說，至本書之作，則取「疇」爲數算之意，與「疇」字意近。
2. 本書所列，步算主之。
3. 詳錄往古六種宇宙之論。
4. 著重曆數儀器，亦重實測。
5. 言計算之術爲治曆之基，凡通算者亦收錄。
6. 於諸傳之末，詳注出處。
7. 諸傳之記，以曆算爲要。
8. 詳載各家之作，不取預言之事。
9. 記錄朝代曆法沿革，以見進益之況。
10. 記錄各家運用算學之法，更正古書訛誤；列西人之通算者於國人之後。
11. 列舉西洋曆算諸說，以資稽考。
12. 西洋擷取中國之術，且後來居上，吾人應宜融合中西，復歸一是。〔註76〕

上述要領，雖無特殊之處，然傳之編撰，仍依凡例爲之，而編纂法則，又

流，大違本旨。講學之風日盛，而虛疏之病愈甚。束書不觀，空談性命之旨；游談無根，相爭口舌之間。」言晚明之學，游談無根，略若清談矣。

〔註72〕《揅經室續集》卷二，頁55。

〔註73〕《揅經室續集》卷二，頁572。

〔註74〕《疇人傳》序。

〔註75〕周駿富編《清人疇人傳》，談泰〈疇人解〉。

〔註76〕阮元《疇人傳》凡例。

採朝代區分之法，以數量言，唐以前各代人數，則上古十七，漢廿五、三國一○、晉八、南朝九、北朝十八、隋九、唐十五、五代二、計一○四人；之後，則宋廿五、遼金七、元十三、明三十五、清五十一，計一三一人；〔註 77〕是宋以後，人數略增，而明清之朝，人數特多，則後世人才蔚起可知。而其中，清之疇人，爲數尤夥，乾嘉時期，幾佔其半，是此時期，著重實學，可以得證。

再以中西人數相判，則中國疇人爲二三五，西洋疇人爲三七。西洋疇人則利瑪竇、湯若望允爲代表；中國則文風鼎盛處之人士爲多，而傳之撰作，蓋仿正史體例，置西洋疇人於後數卷，各卷之下，且標以「附」字；列傳之後，但以「論曰」爲憑斷之準的，此《疇人傳》凡例之大較也。

（三）得　失

《疇人傳》臚列人物，僅止乾嘉之士，乾嘉之後，算學者亦斐然而出，阮元則未即載錄，後之作者爲補闕憾，乃有續傳、三傳、四傳之錄，觀周駿富所編《清代疇人傳》，述其採輯範圍，則謂：

1. 《疇人傳》四十六卷　（清）阮元撰
2. 《疇人傳續編》卷四十七至五十二　（清）羅士琳續補
3. 《疇人傳三編》七卷　（清）諸可寶纂錄

　附：《近代疇人著述記》　（清）華世芳撰

4. 《疇人傳四編十一卷》　（清）黃鍾駿纂錄〔註 78〕

而羅士琳、諸可寶、黃鍾駿所補編者，亦循阮元所訂之例，未多所旁騖，且亦遵阮元之言，以爲西學源出中國，〔註 79〕則阮元思想之溥博影響，可以想知。

再就通篇言，則《疇人傳》之作，不無闕失，即阮元所舉算學家，與清之考據學者關係甚密，所稱揚者，若王錫闡、梅文鼎、錢大昕、戴震之倫，皆於考證工夫得有優者，而於算學史之卓犖者，如劉徽、祖沖之以圓周率名世之人，反未多側重，此亦見算學家與經學者之糾葛相纏，於算學之道，終

〔註 77〕《疇人傳》依其朝代，逐次算計，此即所得數目。

〔註 78〕周駿富輯《清代傳記業刊・學林類》五一冊，《清代疇人傳》編輯凡例。

〔註 79〕如全祖望《結埼亭集》卷十一，頁 133，〈黎洲先生神道碑〉例云：「嘗言勾股之術乃周公商高之遺，而後人失之，使西人得以竊其傳。」阮元即力贊其說；又若《疇人傳》卷一，頁 3，〈大章堅亥傳論〉：「所謂指責邱北者，當如後世輿地圖之類，指而算其相距之里差耳，西洋人以地球經緯度求里差，謂中法之所未有，豈我之古代已有其術哉？」則先生於吾國曆算之肯定有如是。

難創新，惟無論如何，此書之作，仍在論證阮元非墨守之輩，經義而外，名物器用，輿地曆算，皆能有所契及。故是書雖不免揚清抑明，或者中學爲體，擯西學爲客，皆値訾議，故就實質言，阮元之《疇人傳》，於經學經世之業，開一廣敞坦途，且啓領後學，潛心探研，權輿之業，允爲開創。

第二節　輯　錄

阮元輯錄之作，以《纂詁》及《金石志》較著；前者爲循傳、注之途，以理解古籍；後者亦藉鐘鼎、碑石文字，以明秦漢以上之歷史文化，二者於經學鑽研，均甚裨益，蓋所謂經非訓詁不明，則云《纂詁》、云《金石》文字者，誠爲最佳詁訓，是諸書雖眾人集體纂作，其價値則未可忽視，尤以阮元總裁其成，其心慧之用力，皆有足稱道者，故本節所論，即取《經籍纂詁》及《山左》、《兩浙》金石之志，以爲言說，亦見先生輯錄之微意。

一、《經籍纂詁》並補遺一百六卷

先儒治經，即重詁訓，乃以詁訓者，爲抉發經書之義蘊；蓋經書之不明，惟在義之不顯；義之不顯，亦在乎字之無由得識。此中道理，戴震爲余蕭客所作《古經解鉤沉・序》已先言之：

> 經之至者道也，所以明道者其詞也，所以成詞者未有能外文字者也。由文字以通乎語言，由語言以通乎古聖賢之心志，譬之適堂壇之必循其階，而不可躐等。〔註80〕

即錢大昕《經籍纂詁・序》亦言：

> 有文字而後有詁訓，有詁訓而後有義理；訓詁者義理之所由出，非別有義理出乎詁訓之外也。〔註81〕

阮元意見與戴、錢二氏無何差異，其王伯申《經義述聞・序》乃云：

> 古書之最重者，莫逾於經。經自漢晉以及唐宋，固全賴古儒解注之力，然其間未發明而沿舊誤者尚多，皆由於聲音、文字、假借、轉注未能通徹之故。〔註82〕

若夫訓詁之作，雖《爾雅》固已發之，於典籍傳、注仍未蒐羅詳備，至唐陸

〔註80〕《戴震文集》卷十，頁146。
〔註81〕錢大昕《經籍纂詁・序》。
〔註82〕《揅經室一集》卷五，頁104。

德明《經典釋文》三十卷，始開集釋字書之例，陸氏之書，兼採諸儒訓詁，考辨各本異同，惟所作僅止漢魏六朝，後即無再續者，然其書所輯近二百三十餘家，〔註 83〕亦可謂浩瀚淵博，有鑑於此，阮元以其官宦之涯，因應經學之需，賡續陸氏，而有《經籍纂詁》之作，其繼志述事之炬燄薪傳，亦在使源水滔滔不絕也。今論及是書，仍依前例，就起始、凡例、得失言述：

（一）起　始

語及《經籍纂詁》之編纂，其間始末，則王引之、錢大昕皆曾言述：王引之云：

> 曩者戴東原（震）庶常、朱笥河（筠）學士皆欲纂集傳、注以示學者，未及成篇，吾師雲臺先生欲與孫淵如（星衍）編修、朱少河（錫賡）其成之，亦未果。及先生督學浙江，乃手定體例，逐韻增收，總彙名流，分書類輯，凡歷二年之久，編成一百六卷。〔註 84〕

錢大昕之說同於王氏，於編校之人，則補正云：

> 阮公以懿文碩學，受知九重，揚歷九座，累主文衡，首以經術爲多士倡，謂治經必通訓詁，而載籍極博，未有會綴成一編者。……乃於視學兩浙之暇，手定凡例，……擇浙江之者若干人分門編錄，以教授歸安丁小雅（杰）董其事，又延武進臧在東（鏞）專司校勘。〔註 85〕

以王、錢當時之見，即戴震、朱筠二氏，均曾思及詁訓之編纂，皆未能有成，而阮元任値館閣時，亦曾與時賢孫星衍、朱錫賡等互約，期分工纂錄，撮鈔群經，然以人力未足，終無成果；乃至先生任浙江學政時，始有纂輯之作，此〈雷塘庵主弟子記〉載之甚詳，且言嘉慶二年，先生年三十四，而於：

> 正月二十二日，始修《經籍纂詁》。先是，歲試畢，先生移檄杭嘉湖道，選兩浙經古之士，分修《經籍纂詁》。至是，集諸生於崇文書院，分俸與之。是日，至者共二十餘人。〔註 86〕

本段之言，再與錢大昕序相參照，則知兩浙經古之士分韻編纂之不易；而丁杰、臧鏞二先生之董領其事，恆辛苦備嘗。若臧鏞即嘗記編纂之辛勞：

〔註 83〕陸德明《經典釋文》序。
〔註 84〕王引之《經籍纂詁》序。
〔註 85〕錢大昕《經籍纂詁》序。
〔註 86〕《阮元年譜・雷塘庵主弟子記》，頁 16。

> 少宗伯儀徵阮公視學浙江，以經術倡迪士子。……嘉慶三年春，移書來常州，屬以總編之役，鏞堂不辭謭陋，謹遵宗伯原例，申明而整齊之，以告諸君子，延舍弟禮堂相佐……乃鍵户謝人事，暑夜汗流蚊積，猶校閱不置，書吏十數輩執候寫，雖極繁劇匆猝，不敢以草率了事；與同纂諸君往復辨難，國子監生嚴杰、仁和附生趙坦，頗不以鏞堂爲悠謬，其所編書亦精審不苟，皆學行交篤之士也。算孟夏始，至仲秋告竣，凡五閱月，共成書一百六卷。〔註 87〕

是此書之纂，由編纂起始，迄成書完結，時歷二年，其間則酷暑炎夏，蚊蚋嚐膚，斗室燠悶，浹汗流瀉，而所引載籍復充棟綿廣；編刻其中，非毅力至佳者，無能克盡全功，則鏞堂之孳孳爲業，何其黽勉！故此書之爲「經典之統宗，訓詁之淵藪」而嘉惠後世，阮元與兩浙經士之功，最不可沒。

（二）凡　例

《經籍纂詁》百六卷，堪稱博廣，僅以翻閱爲事，終見外在膚表，仍未諳識援引之道，此故阮元手訂凡例，以爲研讀，意欲學者得探詁訓之津涯也。至其凡例，則依先生所訂，擷其精要而言之：〔註 88〕

1. 經傳本文即有訓詁。如和，會也……之例。
2. 傳、注有云：「某，某也。」；「某者，某也」……讀如，讀若……之類聲音，一以貫之。
3. 有引詁訓代正文者，如《史記・五帝記》引〈堯典〉克明「峻」德，作明「馴」德；……其長言申明之義者，皆纂入。
4. 左氏爲古文，公穀爲今文，字多假借，……碑碣亦假借爲多；古人名與字皆有詁訓，……因三者體與正訓稍殊，故俱隸於每字之末。
5. 歸字遵《佩文韻府》爲主，一字數音者，各審其「反切」歸之；如有重見，詳前而略後。
6. 歸字以所訓之字歸韻。如（甲）「逑，匹也」歸入「尤」部；（乙）雙字如「窈窕；美容曰窈；美心曰窕。」分繫「條」部，窈窕二字下；參差則歸於「侵」部參下，崔嵬則歸於「灰」部崔下。
7. 《佩文韻府》未載之字，據《廣韻》補錄；《廣韻》所無，皆據《集韻》，附歸《韻府》。再者，中有一句內上下兩字可歸者，例歸上一字，而上

〔註 87〕臧鏞《經籍纂詁》後序。
〔註 88〕《經籍纂詁》凡例。

一字爲《韻府》所無，下一字《韻府》有者，則變例歸下一字。

8. 同一詁而文有詳略者，俱仍其舊不加增減，如「元，始也。」……次元者善也、長也，次元猶首也，依次類推；又若同一「元，始也。」而諸書疊見者，則以經之先後爲次；同一卦一句而諸儒之詁疊見者，則先王弼本注，次荀、馬、鄭、虞，依照時代而列。
9. 重見者雖數十見，皆采以證，依照時代而列。
10. 詁以聲近者。如一東，「東，動也。」，「風，氾也。」，「衷，中也。」……此其例。
11. 詁有以本訓前列者。如一東，「同，合也。」，「隆，高也。」；三肴「匏，瓠也。」……此其例。
12. 詁以本義前列，其引申之義，展轉相訓者次之，各物象數又次之；其詁訓繁多名物叢積者，先後之次，略依《爾雅》十九篇之目。
13. 引用群經，倣陸氏《釋文》之次。先《易》、《書》、《詩》，次《周禮》、《儀禮》、《禮記》，次《左氏》、《公羊》、《穀梁》，次《孝經》、《論語》等。再者，《爾雅》爲詁訓之祖，舉而冠諸《方言》、《廣雅》之前；《孟子》爲孔、曾之亞，尊而尙之荀卿、揚雄之上；趣舍不同，而尊經之意一也。
14. 稱謂簡省若：引經《易》、《書》、《詩》舉一字；《周禮》、《左氏》等舉二字（考工記則直稱，不稱周禮）……陸德明稱《釋文》，以從簡省。《尚書大傳》稱《書大傳》，《大戴禮記》稱《大戴記》，《逸周書》稱《周書》，《淮南子》稱《淮南》，《呂氏春秋》稱《呂覽》。

    又：《呂覽》但載〈孟春〉、〈本生〉等小篇名，不載〈孟春〉、〈紀有〉、〈始覽〉、〈開春〉等總題，猶《書》但稱〈堯典〉、〈禹貢〉，不稱〈虞書〉、〈夏書〉；《書》但稱〈關雎〉、〈鵲巢〉，不稱〈周南〉、〈召南〉；至《孝經》、《老子》卷帙無多，不載章名。
15. 十三經舊注以現立學官者列於前，餘依時次。如《易》詁：先王弼，而後荀虞；《書》詁，先孔傳，而後馬、鄭、王；……有不詳姓氏者，但稱舊注。
16. 群籍本注皆不稱注，非本注則稱姓以別之。如《易》王弼、韓康但稱注，慈明、仲翔則稱荀注、虞注；《書》僞孔但稱傳，季長、康成，則稱馬注、鄭注。又如《周禮》鄭大夫、鄭司農則稱大夫注、司農注；

杜子春注則稱杜注，《河上公章句》但稱老子注；王弼注，則稱王注；郭象但稱莊子注；司馬彪稱司馬注。

17. 裴駰自言，則稱《史記集解》，其引用各家舊說，則加「引某某」三字，如《集解》引賈逵等；若師古自言，則稱《漢書集注》其引用各家舊說，亦同《集解》加「引某某」三字。
18. 《前、後漢書》有總題、小題，所稱則單舉小題，不稱總題。如景十三王單稱《河間獻王傳》不稱景十三王；《儒林》單傳楊何傳、丁寬傳，不稱（儒林）；〈循吏〉但稱文翁傳、王成傳，不稱〈循吏〉，《三國志》準此。
19. 同一詁同一書而先後數十見，依本書次序連寫，惟於篇名加「墨匡」爲誌，至易一書始加「又」字以別之，另一條始加「圓圈」之隔之。
20. 韻字皆作「一」之記，而《廣雅》、《史》、《漢》、《騷》、《選》每多異文，一概作「一」勢必盡改舊者，改遇異體者，仍寫正字。
21. 正文與注並采者，其注但稱某書注，以避重複。
22. 卷次謹遵《佩文韻府》一韻爲一卷。
23. 書采輯雜出眾手，傳寫亦已數過，訛舛不免，取用宜檢查原書以期確實；至於遺漏，則有《補遺》刊刻，以裨學者。
24. 《補遺》採書，采依舊例，前所失採，俱爲增入。又許氏《說文》及孔氏《易》、《書》、《詩》、《左傳》、《禮記》疏，賈氏《周禮》、《儀禮》疏，舊皆未採，亦悉補纂每字下。

通篇觀之，此二十四則凡例之引論，由點而面，綿密周詳，思慮所及，鉅細靡遺，於經傳之詁訓，典籍之羅列，字義之推展，前後文之鋪敘，上下用語之安排，及引書之繁簡，傳注之穩妥，皆依次爲言，而翻檢部首，例引《佩文韻府》，逐條披陳，井然有序，所謂綱舉目張者此也。且詁訓條例，謂形訓、聲訓、義訓者，《纂詁》一書，陳述甚明，此即阮元自序所云「推明古訓」之意。再以是書條分縷析，剖劃切當，而即字審義，依韻類字，本訓轉訓之次第排列，皆清晰有致，必若王引之所贊：

> 展一韻而眾畢備，檢一字而諸訓皆存，尋一訓而原書可識。〔註89〕

則《纂詁》凡例，啓迪士林，豈非匪淺。

〔註89〕王引之《經籍纂詁》序。

（三）得　失

《經籍纂詁》纂於眾人，成於阮元，由手訂凡例，乃知先生擘畫之精心，與治學之嚴謹，而即字用韻，皆排列適當；訓與訓轉，皆輪替合宜，所謂「握六經之鈐鍵，廓九流之潭奧者矣。」〔註 90〕且其間佳處爲：

> 後之覽是書者，去鑿空妄談之病，而稽於古，取古人之傳注，得其聲音之理，以知其所以然，而傳注之未安者，又能博考前訓以徵之。〔註 91〕

則博取前訓，稽古考證，至鈞握六藝鎖鑰，推廓百家堂奧，順聲音之理，明傳注之精要；因字得義，而經書之義，豁然以解，益豈淺鮮！故此焦循〈讀書三十二贊〉特云：

> 使君按越，諭乃諸生，訓詁之學，遂集大成，嘉惠學者，以牖群經。〔註 92〕

王先謙《虛受堂文集》亦云：

> 余雅愛阮氏《經籍纂詁》，博而不雜，以爲雖不以韻書名，而於聲音訓詁，人藉以會通音韻學之指歸，莫近於是；惜卷帙繁重，專習蓋寡。〔註 93〕

王氏之言，褒多於貶，雖云《纂詁》卷帙繁重，以之爲工具書籍，尋字檢詞，頗爲便利，又韻目之例，雖不以韻書名篇，然啣契音聲，牖輔群經，亦足登覽籍，探賾淵典，此正若郝懿行所稱：

> 芳溯六藝，囊括百家，洵著述者之潭奧，學覽者之華苑，所謂懸諸日月不刊之書。〔註 94〕

錢大昕亦云：

> 夫六經定于至聖，舍經而于至聖，則無以爲學，學道要於好古，蔑古則無以見道，此書出而窮經之彥，焯然有所遵循，鄉壁虛造之輩不得滕其說以衒世，學術正而士端其必由是矣。〔註 95〕

窮經之彥，焯有遵循；鄉壁之輩，不得滕說；學術盈正，士有所本，則《纂詁》

〔註 90〕王引之《經籍纂詁》序。
〔註 91〕同上。
〔註 92〕焦循《雕菰樓集》卷六，頁 87。
〔註 93〕王先謙《虛受堂文集》，卷三，頁 31。
〔註 94〕郝懿行《曬書堂文集》，卷二，頁 13。
〔註 95〕錢大昕《經籍纂詁》序。

之於小說，猶轂之於車，輔成之效，堪稱允合。且而是書採詁爲式，援典眾多，學者治經溯流，仍以相尚，有如朱駿聲於《說文通訓定聲》三十二卷外，又取《纂詁》百六韻而權輿之，作《古之韻》、《東韻》各二卷，〔註96〕又如近時之《辭海》、《辭源》編纂體例，亦取材於《纂詁》，若夫《辭海》編輯，其編目亦有近於是書，即以〈大綱〉諸條爲例，仍不無同者，揆其第五條：

> 辭之意義，古人隨文訓釋，各異其言，然彼此之間，非必晝若鴻溝；措與不侔，轉迷惘，如傳訓「傳授」，此易明也；顧或訓「禪讓」，或訓「繼承」即文固易見義，其實皆傳授之義，……本書遇紛歧之說，而意義歸宿實無大別者，輒歸納爲一條；遇必要時，則引諸家之說，辨其異同，至各義確有分別者，則依其意義轉變之跡，分條疏釋，其假借爲用者次之，託名標識者又次之。〔註97〕

蓋《辭海》言辭所采，一重歸納，一重異同，而此二者，《纂詁》凡例第八條固以言之；他若《辭海》之引舊辭文字，彙列眾說，或引用字書類書，求其賅正者，《纂詁》條例亦已先舉之，則謂《纂詁》爲後日辭書之權輿，當信有可徵，故以「淵藪」、「潭奧」之辭歸約《纂詁》，概云切當。

二、「山左」、「兩浙」金石志

昔王昶（1724～1806）《金石萃編》自序云：

> 爲金石之學者，非獨字畫之工，使人臨摹把翫而不厭也。跡其囊括包舉，靡所不備，凡經史小學、暨於山經地志、叢書別集，皆當參稽會萃，覈其異同，而審其詳略，是非輇才末學能與於此。〔註98〕

王氏以爲金石之學，非獨把翫而已，乃當會萃經史，參稽小學，綜輯叢書，而覈其詳略異同，故其學惟淵深且寬廣。阮元之治金石學亦復如是，《積古齋鐘鼎彝器款識》已述之於前，至若輯錄所及，則「山左」、「兩浙」金石志亦阮氏學術一要緊之項，以之稽考經史，驗證方志，相參群籍，而辨異別同，效頗大矣。

〔註96〕支偉成《清代樸學家列傳》卷十二，〈小學家列傳〉，頁331。

〔註97〕《辭海》編輯體例。

〔註98〕王昶《金石萃編》序。按：王氏，字德甫，號蘭泉，又號述庵。《清儒學案》卷八一載先生生平甚詳，嚴榮所撰《述庵先生年譜》於先生學行言之亦切。先生於學無所不窺，治經通漢儒之學，言性理則尊朱王，性好金石，所藏碑刻凡千數百通，《金石萃編》一書六十卷，爲先生畢生盡力之作也。

至阮元金石爲志，初則意趣爲尚，繼則參驗求實，故於金石蒐輯不遺餘力。〈金石十事記〉即謂：

> 客有問於余曰：「子於金石用力何如？」余曰：「有十事焉。余裒山左金石數千種，勒爲山左金石志，事之一也；余裒兩浙金石千餘種，勒爲兩浙金石志，事之二也。」〔註99〕

云裒山左金石數千種、兩浙金石千餘種，先生用力可謂勤矣。然則裒輯之道如何？與先生同時金石學者何人？得失如何？皆值探究，宜依順序，羅列爲說：

（一）裒輯之道

朱劍心《金石學》序例，歸約北宋以來名家研治金石之例，言述其況：

> 夫自北宋以來，金石名家，至千數百人，著作之多，且二千種，……略言其例，凡十有七；曰存目，曰跋尾，始於歐陽修之《集古錄》；……清於前代成例之外，又有斷代著錄者，如翁方綱之《兩漢金石記》；有分類專攻者，如錢幣、璽印、兵符、鏡鑑等類，皆附庸蔚爲大國，別出一類以著錄之〔註100〕

朱氏以爲清之金石之作，有斷代著錄者，有分類專攻者；前者若翁方綱《兩漢金石志》，以爲此時代著錄者。然亦有以方志爲錄者，如同爲翁氏所著之《粵東金石略》及畢沅之《中州金石志》，均以省志爲主之金石著錄。而畢沅之輯金石，又爲阮元著錄金石之契機，故阮元〈山左金石志序〉之作，言畢、阮二人者編纂之狀，敘述即詳：

> 山左兼魯、齊、曹、宋國地，三代吉金，江以南得一，已爲鉅寶，而山左有秦石二，西漢石三，東漢則不勝指數。〔註101〕

以魯齊曹宋諸國，三代吉金最盛，裒輯蒐羅，所見居多，潛擘覃究，得之必夥。而阮元志書之意，推本溯源，即在身膺山東學政之始，載錄云：

> 元以乾隆五十八年秋，奉命視學山左，首謁闕里，觀乾隆欽頒周器及鼎彝戈尺譜古金，又摩挲兩漢石刻，移亭長府門卒二石人于矍相圃；次登岱，得從臣銜名，及宋趙德甫諸題名，次過濟寧學，觀戟門諸碑，及黃小司馬（易）所得漢祠象，歸而始有勒成一書之志。

〔註99〕《揅經室三集》卷三，頁603。

〔註100〕朱劍心《金石學》序例，先生言清金石之況，謂：「清初百餘年間，海內清平，而文網綦密，於是承學之士，相率而循於樸學之塗，金石則其一也。」亦時代使然也。

〔註101〕《揅經室三集》卷三，頁595。

〔註 102〕

則阮元志書之起，在觀器有得，雖昔時意見未成，造作之念已然縈繞，即遇畢沅爲山東巡撫，此念乃切，終而有是書之輯，故阮元云：

> 乾隆五十九年，畢秋帆（沅）先生奉命巡撫山東。先是先生撫陝西河南時，曾修關中、中州金石二志，元欲以山左之志屬之先生，先生曰：「吾老矣，且政繁，精力不及此，願學使者爲之也。」元曰：「諾。」先生遂檢關中、中州二志付元，且爲商定條例，暨搜訪諸事。……得諸拓本千三百餘件，較之關中、中州多至三倍，實始爲修書之舉。〔註 103〕

由是，知畢沅乃有心之人也，無畢氏之助，阮元必不得中州、關中之功；且無畢氏之誠，則商定條例，搜訪諸事亦未易舉，雖畢、阮有姻親之誼〔註 104〕然若知交未深，坦誠不足，金石之志亦恐難臻善端，故由相與互贈之言，知二先生情誼篤厚，而阮元《山左金石志》得以有成，畢氏之功乃爲不可掩。

《山左》而外，《兩浙金石志》亦金石蒐羅精要之作，惟以羅列之況無異《山左金石志》，故阮元未專文撰述，蓋所謂前後相承耳。

（二）相編人士

《山左》、《兩浙》相編之士各有其人，阮元《山左金石志》所言較爲詳備，隨文披露，或較得宜：

> 元在山左卷牘之暇，即事攷覽，引仁和朱朗齋（文藻）、錢塘何夢華（元錫）、偃師武虛谷（億）、益都段亦亭（松苓）爲助；兖濟之間，黃小松司馬搜輯先已賅備，肥展生員文脈，家有聶劍光（敘）《泰山金石志稿本》，赤亭亦有《益都金石志稿》并錄之得副墨。〔註 105〕

又云：

> 雖曰山左古蹟之多，亦求者之勤，有以致之也。曲阜顏運生（崇椝）、桂未谷（馥）錢塘江秬香（鳳彝）、吳江陸直之（繩）、鉅野李退亭（伊晉）、濟寧李鐵橋（東琪）等，皆雅志好古，藏獲頗豐。〔註 106〕

編錄者，上述而外，尚有可說之人：

〔註 102〕同上。

〔註 103〕同上。

〔註 104〕同上，畢、阮姻親之誼，乃畢氏爲元妻弟之外舅，故情亦切。

〔註 105〕同上。

〔註 106〕同上。

各郡守、州牧、縣令、學博生徒之以拓本見投，欲編入錄者，亦日以聚，舊家藏棄之目錄，如曲阜孔農部（尚任）、滋陽牛空山（運震）等，亦可得而稽。〔註107〕

上列諸段，則相編金石人士，阮皆一一言舉，亦未敢掠美，心之純正可知。而所舉之人，如朱文藻、何元暢、武億、段松苓、黃小松、展文脈、聶敘，乃至顏崇椈、桂馥、錢鳳彝、陸繩、李伊晉、李東琪，甚而孔尚任、朱運震之作，皆羅列有致，乃知《山左金石志》之編輯，非一人能致，亦非一人能成，眾志之力，足以成城，是又一證。至若書著錄年代及編錄方式，阮元亦略述之：

金之爲物，遷移無定，皆就乾隆五十八年至六十年在山左者爲斷，故孫觀察涖兗，沂、漕、濟，其藏鐘鼎，即以入錄；石之爲物，罕有遷徙，皆就目驗者爲斷，其石刻拓本并毀，如嶧山秦刻者亦不入錄，至于舊錄有名，今搜羅未到，及未著錄，新出于榛莽泥土中者，惟望後人續而錄之。〔註108〕

是搜輯金石，爲乾隆五十八年迄六十年。而鐘鼎之辭，較易爲拓，碑石字跡，遭時漫漶，未必全錄，若有名無物，或新出田野者，仍期後學勉力以尋。又以內容言，本書所輯，皆就銘文、形制、來歷、書法、隸定、存佚、摩刻諸狀言述，由裏出外，步步經營，考實之意，可謂不苟。

若夫《兩浙金石志》之所以成，乃得趙魏，何元錫、許宗彥諸人之助，旁搜廣輯，考據論實，均悉心研究，地則不離兩浙，時則自秦迄元，石刻暨金石，凡信而有徵者，在所必究，器物可得，計六百餘件；體例所列，亦若《山左》之志。陳述之法，時代居先，文字爲後，末則案語附之；金石字例較石碑銘文低二格，於金石出處、行數、字徑、書法、隸定、用語，皆考究適當，而錢大昕《金石文跋尾》之考校則常出其間，〔註109〕是金石志之作，蓋有鄰矣。

（三）影　響

《山左》、《兩浙》金石志，所涵雖僅山東、兩浙之區，間接則促成二地斯學之蔚盛，而賞鑑金石之人、鑽研文字之士，蜂然而起，譬何元錫之賢，

〔註107〕《揅經室三集》卷三，頁596。

〔註108〕同上。

〔註109〕錢氏金石之作，蓋爲《金石文跋尾》二十五卷、《金石文字目錄》八卷《金石文附識》一卷，搜輯既多且詳，與阮元之錄可相輝映。

則賞鑑、鑽研兼而有之。故若何氏之賢亦多矣，而原其波瀾者，不亦阮元乎！且先生後來所作〈秦琅邪臺石刻十三行拓本跋〉、〈摩刻泰山殘字跋〉、〈摩刻漢延熹華嶽廟碑跋〉〔註 110〕皆具啓領之功，於二地之外，諸首府縣金石之探究，潛移默化衍爲風氣，則殊得當。

再者，《金石志》二書，於後學影響亦大，若阮福《滇南金石錄》、馮登府《閩中金石志》、陸心源《吳興金石記》，諸志之作，體例範式亦仿《兩浙金石志》復嘗取阮元之語以爲斷；由是乃知，阮元編錄金石之志，匪特嗜好所及，亦且默化士子，於方志之學，復開闢嶄新途徑。

第三節　編　刻

阮元撰述，輯錄之外，編刻之書亦重要之作，攸關經籍著錄，則《皇清經解》一千四百卷爲不刊之範典，亦清考證學之大成。於乾、嘉時期，是書堪稱綜輯之總纂，故論述最宜賅詳；再以《十三經注疏》而言，雖《校勘記》已於阮元撰著中言述，然刊刻塗轍究有別異，仍宜重敘；次則《詁精經舍文集》爲兩浙經生問學之表徵，亦詁經精舍學術之彙輯，是宜提出；其次，《文選樓叢書》、《宛委別藏》雖叢書之屬，大體言之，爲阮元編刻重要之載籍，當一併列出，至若《廣東通志》、《雲南通志稿》諸作，較偏地方史志，與經學關係甚鮮，暫與停泞，俟後日有所鑽研，再行論闡。

一、《皇清經解》一千四百卷

《皇清經解》爲承《通志堂經解》而來。然以《通志堂經解》多悠謬無根之論，〔註 111〕自顧炎武以來，乾嘉學者，經說紛出；或刊版，或流傳底稿，壹以實學爲重，眞能傳述久遠者，莫若阮元編刻之《皇清經解》。日人本田成之云：

> 嘉慶末年，阮元總督兩廣，建學海堂，以古經課士，網羅漢學家的著作，命夏修恕等刊行，名爲《皇清經解》。凡七十餘人，一百八十

〔註 110〕《揅經室三集》卷三，頁 600～602。

〔註 111〕本田成之《中國經學史》，頁 296，言《通志堂經解》謂：「康熙初年，徐乾學把其藏於傳是樓的宋元經解，由其弟子納蘭成德刊行，是爲有名的《通志堂經解》，凡一千八百九十餘卷，……自唐《五經正義》以後，宋元諸儒的經解，此書可算是集大成。」則《通志堂經解》由來，可以知曉。

種，一千四百卷。至道光九年工竣，清朝經學的著作，至是廣行於天下，凡被搜集於此中的經說，大抵是乾嘉學者之說，即後漢許、鄭、賈、馬之說。〔註112〕

本田先生之語，可概括爲數項：(甲)、《經解》總纂者爲阮元，刊行者爲夏修恕。(乙)、乾嘉學者七十餘，書百八十種，計一千四百卷。(丙)、所採之說，即許、鄭、賈、馬之意。則是書規撫後漢訓詁，而爲清以來考證之大成，乃可知之。

《經解》之外，復有《續經解》之輯，鳩其事者，爲王先謙。本田補述云：

江蘇學政王先謙又搜集阮氏經解所遺漏的，和道咸以來的諸儒經說，繼續刊行，名《皇清經解續篇》。凡二百九部，一千四百三十卷，至光緒十四年七月，工竣發行。〔註113〕

此爲《皇清經解》正續編之原由。次者，爲詳其始末，再就書之編纂、學派分野及影響之況，逐一述論。

（一）編纂始末

《清儒學案》之〈左海學案〉載阮元撫浙時，嘗延陳壽祺課詁經精舍，初纂群書古意，以爲《十三經經郛》，書之義例十則，即陳氏所定：

1. 曰探原本。2. 曰鉤微言。3. 曰綜大義。4. 曰備古禮。5. 曰存漢學。6. 曰證傳注。7. 曰通互詮。8. 曰辨勦說。9. 曰正謬解。10. 曰廣異文。〔註114〕

此例之鉤畫，在原本訓辭，明其所以，會通典禮，兼存家法，而辨析異同，則爲嘉慶十六年《經郛》百卷，〔註115〕然以「采擇未周，艱於補遺，是以未刊。」〔註116〕書雖未果，纂輯之意，必已先存。阮元〈國朝漢學師承記序〉即就《經解》立意，有所抒闡：

元又嘗思國朝諸儒說經之書甚多，以及文集說部，皆有可采，竊欲析縷分條，加以翦截，引繫於群經各章句之下，譬如休寧氏解《尚書》「光被四表」爲橫被，則繫之〈堯典〉；寶應劉氏解《論語》「哀

〔註112〕同上。

〔註113〕同上。

〔註114〕《清儒學案》卷一三〇〈左海學案〉，頁9。

〔註115〕《阮元年譜》（雷塘庵主弟子記）卷四，頁97。

〔註116〕桂文燦《經學博采錄》卷一，頁5。

而不傷」，即《詩》「惟以不永傷」之傷，則繫之《論語・八佾篇》；而互見〈周南〉，如此勒成一書，名曰《大清經解》。〔註 117〕

與《經郛》編纂相較，《皇清經解》在羅列朝代經解之籍，擇其精言，臚其異同，綜匯緒家說經之義，集解歸彙，陳於經說各篇之下，此與《經郛》略無二致；然《經郛》說解，不離古書古注，《經解》則并清儒說經文字爲注，且先生網羅人物，上起顧、閻，下至凌曙、阮福，斷代意味頗明，其匯刻諸家之作，亦按撰作者時代先後爲序，與《集解》之類纂顯有別異，云此爲是書之特色，殆亦可知。

而《皇清經解》又名《學海堂經解》，以其於廣東「學海堂」纂輯也。刊行者，夏修恕外，阮元復命嚴杰〔註 118〕總其事，沈豫《皇清經解提要・序》謂：

《皇清經解》書一百八十餘種，卷一千有四百，始顧處士《左傳杜解補正》，終嚴杰《經義叢鈔》。〔註 119〕

故以嚴杰之作爲《經解》之末，蓋有深意焉。而其時阮元亦敦請顧廣圻、江藩二先生至「學海堂」主其事，是先生於顧、江二氏，乃親自期許。至是書之彙纂，仍依二階段爲言，首即旁蒐順治至乾隆間儒者說經作，其時計錄人數七十三，論著一七八，卷一四○○，於道光六年編就，惟未及梓印，此時阮元復調任雲貴總督，後續之作，則夏、嚴二氏負責，〔註 120〕於道光九年刊刻竣工，而其時又增補馮登府《石經考異》六卷、《三家詩異文疏證》二卷，終計書之所收：作者七十四人，著作一八○種，總爲一四○八卷。書成，朝野儒林甚是重視，然以咸豐七年英法聯軍之後，版片燬損極多，十年乃有補刻之議，而總廣東督府榮崇光及官紳通力促資，同治元年始得完成，其間補刻歷程，亦倍艱辛。

究《經解》纂刻始末，阮元未作序言，以其官職星馳，無暇即筆以序，然觀先生行時所存各贐，皆留粵中，以爲學堂海經費及添刻《經解》各公事之用，〔註 121〕則先生慮心其間，當非外人所能想像矣。

〔註 117〕《揅經室一集》卷九一，頁 224。

〔註 118〕《清儒學案》卷九一，頁 1654，載嚴杰：「字厚民，號鷗盟，餘杭人，潛研經術，邃學能文，阮文達督學浙紅深賞之，立詁經精舍以爲上舍生，佐編《經籍纂詁》，從至廣東，佐編《經解》，著有《小爾雅疏證》、《蜀石經殘本》、《毛詩考證》。」云云。

〔註 119〕沈豫《皇清經解提要》序，頁 17。

〔註 120〕《阮元年譜》（雷塘庵主弟子記）卷六，頁 153。

〔註 121〕同上，頁 154。

（二）學派分野

《皇清經解》編纂異於《十三經注疏》，亦不同於《通志堂經解》，所列人物，仍致力於考證之學者，就時代而言，則乾、嘉時期爲居多，如以顧炎武伊始，明季諸儒不過六人，迭經順、康、雍、乾四朝，則出乾隆學者爲三十一人，幾及三分之一強，以如此之人，居如此之朝，相率以考證，則焉能不興！況有大力如阮元者，鼓動風行，蔚爲潮流，誠乃水到渠成也。

今再以《經解》之地緣及隸屬學派觀之，則學派分野與地緣之間，關係往往密切，日學者藤塚明直即依作者之籍，計出《經解》撰者七十四人中，爲：

山東二人　河南一人　山西一人　江蘇三七人　浙江二二人　安徽八人　福建一人　廣東一人　雲南一人〔註 122〕

計山東、河南、山西、福建、廣東、雲南者七人；江蘇、安徽、浙江者六十七人，諸人之徵引，又與阮元任學政與督撫有關。而值一提者，江蘇三七人中，揚州學者即居十四，此與阮元鄉梓、幕友、門下士極有關聯，且所取儒士，漢學派別、考證者流厥爲優選，門戶壁壘，儼然樹立，故隱約間，阮元壹是有意別於漢學與宋學；再者，於門生弟子，如陳壽祺、嚴杰、趙坦、洪頤煊、震煊昆仲、阮福諸人，文亦入選，則阮元拔擢後進，不遺餘力，語謂：上有好焉者，下必有同之者，此語乃得之。

至若論及著作多寡及其卷數，按之總類，則阮元十八部爲最，次程瑤田十三，焦循十，餘則十部以下。又以卷數相論，仍以阮元二七二卷居先，毛奇齡、段玉裁各百卷爲次，再次者爲焦循八十九卷、惠棟四十五卷、孫星衍四十卷、孔廣森、王引之各三十八卷、翟灝三十六卷、王鳴盛三十五卷、陳啓源、張惠言、嚴杰各三十卷，餘皆三十卷以下。〔註 123〕然則阮元之作，鈞重如此，雖佔鰲頭，亦或編纂者之偏頗矣。

復次，乾嘉之學，所重在考據，校勘及小學爲其中要項，阮元師承戴震而來，考證工夫即甚覃詳，經書採擷亦以此依準，舉凡名物制度畢陳之作，盡以

〔註 122〕藤塚明直〈皇清經解之編纂及其影響〉之一，此爲單篇之作，見於《東洋文化復刊》六四號，1979，頁 28～30，羅德美《阮元學術之研究》，頁 143 及是篇，謂浙、皖人士總數算計有誤，即原錢塘方觀旭以爲桐城之人，增萬斯同，缺毛奇齡、孫志祖、馮登府，因作安徽九人，浙江十九人，總七十二，與原數相差二人。

〔註 123〕同上。

刊錄，故而闡及宋學義理，駁辨鄭許之説，或雖見地邃密，然鮮契漢學旨要，譬若姚鼐《九經説》，以其爲程朱干城，且齗齗然與乾嘉學者爭，〔註 124〕故爲所擯；又若林喬蔭《三禮陳數求義》三十卷，〔註 125〕雖以經解經，融貫眾意，然以言駁許、鄭者多，亦爲所斥；再以常州學派之莊存與言，阮元《莊方耕宗伯經説序》特贊云：

> 元少時受業于李晴順先生，先生固武進莊方耕宗伯辛卯會試所得士也。常爲元言宗伯踐履篤實，于六經皆能闡抉奧旨，不專爲漢宋箋注之學，而獨得先聖微言大義于語言文字之外，斯爲昭代大儒，心竊慕之。〔註 126〕

阮元之語，可謂推挹備至。然此文獨刻入《味經齋遺書》卷首，《揅經室文集》未嘗收入，即以《經解》論，亦僅收莊氏之《春秋正辭》，餘皆未錄，所以如此，孫海波先生謂：

> 阮氏之意，蓋猶取乎其專家，而未能取乎其大義也。〔註 127〕

則阮氏《經解》，非尚微言大義，乃在重其專家也。

至於考證之作，阮元取材，亦有所採擇，有如閻若璩即爲一例，其所行於世者，惟在《古文尚書疏證》六卷，《四書釋地》八卷、《孟子生卒年月考》一卷、《潛邱箚記》六卷，然《經解》於《四書釋地》僅載卷二十至二十三之四卷，《潛邱箚記》僅載卷二十五至二十六之二卷，其《古文尚書疏證》則以「性情蓋近佻薄」，〔註 128〕恣肆詆毀前人，而未刊錄。

綜上之論，則阮元編列《經解》，雖若王先謙《皇清經解續編．序》所言：

> 卷昭代之儒風，導後進以繩矩，優優棣棣，觀者美焉。〔註 129〕

然觀乎全書，攸關義理經解之文，概爲未取，其標漢學旗幟已昭然確然，此舉雖爲乾嘉清學作一徹底之疏理，然門戶之見亦灼焉以立。

（三）得失之況

《皇清經解》之纂，固爲維護漢學之考證，而書之出，阮元乃博得「清代

〔註 124〕《文廷式集》，《純常子枝語》卷二，頁 12。言：「姚姬傳《九經説》實有家法過望溪遠甚，雖《學海堂經解》不收，要自可傳。」

〔註 125〕梁章鉅（1775-1849），嘉慶進士。《退庵隨筆》，頁 127。

〔註 126〕莊存與《味經齋遺書》卷首。

〔註 127〕《中國近三百學術思想論集》，孫海波《莊方耕學記》，頁 127。

〔註 128〕《文廷式集》，《純常子枝語》卷九，頁 10。

〔註 129〕王先謙《虛受堂文集》卷二，頁 104。

經學說最一重鎭」〔註130〕之美稱。爲此，阮元亦遭方東樹之頡頏，以爲未當。

再以《經解》標榜漢學之幟過盛，反對者亦多，若錢儀吉、吳汝倫、朱次琦即持相反之見。以錢氏言，於主河南大梁書院時，即刊刻《經苑》四十一種雖成者僅二十五種，所舉則宋元諸家治經之作，一補《通志堂經解》之缺；一拯《經解》之偏，雖列學海堂講席，於古訓也者，壹在博采眾說，折衷以本文正義，非必定然以古爲眞也；〔註131〕吳汝綸則謂中國之文，非徒習其字形而已，乃有以化裁而致於用，悉學問事業合而爲一，此方可裨補《經解》之過於考證，其〈與王逸吾書〉云：

> 阮太傅原書雖未盡人意，要爲閎博鉅觀，資益學林不少，獨其門户之見，使後來變本加厲，海内學者專搜細碎，不復涵泳本經，究通文法，此其失也。〔註132〕

而朱次琦於《經解》非難尤甚，簡朝亮《朱九江年譜》載：

> 先生曰：《皇清經解》阮文達之詒也，殆裨於經矣，雖然何偏之甚也。顧亭林之學不分於漢宋也，今采其說，尊宋者芟焉（如《日知錄》於《易》謂；不有《程傳》，大誼何繇而明虖之類，今不采），當以國朝爲目，當時之儒非皆漢學也，若方靈皋者流，迺一言之不錄也。〔註133〕

則阮元於桐城諸人詆斥甚厲，雖方、姚之作亦載漢學事，仍不與等列。

復次，阮元選文，雖古訓爲式，然闡言義理者，亦未爲採納，此若閻若璩《古文尚書疏證》，胡渭《易圖明辨》、《洪範正論》，惠棟《易漢學》，戴震《孟子字義疏證》，皆爲所遺，惟通觀諸書，則阮元之選，恐難期客觀。再以音韻言，《經解》收錄顧炎武《音學五書》，戴震《聲均表》、《聲韻表》，而江永《古韻標準》，王念孫《古音譜》、《古韻廿一表》諸作，仍爲所闕，即顧炎武《音學五書》，亦刪削未全，韻學延展之跡，由明而晦，學者探賾頗有失彼之感，此實《經解》不足處。

徐時棟《煙嶼樓文集》之〈分類重編學海堂經解贊〉，即剴切言述《經解》疵謬，概謂：

〔註130〕錢穆《中國近三百年學術史》下，頁478。

〔註131〕《清儒學案》卷一四三之一，〈錢儀吉、錢泰吉，嘉興二錢學案〉

〔註132〕吳闓生編《吳汝綸尺牘》卷一，頁51。

〔註133〕簡朝亮《朱九江先生年譜》，頁28。

1. 次序未當 2. 搜羅未備 3. 甄錄久審 4. 去取未公 5. 抉擇未精 6. 錄題未際 7. 名號不一 8. 位置未宜 9. 抄錄未善 10. 校讎未功 11. 名稱相歧 12. 未附小傳。

以序言，時代先後不若《通志堂經解》分類之切當；以搜羅言，若前述閻若璩《古文尚書疏證》、江永《古韻標準》及姜炳璋之《讀左補義》、余蕭客之《古經解鉤沈》，蓋闕而弗錄，是爲未備；以甄錄言，若毛奇齡《仲氏易》爲其兄錫齡口授，而毛氏臆解之作，〔註 134〕先儒多非之，劉逢錄《論語述何》，臆測亦多，仍以錄用，是謂欠審；以去取言，《十三經校勘記》固爲上選之作，古文之撰，皆附刻群經之後，原已爲專本，又錄於《經解》中，餖飣之學，所佔居十分之二，疊床架屋，是爲未公；以抉擇言《經籍籑詁》亦阮元所作，雖稍舛誤，不失學者津梁，但舍《籑詁》，而取《校勘》，是爲未精；以錄題言，若《音論》、《日知錄》、《潛邱劄記》皆非全書，未增刪諸字，是爲未審；以名號言，若〈觀象授時〉爲《五禮通考》篇題，非類書叢書之著，標爲書目，究爲未宜，又若劉台拱《論語駢枝》載於《劉氏遺書》，《經解》不以駢枝爲稱，而稱遺書，是爲不一；以位置言，說部多條者，僅遴選一條，文集多篇者，僅選一篇，可列入《叢鈔》，而洪頤煊《禮經宮室答問》、《孔子三朝記》爲全書，反列入《叢書》，是爲未當；以抄錄言，說部文集中，偶及經義者，心得每多，編入《叢鈔》固不得已，然當先列經之作，次附旁見之義，率意收列，統緒淆亂，是爲未善；以校讎言，卷終雖具校者姓氏，然精審不足，脫誤仍多，譬《春秋毛氏傳》首缺一頁，而難卒讀，是爲未功；以名稱言，同一作者，或稱官位，或稱科名，或云處士，多而不一，是爲紛歧；至若傳撰，諸儒著作，顯晦互異，生平小傳有所添錄，則作者學行更見瞻觀，掖啓後人，必爲尤多，仍未可忽忽。〔註 135〕

然則上列之述，於《經解》篇章言，畢竟仍爲小庛，本未足掩其大醇，即以作者著述，羅列所及，其千餘之卷，皆若山嶽之高，江海之闊，瑕之不掩瑜，嘉惠學子士林，豈微語之詁所可抹煞！以是後之學者研讀《經解》，褒言贊言，竟亦不斷，此若李慈銘云：

> 迨得讀學海堂經解，始知經義中有宏深美奥，探索不窮知此者，遂稍稍讀甲部書，自漢及明，粗得涯略。〔註 136〕

〔註 134〕《四庫全書》卷六，頁 37。

〔註 135〕徐時棟《煙嶼樓文集》并序，羅得美《阮元學術思想之研究》，頁 121、122。

〔註 136〕李慈銘《越縵堂日記》卷四，〈復桂浩亭書〉。

李元度亦云：

> 嘗論讀書難，其在今日轉易，何者？經學至國朝諸儒實能洞闢奧窔，盡發前人之覆，今既有《皇清經解》一書，又得欽定《四庫全書提要》，類聚條分，以辨讀書之門徑，學者即二書度之，思過半矣。〔註 137〕

又孫詒讓《札迻》敘亦云：

> 年十六七讀江子屏《漢學師承記》及阮文達公所集刊《經解》，始知國朝通儒治經史小學家法。〔註 138〕

諸先生而外，其他諸儒若張澍、曾國藩……之賢，〔註 139〕於《經解》者，皆褒賞有加，藤塚明直甚至以《皇清經解》爲百科書之全，則是書於經學之影響，非僅惠澤吾國儒林學子，亦且沾溉韓、日之學人矣。

二、《十三經注疏》四百一十六卷

《十三經注疏》爲阮元撫浙時刊刻，其十一經所據，爲南宋岳珂之行本，《儀禮》、《爾雅》二經，則據北宋所刻單疏板本，此爲賈公彥之原書，更在十行本之前，備極珍貴。屈萬里先生謂：

> 近世校勘最精而流布最廣者，莫如阮芸臺刻本。初阮氏有《十三經注疏校勘記》之作，雖參稽眾本，而大要以十行本爲主。厥後巡撫江西，乃以所藏十行本付諸剞劂，盧旬宣氏，復適阮氏《校勘記》，附刻於各卷之末。〔註 140〕

蓋《注疏》之外，復有《校勘記》之作，後者校勘塗轍，前已於「阮元之撰作」中述及，不再言敘，所欲言者，惟在《注疏》之起始、引用板本、得失之況，依次披陳如下：

（一）起　始

阮刻《十三經注疏總目後》、胡稷〈重刊宋本十三經後記〉，皆言及十行本刊刻始末，阮元云：

〔註 137〕李元度《天岳館文鈔》，卷二七，頁 5，〈重刊輶軒書目答詞序〉。

〔註 138〕朱芳圃《孫仲容先生年譜》，頁 10。

〔註 139〕張澍《養素堂文集》，〈上阮台制府師書〉云：又諭澍購買《皇清經解》，以擴見聞，澍客歲向盧厚山同年購得全部，披閱數四，沾溉良多。又曾國藩《曾文正公家訓》，頁 7，欲子弟讀高郵王氏父子之書，言其書：《皇清經解》內有之，爾可試取一閱。則《經解》廣開讀書門徑，沾惠學者，堪稱深遠矣。

〔註 140〕屈萬里《書傭論學集》，〈十三經注疏板刻述略〉，頁 229。

逮兩宋刻本浸多，有宋十行本注疏者，即南宋岳珂《九經三傳沿革例》所載建本附釋音注疏也。其書刻於宋南渡之後，由元入明遞有修補，至明正德中，其板猶存。是以十行本爲諸本爲最古之冊。此後有閩板，乃明嘉靖中用十行本重刻者。有明監板，乃明萬曆中，用閩本重刻者。有汲古閣本，此本漫漶，不可識讀。近人修補，更多訛舛。元家所藏十行本，有《十一經》，雖無《儀禮》、《爾雅》，但有蘇州北宋所刻之單疏本，爲賈公彥、邢昺之原書，更在十行本之前。元舊作《十三經注疏校勘記》，雖不主十行本，而大端實在此二本。〔註 141〕

屈萬里先生就此說云：

按阮刻除《儀禮》作五十卷及《爾雅》依單疏本作十卷外，其餘分卷悉同十行本。惟《周易》不附略例、《孟子》有題辭、爲異耳。〔註 142〕

則十行本之刻卷，爲阮元《注疏》所據，雖《儀禮》、《爾雅》依單疏之本，《易》爲十一經，卷悉十行本，亦爲後之刊刻樹植典範。

阮元而外，胡稷於〈重勘宋本十三經注疏後記〉復就阮刻補述：

嘉慶二十有一年，秋八月。南昌學堂重刻宋本《十三經注疏》，成卷四百十六卷，并附錄《校勘記》，爲書萬一千八百一十葉，距始事於二十年仲春，歷時十有九月。蓋官於斯土，與生是邦者，合其心力而爲之者也。〔註 143〕

依胡稷之見，則《注疏》刊刻，事之始末，歷十九年，其間歲月，漫漫綿長，而書之成，則合諸生心力以爲之，所謂嘔心絞腦、披星戴月者，學堂之士子也。

（二）所引板本

葉德輝《書林清話》戴〈國朝阮元刻十三經注疏本之優劣〉，概述《注疏》板本緣由，〔註 144〕依《易》、《書》、《詩》……順次爲言，井然合序，然以資料所引甚夥，欲一貫而下，恐難猝讀，按序整理，或較得宜，而屈萬里先生於其〈十三經注疏板刻述略〉，固以先言，今仍依先生之見，歸列於後：

〔註 141〕《十三經注疏》，阮元〈重刻宋板注疏總目錄〉，頁 3。

〔註 142〕同註 140，頁 230。

〔註 143〕《十三經注疏》，胡稷〈重刊宋本十三經注疏後記〉，頁 7。

〔註 144〕葉德輝《書林清話》，頁 489。

1. 《周易》，引石經本、經注本，單疏本、注疏本。

甲、石經本：唐《開成石經》。

乙、經注本；岳珂本（武英殿重刊刻），錢遵王校本，古本，足利本（上列二種據《七經孟子考文並補遺》）。

丙、單疏本：錢遵王校單疏本。

丁、注疏本：宋刊八行本（據《七經孟子考文並補遺》，但稱宋本）。盧文弨傳錄明錢孫保影宋注疏本，十行本，閩本，北監本、汲古閣文。

2. 《尚書》，引石經本、經注本、注疏本。

甲、石經本：唐《開成石經》，宋《臨安石經》。

乙、經注本：古文（據《七經孟子考文並補遺》），岳本（即岳珂刻本，據武英殿重刻本），葛本（即永懷堂本）。

丙、注疏本：宋刊八行本（據《七經孟子考文並補遺》），十行本，閩本，北監本，汲古閣本。

3. 《毛詩》，引石經本、經注本、注疏本。

甲、石經本：唐《開成石經》本，南宋《石經》殘本，《孟蜀石經》殘本（有注）。

乙、經注本：古本（據《七經孟子考文並補遺》），岳本（武英殿重刻），宋小字本（半葉十三行，行二十四字）。

丙、注疏本：十行本（又有惠士奇及子棟校本，以余氏萬卷堂本校經注音義，以宋注疏本校疏），閩本，北監本，汲古閣本。

5. 《儀禮》，引石經本、經注本、單疏本、注疏本。

甲、石經本：唐《開成石經》。

乙、經注本：宋嚴州刊本，明嘉靖間徐氏翻刻宋本，明鍾人傑刊本，明永懷堂刊本。

丙、單疏本：宋刊單疏本。

丁、注疏本：李元陽本，北監本，汲古閣本，清重修北監本。

6. 《禮記》，引石經本、經注本、注疏本。

甲、經本：唐《開成石經》，南宋《石經》。

乙、經注本：岳本（武英殿覆刻），嘉靖本（此與《周禮》、《儀禮》同爲徐氏所刻）。

丙、注疏本：宋刊八行本（據惠棟校本及《七經孟子考文並補遺》），十行本，閩本，監本，汲古閣本。

7. 《春秋本傳》，引石經本、經注本、注疏本。

甲、石經本：唐《開成石經》。

乙、經注本：北宋刻小字殘本（十一行，二十三、四、五字不等），南宋刻殘本（板心有直學王某等字），淳熙小字本（即閩山阮仲猷種德堂刊本），岳本（岳珂原刻）。宋刊纂圖本（十行，注文雙行，每行字數不一），足利本（據《七經孟子考文並補遺》）。

丙、注疏本：宋沈中賓刊八行本，十行本，閩本，北監本，吳士元等重修北監本，汲古閣本。

8. 《公羊傳》，引石經本、經疏本。

甲、石經本：唐《開成石經》。

乙、經疏本：惠棟過錄何煌校宋注疏本，十行本，閩本，北本，汲古閣本。

9. 《穀梁傳》，引經本、經注本、單疏本、注疏本。

甲、石經本：唐《開成石經》。

乙、經注本：宋余氏萬卷堂刊殘本（據何煌校本）。

丙、單疏本：影抄宋刊單疏殘本（據何煌校本）。

丁、注疏本：十行本，元本（據何煌校本），閩本，北監本，汲古閣本。

10. 《論語》引石經本、注疏本。

甲、石經本：漢《石經》殘字，唐《開成石經》，宋《宋石經》。

乙、注疏本：十行本，高麗本（陳鱣《論語古訓》引），閩本，北監本，汲古閣本，日本刻皇侃注疏本。

11. 《孝經》，引石經本、單注本、注疏本。

甲、石經本：唐《開成石經》。

乙、單注本：岳本（岳珂原刻本）。

丙、注疏本：明正德刊（即重刻十行本），閩本，重修北監本，汲古閣本。

12. 《爾雅》：引石經本、經注本、單疏本、注疏本。

甲、石經本：唐《開成石經》。

乙、經注本：明吳元恭仿宋刊本，元雪窗書院刊本。

丙、單疏本：宋刊單疏本。

丁、注疏本：元刊本，閩本，北監本，汲古閣本。

13. 《孟子》，引石經本、經注本、注疏本。

甲、石經本：宋《石經》殘本。

乙、經注本：北宋蜀刻大字本（據何焯校本），宋劉氏丹桂堂刊巾箱本（據何焯校本），元盱郡重刻廖瑩中本（據何焯校本），孔氏微波榭刻本，韓岱雲刻本，古本（據《七經孟子考文並補遺》），足利本（據《七經孟子考文並補遺》）。〔註 145〕

（三）得失之況

綜上所述，則阮氏《校勘記》所據之本，不為不多；又據阮序所述，江西刻《十三經注疏》時，亦不為不謹，然刻成之後，知訛誤尚多。《雷塘庵主弟子記》載阮福注云：

> 此書當宋刻校完竣，大人即奉命移撫移南，校書之人，不能如大人在江西時細心，其中錯字甚多，有監本、毛本不錯，而今反錯者。……校勘去取亦不盡善。故大人不以此刻本為善也。〔註 146〕

又道光丙戌（道光六年，1826）南昌府教授朱華臨跋（重校《阮刻十三經注疏》）云：

> 宮保阮制軍，前撫江右時，出所藏宋十行本，以嘉惠士林。嘉慶丙子（1816）仲春開雕，閱十有九月，到丁丑仲秋板成。董其事者，武寧明經盧君來庵也。嗣宮保陞任兩廣制軍，來庵以創始者樂於觀成，板甫就，思印本呈制軍，以忍其遺澤西江之意。局中襄事者，未及細校，故書一出，頗有別風淮雨之訛，覽者憾之。〔註 147〕

朱氏之意同於阮福之言，皆以《注疏》形誤者多，未及細校，竟至別風淮雨之訛，此於阮元論著之用心，毋寧有憾。是以對校古本，朱氏乃稟阮元雅意，盡其密緻。且云：

> 今夏月軍自粵郵書，以倪君模所校本一冊寄示，適奉新余君，亦以所校本寄省。倪君所校，計共九十三條；余君所校，計共三十八條。余因合二君所校之本，詳加勘對，親為檢查，督工遂條更正，是書

〔註 145〕屈萬里《書傭論學集》，〈十三經註疏板刻述略〉，頁 234。
〔註 146〕《阮元年譜・雷塘庵主弟子記》卷五，頁 121。
〔註 147〕朱華臨《重刻十三經注疏》跋。

益增美備。〔註 148〕

再如光緒三年，有汪文臺者，著《十三經注疏校勘記識言》四卷，訂正阮校疏誤不少，書以江西刻本行世。

阮刻既行，於是湖南、四川皆有翻本。湘刻既錯訛不可勝計，蜀刻又刊落字旁之圜，且訛字亦多，均不及原本遠甚。張之洞《書目答問》〈正經正注第一〉云：

阮本最於學者有益，凡有校勘處旁有一圈，依圈檢之，精妙全在於此。四川書坊翻刻阮本，訛謬太多，不可讀，且削去其圈，尤謬。明監、汲古本不善。〔註 149〕

清季以來，上海坊肆，頗多據阮本，今世界書局刊佈《注疏》影印本，於原刻字旁之圈，改作三角形，甚爲醒目。然以縮板過小，有傷目力。而藝文印書館以重刊宋本印行，底本則以文選樓藏本校定，且附以四庫全書總目提要正楷標示，經注分明，既便初學，復易翻檢，法亦至善。故吾人如未得阮刻，或取世界書局影印本，購讀藝文板刻本，復取敦煌寫本之傳於今日者，與夫《漢魏石經》殘石，多所對校，則此傳鈔舊本及二書局板刻，相互讎校，所見涯略，信必廣矣。

三、《詁經精舍文鈔》初集十四卷，續集八卷，三集卷

《詁經精舍文鈔》又名《詁經精舍文集》，乃嘉慶六年阮元督兩浙，於杭州時，集詁經精舍諸生所刊刻。初集十四卷，刻《文選樓叢書》內。續集、三集，則同治間刻，亦有四集以下諸集，於光緒間刻。〔註 150〕今考《文選樓叢書》，《文鈔》初集確爲十四卷，嚴文郁先生謂爲八卷，〔註 151〕或亦有所本。

是書阮元未爲序，其〈詁經精舍文集序〉由門人許宗彥作序，〈詁經精舍題名碑記〉，則道友孫星衍撰，舍生陳鴻壽書。若夫云其伊始，當如許宗彥所言：

吾師雲臺先生，以名世之德，爲人倫藻鑑。先是視學兩浙，以行誼

〔註 148〕同上。

〔註 149〕張之洞《書目答問》卷一，頁 1，關於阮元《注疏》張氏補注云：「阮刻注疏尚有南昌局補印原刻本，湖南翻刻本，上海坊間石印本。」言刻本之多。

〔註 150〕張之洞《書目答問》卷四，集部類，頁 225。

〔註 151〕嚴文郁《清儒傳略》，頁 70。

經術厲士，士風曠然一變，既奉命鎮撫是邦，綱舉目張，百爲具理……爰於沽堧立「詁經精舍」，祀許洨長、鄭司農兩先師，擇十一郡端謹之士尤好古力學者萃處其中，相與講明雅訓，兼治時古文辭。公暇親爲點定，並請王蘭泉、孫淵如兩先生主講，閱二年，得文集若干卷。〔註 152〕

是編刻者，爲兩浙端謹大學之士，主講其事者，必王昶、〔註 153〕孫星衍，〔註 154〕暇爲點定者，則雲臺先生耳。次者，言及《文集》裒集之道，則孫星衍所述，最爲詳細：

其課士月一番，三人者（按即阮、王、孫氏）迭爲命題，評文之主，問以十三經三史疑義，旁及小學、天部、地理、算法、詞章、各聽搜討書傳條對，以觀其識，不用扃試糊名之法，暇日聚徒講議服物、典章，辯難同異，以附古人教學藏修游息之旨，簡其藝之佳者，刊爲《詁經精舍文集》。〔註 155〕

至若《文集》初集之十四卷，其一至十二卷，爲言經之作，末二卷則爲歌詩吟詠之輯，亦見精舍諸生道術之外，兼涵詠文藝，此即論語所云：「志於道，據於德，依於仁，游於藝。」充然之開展也。

次者，《文集》所列賢達，概登錄孫氏〈題名碑記〉：

題名仿自漢碑陰，至唐而名山公府登科集宴之地，皆有記述之碣，所以考賢否而厲顧名之士也，今作〈題名記〉，書上舍生，因及撫部識拔之士，并纂述經詁之友與焉。〔註 156〕

所謂上舍生，乃指汪家禧等精舍講學之士，凡九十二人；次則孝廉方正及古學識拔之士邵志純等，凡六十三人；纂述經詁之友王瑜等，凡五人；己未（嘉慶四年，1799）會試總裁中式進士姚文田等，凡二十二人。

〔註 152〕《詁經精舍文集》，頁 1。

〔註 153〕王昶，字德甫，號蘭泉，又號述庵，籍清江蘇青浦，生於雍正二年甲辰（1724），卒於嘉慶十一年丙寅（1806）。先生於學無所不窺，治經通漢儒之學，言性理則尊朱王，不分門户。性好金石，所藏碑刻凡千數百通，以《金石粹編》一六〇卷行於世。

〔註 154〕孫星衍，字季逑，號淵如，江蘇陽湖，生於乾隆十八年癸酉（1753），卒於嘉慶二十三年戊寅（1818），先生究心經史，其《尚書今古文注疏》三十卷最爲世所稱。

〔註 155〕《詁經精舍文集》序錄孫星衍〈詁經精舍題名碑記〉。

〔註 156〕《詁經精舍文集》前錄頁 3，孫星衍〈詁經精舍題名碑記〉。

再者，《文集》編排，史論、經術兼之，卷一之論，文輯十三篇，皆以六朝經術流派論爲始末，卷二以還，迄卷十二，則經術、金石、小學並陳，精微之處，或曆算、或輿地、或禮儀、或考辨，咸就相近者爲言，精警端詳，編次切合，而卷五選蔣炯等〈南宋中興四將論〉，及徐養原等〈擬南宋姜夔傳〉，以史證今，蓋有深意焉。

復次，《揅經室集》言經之作，《文集》亦見披覽；此若〈西湖詁經精舍記〉、〈重修會稽大禹陵廟碑〉、〈釋郵表畷〉、〈釋葵〉、〈浙江即岷江非漸江考〉、乃至〈論語一貫說〉，之見於《文集》者，亦輯之於《揅經室集》，即阮元有待於詁經精舍，當非淺言能名之。故許宗彥歸述云：

> 茲集所載，於古今學術洞悉本原，折衷無偏，實事求是，足以發明墜意，輔翼經史，其餘詩古文，或咀六代之腴，或挹三唐之秀，風標峻上，神韻超然。蓋吾師因其質之所近以裁之，而諸君亦各能以長自見，覽斯集者，猶探珠於滄瀛，採玉於崑閬也。〔註 157〕

則覽茲集，斯經史之旨義，詩文之英華，皆可適時擷採，而風標峻爽矣。

四、《文選樓藏書》三十二種

《文選樓叢書》亦阮元重要刊刻之叢書。三十二種書籍爲道光間刻，〔註 158〕此書作《皇清經解》、《十三經注疏》、《十三經流疏校勘》、《經籍纂詁》、《山左、兩浙金石志》、《積古齋鐘鼎彝器款識》，皆先生撰著或彙刻，足傳世之作，蓋立言者，經國之事，不朽之業，言文照應，鴻教乃興。故刊刻《叢書》，謂爲先生立言之微，蘊意當爲深遠。

至於謂「文選集」者，其名安在？〈揚州隋文選樓記〉載記稱名由來：

> 揚州舊城文選樓文樓巷，考古者以爲即曹憲故宅。……元案《新》、《舊唐書》，曹憲、江都人。仕隋，爲祕書學士，聚徒教授，凡數百人，公卿多從之遊，於小學尤邃。自漢杜林、衛宏以後，故文亡絕，至憲復興。……憲始以梁《昭明文選》授諸生，而同郡魏模、公孫羅、江都李善、相繼傳授，于是其學大興。……嘉慶九年，元既奉先大夫命，遵國制立阮氏家廟，廟在文選樓文選巷之間，廟西餘地，先大夫諭構西塾，以爲子姓齋宿飲餕之所，元因請爲樓五楹，題曰

〔註 157〕同上，許宗彥序。

〔註 158〕張之洞《書目答問》卷五，〈古今人著述合刻叢書〉，頁 252。

「文選樓」。〔註 159〕

則樓之來由，一記史事，一載先人遺德，是先王緬懷前輩餘澤，既淳且厚。

阮元既緬懷前輩餘澤，於先人刻書精神尤爲景仰，故於刻書者，均極贊許。有如鮑廷博《知不足齋叢書》即爲一例，葉德輝《書林清話》贊謂：

鮑廷傅《知不足齋叢書》既精賞鑑，又善校勘，則亦絕無僅有者。〔註 160〕

阮元所言尤爲精謹，〈知不足齋鮑君傳〉云：

好古績學，老而不倦，……廣刊祕籍，亦藝林之勝事也。〔註 161〕

則所謂之藝林勝事，在秘籍之廣刊也。如是，《文樓選叢書》之刊，亦此勝事之延續，精神也者，當在「多刻所藏古書善本，公諸海內。」，〔註 162〕最爲良善。

藝文印書館輯百種叢書，列《文選樓叢書》三十二種，四七八卷。卷帙原由阮元選編，卒後，其弟阮亨續編。所選書籍，不出經史考證；揆其書名、卷數、著者、類目，依序列述：

書　名	卷　數	著作者	類　目	備　註
揅經室集	四〇	阮　元	（清）集部別集	
揅經室續集	一八	阮　元	（清）集部別集	
禮經釋例	十三	凌廷堪	經部禮類	
孝經義疏補	九	阮　福	孝經類	
詁經精舍文集	十四	阮元輯	（清）文總類	
述　學	二	汪　中	（清）經部・群經類	《粵雅堂叢書》有別錄、補遺
石經儀禮校勘記	四	阮　元	經部禮類	《粵雅堂叢書》並有此書
七經孟子考文補遺	二〇〇	山井鼎（日）	集部別集	阮元據日刊翻雕
雕菰樓集	二四	焦　循	四書類	
蜜梅花館集	二	焦廷琥	詩別集	
曾子注釋（附敘錄）	五	阮　元	子部、儒家	

〔註 159〕《揅經室二集》，〈揚州隋文選樓記〉，卷二，頁 365。
〔註 160〕葉德輝《書林清話》卷九，頁 498。
〔註 161〕《揅經室二集》卷五，頁 458。
〔註 162〕同上。

恆言集	六	錢大昕	經部、小學	
揅經室詩錄	五	阮　元	（清）別集	《粵雅堂叢書》並有此書
淮海英靈集	二二	阮元輯	（清）詩總集	
定香亭筆談	四	阮　元	詩文集	
小滄浪筆談	四	阮　元	詩文集	
廣陵詩事	一〇	阮　元	詩文集	
儀鄭堂文集	二	孔廣森	（清）詩文集	
八磚吟館刻燭集	三	阮元輯	（明）詩總集	
歷代帝王年表	不分卷	齊召南編	史　類	《粵雅堂叢書》並有此書
（帝王廟諡年諱譜）		阮福續編		《粵雅堂叢書》並有此書
倣宋畫列女傳	八	劉　向	史部、傳記類	
疇人傳	四六	阮元、羅士琳	史部・地理類	
續疇人傳	六	諸可寶	史部・地理類	附　增
地球圖說	一	莊有仁擇	史部・地理類	未　刻
積古齋鐘鼎彝器款識	一〇	阮　元	史部・食貨類	《知不足齋叢書》並有此書
小琅嬛叢記	四	阮福輯	子部・雜家	
漢延熹西嶽華山碑考	四	阮　元	史部・金石類	
石渠隨筆	八	阮　元	子部・藝術類	《奧雅堂叢書》並有此書
周無專鼎銘考	一	羅士琳	史部・食貨類	
呻吟語	二	呂　坤	史部・傳記類	
溉亭述古錄	二	錢　塘	群經總義	《中式訓堂業書》並有此書
愚溪詩稿	一	張肇熿	（清）集部・別集	

上述叢書乃據阮亨《文選樓叢書總目》，今《新編百部叢書提要》謂《叢書》爲三十四部，而錢曾《讀書敏求記》，雖入總目，並無其書；阮福輯《滇南古金石錄》亦未列入。而以藝文印書館所印《叢書》，標目亦略別異，若阮元《揅經室外集》五卷、阮福輯《文筆考》一卷，及上述《滇南古金石錄》一卷，與《叢書》所列，不盡吻合，故乃採阮亨道光壬寅所識三十二種，阮亨跋云：

余以文選樓積古齋諸處所貯書板，皆加檢其中，家兄所刊者爲多，亦有門下暨余姪輩所刊者，久不墨印，恐漸零落，書人請以整理種

彙為叢書。……列其目三十二種。〔註163〕

綜上所述，知《文選樓叢書》乃嘉慶間阮元輯刻，道光阮亨彙印，民國五十六年（1767）藝文印書館復影印，並列為《百部叢書集成》之四十四。

至言及《叢書》價值，則《新編百部叢書提要》云：

元為清代樸學大師，而此書實可代表乾嘉學術之盛。〔註164〕

洵為知言。

五、《宛委別藏》一百七十五種

阮元興學，刻書之外，書藏亦一要事。其瑯嬛僊館、積古齋、文選樓諸館，既是讀書處，又為藏書之所。以文選樓藏書為例，所傳《文選樓藏書記》六卷，則記藏書二千餘部，三萬餘卷。故每於刊刻志書，若《十三經校勘記》、《廣東通志》等要籍，即提供所藏之書及珍貴板本，以利纂編之用，所以如此，蓋體認圖書者，學術之公器，非一人所得而專也。故嘉慶十四年於杭州立「靈隱書藏」，十八年於鎮江立「焦山書藏」，為圖書彙萃之所，其意乃為嘉惠後之學子。

書藏設立，阮元復督促寧波《天一閣書目》，之編纂。

《天一閣書目》為海內藏書家最久者，阮元引《甬上耆舊傳》為始創者：

范欽，字堯卿，(明) 嘉靖十一年進士，知隨州，有治行，遷工部員外郎。……性喜藏書，起天一閣，購海內異本，列為四部，尤善說經諸書，及先輩詩文集未傳世者，浙東藏書家以天一閣為第一。……又黃黎洲先生有〈天一閣書記〉。〔註165〕

又言：

其藏書在閣之上，閣通六間為一，而以書廚間之，其下乃分六間，取天一生水地六成之之義。乾隆間，詔建七閣，參用其式，且多寫其書入四庫。……當錢辛楣修《鄞縣志》時，即編之為目，惜書目未編。余於嘉慶八、九年間，命范氏後人登閣分廚寫編之，成目錄一十卷。十三年以督水師復來，寧紹台道陳君廷杰言及之，陳君請觀其目，遂屬府學汪教授本校其書目、金石目，並刻之所。〔註166〕

〔註163〕《文選樓叢書總目》阮亨跋。

〔註164〕新文豐書局《叢書集成新編》、《新編百科叢書提要》，頁38。

〔註165〕《揅經室二集》卷七，頁515～516。

〔註166〕同上。

則此藏書影響乾隆時期之四庫全書，而其書目，乃繼范欽、黃宗羲、汪本之後，由阮元力促以成。

焦山、靈隱書藏及天一閣書目編纂外，《宛委別藏》應爲阮元刊刻進呈內府重要纂籍。吳哲夫先生《宛委別藏》簡介，即謂《別藏》原藏清宮養心殿，書計百零三函，目錄二匣；凡百六十種，七百捌拾冊，另目錄二冊。此套典藏，於清宮所儲圖書中，天祿琳瑯善本之外，此典藏彌足珍貴。而書之由來，乃阮元任浙江學政巡撫時，蒐訪東南祕籍，精心整理之作。阮元於宋元以前圖籍，凡《四庫》所未收者，盡以收錄，意在補《四庫》之闕遺，且爲爾後續修《四庫全書》之預備，前後收訪得書百數拾種，並屬鮑廷博、何元錫等審定，己再重訂，之後，倣《四庫》之法，每種撰述提要一篇，隨原書進呈內府。清仁宗睿皇帝遂因奏進之書，貯之養心殿，賜名《宛委別藏》。〔註 167〕

《別藏》所輯，乃阮元於《四庫》未收之書，詳加蒐羅，以之三次進呈內府，所錄計百七十五種，多者爲宋作，共八十八種；次爲元作，計三十三種；唐則二十四種；秦漢以上以及有明之朝，一以年代湮遠，一以未獲時代學者首肯，爲數皆少；皆在五種以下。

由是原書除少數明刻本及日本《佚存叢書》殘帙外，餘均據舊本影寫精鈔，玉楮揚輝，珍貴有同舊版。書概經阮亨及阮福集錄，且將各書將提要彙刻成《揅經室外集》，惟以編次凌亂，毫無類例。萬曼《唐集敘錄》即言其缺失，云：有《四庫全書》以收錄而重複者，如俞玉之《書齋詩話》；有當收未收者，如元版《詩集傳》附錄纂疏、《釣磯詩集》、《丹崖集》等；有當補未補者，如《唐權文公集》，《四庫全書》著錄殘本十卷本，阮元於朱錫庚處得五十卷足本，朱珪且序記其事，阮元未據以補入。〔註 168〕此故原書與現存之書頗有出入，致鮮爲外界知悉。光緒間大興傅以禮先生，曾取《揅經室外集》原文，予以類編考證，刻爲《揅經室經進書錄考證》，雖類次較有序，仍未盡當；民國廿一年袁同禮先生撰《宛委別藏現存書目及其版本》一文，刊載《圖書館學季刊》第六卷第二期；民國廿三年張允亮先生編《故宮善本書目》，其第三編即倣《四庫》，重爲類次，爲《宛委別藏書目》，皆便於查檢。〔註 169〕

要之，阮元蒐集《宛委別藏》，雖爲補《四庫全書》闕遺，當亦爲後日續

〔註 167〕吳哲夫《故宮圖書季刊》一卷二期。
〔註 168〕萬曼《唐集敘錄》，頁 165。
〔註 169〕同註 167。

修《四庫全書》之備，因之進呈之書，均倣紀昀《提要》之例，撰《四庫未收書目提要》，以踵武前人之業。至提要之錄，各家所錄，不盡相同：阮福所刻《揅經室外經》輯百七十三種；丁申《武林藏書錄》則云：「仁宗睿皇帝因阮文達奏進四庫未著錄之百一百七十四種，賜之曰《宛委別藏》。」較《外集》多一種；而蔣光煦《題揅經室外集》絕句則言：「遺書一百七十五，曾向丹墀奏進來。原委已教何（元錫）、鮑（廷博）訂，好從紀、陸嗣高才。」李慈銘亦稱：「《四庫未收書提要》共百七十五種，實多不急之書，書目無次序，多非文達自作，故編爲外集，然頗有異聞，足資考索。」〔註 170〕是蔣、李所云，又多《外集》二種。如以《外集》言，提要雖僅言及百七十三篇，內容則包涵各書作者生平、卷數、闕佚、板本考證、全書提要諸項。收錄遍及四部，所論較《四庫提要》尤有過之，然旨意仍在裨益經史考證，推尊崇實之作，雖收錄容有忽略，編排亦或失序，以所收泰半孤本祕笈，故於板本、校勘，仍深據參考價值，固未可以爲非也。

〔註 170〕李慈銘《越縵堂日記》（桃華聖解庵記）頁 1121。李氏之外，錢泰吉《甘泉鄉人稿》卷九，頁 38，亦評云：「儀徵相國經進書且有之，亦未詳竹坡生平事蹟也」。

第四章　阮元之訓詁

歷來學者語及清之訓詁，莫不推尊高郵王氏父子、金壇段玉裁與棲霞郝懿行，言及阮元者，殊爲尟少。究其因，蓋以阮氏終身居處顯宦，學術之名不若功名顯赫；訓詁之著，未若王念孫《廣雅疏證》、段玉裁《說文解字注》、郝懿行《爾雅義疏》，精湛明達。然阮氏之詁訓雖未纂輯成冊，鑽研潛深，矩矱存焉，釋詞闡論，以聲發義，卓見別具。故申述先生訓詁之道，一則揆其淵源，再則參抒例證，迭相交迸，其所涵蓋精微，庶可抉發矣。

第一節　訓詁之奠基

吳、皖二派，于乾嘉時期，學風鼎盛，碩才學人，蔚然紛起，惠、戴之後，學者輩出，著述成林，樸學臻乎峰極。所謂故訓之法、古籍之解，均邁越前人，猗矣美哉。蓋此之時，戴、段、二王，師友相承，於訓詁條理，發凡起例，厥功特著。績效所至，惟在語言文字之契合聯繫，使言文之間，表裏一致。戴震云：「字書主於故訓，韻書主於音聲，然二者恆相因。」，〔註1〕王念孫所謂：「訓詁之旨，本乎聲音。故有聲同字異，義近義同，雖或類聚群分，實亦同條共貫。」〔註2〕段玉裁亦言：「音韻明而六書明，六書明而古經傳無不可通。」〔註3〕則治經在於得義，而義之得，又莫切乎得音。此於近之語言學統，亦已成必然圭臬。綜觀戴、段、王氏之法，其理概爲：(一) 于音

〔註 1〕《戴震文集》卷三，〈論韻書中字義答秦尚書蕙田〉癸未，頁 48。

〔註 2〕王念孫《廣雅疏證序》。

〔註 3〕段玉裁《說文解字注》〈寄戴書〉，頁 804。

中求定之借義；(二）確定字之本義，由本義推其引申之義；(三）比證文句，以考詞義；(四）因聲以求義。至若阮伯元，於經籍訓詁之作，雖謂《皇清經解》、《經籍纂詁》亦詁經之解，然於其他詁訓詮釋，則論著甚鮮，即《揅經室集》所載釋詞，隸定之字仍爲有限。故就訓詁實踐言，其與戴、段、王氏相距乃遠，以是言考證名家，阮元未爲士林所重。

然阮氏非不重訓詁，觀其西湖《詁經精舍》奉祀許慎、鄭玄木主，而推二先生爲：「集漢詁之成者也。」〔註 4〕則先生以先賢爲尊，義旨已存乎其中矣！類此精微之言，《揅經室集》刊載頗詳，若：

> 聖人之道，譬若宮牆；文字訓詁，其門徑也。門徑苟誤，跬步皆歧，安能升堂入室乎？〔註5〕
>
> 聖賢之道存乎經，經非詁不明，……舍詁求經，其經不實。〔註6〕
>
> 余三十餘年以來，說經紀事，……室名《揅經》者，余幼學以經爲近也。余之說經，推明古訓，實事求是而已，非敢立異也。〔註7〕
>
> 聖賢之言，不但深遠者非訓詁不明，即淺近者亦非訓詁不明也。〔註8〕

可見伯元問學治術，潛淫于故訓，厥爲可知。而其推明古訓也者，亦在藉《經籍纂詁》之編纂，霑惠學林，茲意宏遠。而就阮元言，《纂詁》之作，不啻訓詁之長編，於其《釋詞》推衍，資料之採擷，論述之援引，毋寧左右逢源，而得之於心，且應之於手。再以校刊之作，《十三經注疏·校勘》於抉發疑難，有所裨益，當爲訓詁覃研之素材；又以《鐘鼎彝器款識》等諸金石之搜輯、刊刻、深究，相較于信實之出土器物，驗證文字之說，其糾繆訂訛，皆切中經說求是之要義。

次則阮元居江淮期間，鄉裏先進若劉臺拱、汪中、任大椿諸先生，皆治經碩儒，阮元時相請益，獲之必多。友朋戚族若焦循、孫星衍等佳士，亦深諳經籍，彼此往還，抵掌切磋，學仍日進。更以阮元文字、聲韻、訓詁之學，得之王念孫爲尤多，故言談中，屢屢道及王氏：

> 昔余初入京師，嘗問于懷祖先生，先生頗有所授。餘平日說經之意，

〔註 4〕《揅經室二集》卷七，〈西湖詁經精舍記〉，頁 505。
〔註 5〕《研經室一集》卷二，頁 32。
〔註 6〕同註 4。
〔註 7〕《揅經室集》自序。
〔註 8〕《揅經室一集》卷二，〈論與一貫說〉，頁 45。

與王氏喬梓投合無間。〔註9〕

先生之學，精微廣博。語元、元略能知其意，先生遂樂以爲教。元之稍知聲音、文字、訓詁者，得于先生也。〔註10〕

云「聲音、文字、訓詁，得于先生。」，則仍宜推明王氏訓詁之道，此於阮元學之所從，知方深刻！

方俊吉先生《高郵王氏父子學之研究》言王氏父子之治經：

務求根本，特重條理，尤精讎校，揭櫫因文以明道之旨，上溯古音以求古義，引申觸類，不限形體，多聞闕疑，嚴謹細密。〔註11〕

所謂「溯古音以求古義，引申觸類」者，當在因聲求義，此例雖非王念孫創例，然于阮元影響則甚鉅，與〈郝蘭皋戶部論爾雅書〉、〈與高郵宋定之論爾雅〉二書即言：

言由音聯，音在字前，聯音以爲言，造字以赴音。音簡而字繁，得其簡者以通之，此聲韻文字訓詁之要也。〔註12〕

竊謂注《爾雅》者，若非足下之深通乎聲音文字之本原，不能，何也？爲其轉注假借本有大經大緯之部居，而初、哉、首，其偶見之跡也。山、水、器、樂、草木、蟲、魚諸篇，亦無不以聲音爲本，特後人不盡知耳。〔註13〕

以是知阮元於王氏所授訓詁聲音之理，每能深思有得。再以例證爲說，更見先生理論與實踐之密合。

（一）《釋矢》

義從音生也，字從音義造也。試開口直發其聲曰施，重讀之曰矢。施、矢之音，皆有自此直施而去之彼之義，古人造「從」，於從之施字，即從音義而生也。《說文》‘施，旗皃’。旗有自此斜平而去之貌，故義爲施捨。尸與施同音，故《禮記》‘在牀曰尸’，不死平陳也。……矢爲弓矢之矢，象形字，而義生于音。凡人引弓發矢，未有不平引延陳而去止于彼者，此義此音。水音近矢，《說文》‘水，

〔註 9〕《揅經室一集》卷五，〈王伯申經義述聞序〉，頁 104。

〔註10〕《揅經室續集》卷二之下，〈王石臞先生墓志銘〉，頁 91。

〔註11〕方俊吉《高郵王氏父子學之研究》，頁 46。

〔註12〕《揅經室一集》卷五，頁 107。

〔註13〕《揅經室一集》卷五，頁 108。

准也’。水之流也，平引而去，義與矢同。……明乎此，可知古人造字，字出乎音義，而義皆本乎音也。

阮元自注云：「施、尸爲同音。夷俟匜移爲音近字，《孟子》“孟施捨”趙岐注：“施，發聲”。」又云：「矢、施爲同音，雉鷔豸爲音近字。」又云：「《易・乾卦》“雲行雨施”、“稱物平拖”《左傳・昭五年》劉炫注“施者，舍也”。舍爲施之重音，施之訓展、訓陳、訓布、訓行、訓舒、訓設、訓弛、訓移，皆平直施去之義也。《詩・葛覃》“施于中穀”，〈兔罝〉“施于中林”……《中庸》‘施于蠻貊’皆重讀之，其實輕重皆同音義也。」〔註 14〕此即義從音生之例，當亦如王氏所言：「訓詁之旨，存乎聲音。」者也。

（二）《文言說》

……許氏《說文》：“直言曰言，論難曰語。”《左傳》曰：“言之無文，行之不遠”，此何也？古人以簡策傳事者少，以口舌傳事者多；以目治事者少，以口耳治事者多。故同爲一言，轉相告語，必有愆誤，是必寡其詞，協其音，以文其言，使人易於記誦，無能增改，始能達意，始能行遠。……古人歌、詩、箴、銘、諺語，凡有韻之文皆此道也。〔註 15〕

（三）《名說》

古人於天地萬物，皆有以名之。故《説名》曰：“名，自命之，從口，從夕；夕者，冥也”，冥不相見，故以口自名，然則古人命名之義，任口耳者多，任目者少，更可見矣。〔註 16〕

上之二例，阮元解《文言》及《名》之說，雖以古例爲言，尤能於音聲用語取證，論點甚明。

（四）《考工記車制圖解上》

「畸上反出謂之輒，畸立木達輒謂之較。」之解

阮元注云：言車制者，皆以爲直輢，由不解車有耳也。《說文》曰“較，車輢上曲鉤也”。又曰“輒，車兩輢也。從車，耴聲”。又曰“耴，耳下垂也”。《春秋傳》曰：“秦公子耴者，其耳下垂，故以爲名”。又曰“反，車耳反出也，合此四者，可知車耳之反出矣。蓋車輢板

〔註 14〕《揅經室一集》卷一，頁 19。
〔註 15〕《揅經室三集》卷二，頁 567。
〔註 16〕同上，頁 569。

> 通高五尺五寸，其下三尺三寸，直立軫上，軫上之輪崇三尺三寸，與直輢前式同高，若過此三尺三寸之上，則漸向外曲勢，反出乎輪之上，象耳之耴，故謂之輒。……秦公子名耴、衛公子名輒、晉公子名重耳、魯叔孫名輒，字子張、鄭公孫輒，字子耳，皆此義也。……輿人曰：棧車欲弇，飾車欲侈，侈即兩耳侈張，古制可尋若此，「輒」所以必反出者。應劭《漢書》注曰：「車耳反出，屏翳塵泥。」蓋輪在輢外，車驅疾則塵隨而上，有「輒」屏之，則塵不及人。〔註17〕

「輒」、「耴」互通，此因聲兼義之例，由聲母「耴」，推聲子「輒」之義，而興車耳反出之貌。以之爲名字，義相比附，則重耳者，即垂耴也，此舉古人之名相佐證，所述尤詳。

（五）《古戟圖攷》（附圖）

> 《說文》曰：「戈，平頭戟也。」然則戟爲不平頭之戈矣。《說文》解戟曰：「有枝兵也。」義亦相成也。《考工記》：「戈，廣二寸，內倍之，胡三之，援五之，倨句外博。戟，廣寸有半寸，內三之，胡四之，援五之，倨句中矩與刺。」是戟之異于戈者，以有刺，且倨句中矩與刺，是刺同援長，可省言刺五之，但曰「與刺」而已。今世所傳周銅戈甚多，而戟則甚鮮，鄭注又多晦誤，于是古戟制不可知。〔註18〕

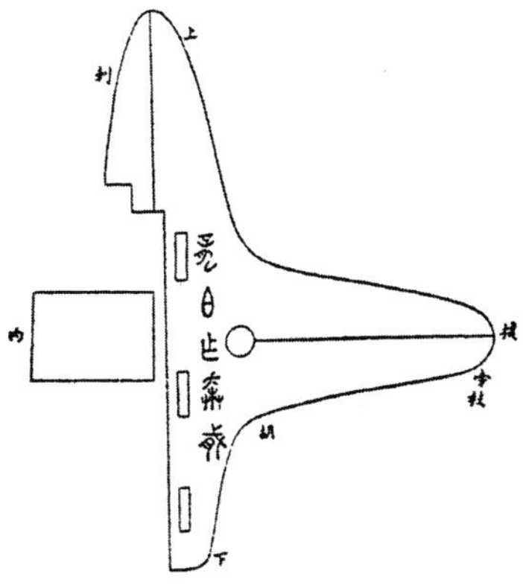

古器物如戈戟之類，知者無多，世所傳者，戈多戟鮮，即賢若鄭玄，亦不免晦誤，他之學者，又復何說！此故阮元覃研經籍，於其事類，必以實物爲證，非僅爲翫賞而已。

〔註17〕《揅經室一集》卷六，頁126。
〔註18〕《揅經室一集》卷五，頁93。

（六）《鐘枚說》

予所見古鐘甚多，大小不一，而皆有乳，乳即《考工記》之所謂「枚」也。其枚或長而銳，或短而鈍，或且甚平漫，鐘不一形，竊思古人製器，必有所因，此枚之設，將爲觀美耶，未足觀也。然則欲此纍纍何用乎！乙丑（嘉慶十年 1805）春餘在杭州，鑄學宮之樂鐘，與程氏（瑤田）、李氏（銳）共算其律，以定其範，將爲黃鐘者，及鑄成，則失之爲夾鐘矣。鑄工曰：「若不合者，當用銅錫傅其内，可改其音。」餘乃令其別擇一鐘，挫其乳之銳者，乳鈍而音改矣。夫乃知考工但著摩磬之法，而不著摩鐘之法者，爲其枚之易摩，人所共知，不必著于書也。〔註 19〕

此爲阮元以實物爲說之又一證，於鐘枚之探究，蓋依觀察及驗測而知古人製器，乃因器之形有所製作，使物由實而顯其用，非純爲觀美也。

（七）《與程易疇孝廉方正論磬直縣書》

《通藝錄》論《考工記》：「磬直縣，于鼓上及鼓右之際設孔。」已明白大著于儒林，無疑義矣。今又得汪君孝嬰（萊）推算所以中縣之數，以孔爲衡樞，而平其衡，直其繩，其理益明。元竊謂磬縣重法如等子法，以遠勝近也。蓋股之所積少，而鼓之所積多，以少稱多，而縣能直者，鼓下垂而近，股外揚而遠。……元又謂《考工記》磬氏經文，本明言直系，曷言經文本直縣也？磬氏曰：「已上則摩其旁，已下則摩其耑」所謂摩其耑者，股之上角向天，如圭之耑者之，圭有耑，故曰瑞，瑞者，上銳之形也；所謂摩其旁者，鼓之外邊，所以旁也，若非直縣，曷曰耑也，耑之一字，直縣之確認也……于是縣之而股或昂而上，是鼓少重也，乃摩其鼓之旁，抑股或墜而下，是股少重也，乃摩其股之，如此則輕重相稱，而縣直益。二鄭注，謂上下爲聲之清濁，似誤矣。〔註 20〕

此乃就今之物理學平衡定理用之于學者也。《考工記》、程瑤田《通藝錄》只言「磬」之直縣應如此，而何以如此，則未詳述。阮元則以科學之原理論述「鼓」、「股」之相異，而以爲鼓重股輕乃能下垂，其所謂「耑」者，即直縣之確認，此實物與理論相輔相成者，毋寧謂先生「實事求是」最佳之證。

〔註 19〕《揅經室一集》卷五，頁 101。
〔註 20〕同上，頁 103。

以上諸例，亦見阮元訓詁之學，所重乃在「音訓」與「實證」二者，以音訓言，則《揅經室集》釋詞之例，若〈釋矢〉諸例，攸關聲類之訓者爲多，歸陳董理，當能明曉阮氏詁訓之特質；又以實證言，若〈車制考〉諸例，于古器物沿革，與群經關係，皆可因物爲證；且經由此二者，亦曉然阮元之推明古訓，實事求是，乃就事上見理，無稽虛空之論，則未爲所取，蓋其學之所歸，乃在通經致用，終則見聖賢之大道，其〈焦里堂（循）群經宮室圖序〉所謂：「……于眾說分賾群言齟齬之際，尋繹經文而折衷之，圖所不能詳者，復因圖爲說，以附于後，其所見似刱，而適得夫經之意也；其所解似新，而適符乎古之制也。」〔註 21〕然則阮氏之訓詁，于音訓、實證者，亦在乎適得經意，且適符古制，當不致旁騖標新，有所立異。

第二節　釋證聲訓條例

阮元之訓詁，所重惟在推明古訓及實事求是，而欲古訓之明，需得由字而詞而義，進而浸入聖賢之道；至于實事求是者，所研探則在名物制度。今如論及古訓，則《揅經室集》釋詞之例，與聲訓條例「聲同義同」、「因聲知義」、「聲多兼義」之例，頗多吻合，故論述之間，仍舉「條例」爲綱，「釋詞」爲目，互爲說解，則綱之與目相輔相成，于阮氏所云「推明」之意，體現信必較深。

一、聲同義同

訓詁條例，雖分聲訓、義訓、形訓三者，所重乃在聲訓。此猶黃季剛先生引晁公武之言：「文字之學，凡有三：其一、體制；其二、訓詁；其三、音韻。」且案謂：「三者強分，其實同依一體：視而可察者，形也；聞而可知者，聲也；思而可得者，義也。……三者之中，又以聲爲最先，義次之，形爲最後。」〔註 22〕而所以如此，蓋即聲之起，非以表感情，即以寫物音，表情寫物，義乃生焉；聲義具則造形以表之，文字因之以萌生。故訓詁條例，聲訓爲先，循黃氏之說，當無疑義。

阮元「聲同義同」之例，源自戴、段。戴東原〈六書音均表序〉謂：「故訓音聲，相爲表裏。」〔註 23〕又謂：「字書主於故訓，韻書主於音聲，然二

〔註 21〕同上，卷十一，頁 226。
〔註 22〕黃侃《聲韻略說》，〈論斯學大意〉，頁 259。
〔註 23〕《戴震文集》，頁 153。

者恆相因。」〔註 24〕段玉裁亦以文字之始作，在「有義而後有音，有音而後有形，音必先乎形。」〔註 25〕且云：「且許之說形說聲，皆言外也。有義而後有聲，有聲而後有形，造字之本也。形在而聲在焉。形聲在而義在焉，六藝之學也。」〔註 26〕此「聲義同源」之說，二氏蓋阮元之先導。二氏之外，時人黃承吉（1771～1843）亦提相同之見，其〈字詁義府合按後序〉即云：「蓋聲起於義，義根於聲，……要之，非聲音不足以爲訓詁。」〔註 27〕則黃氏於聲義相同之意，詮釋亦同。然三氏之述，仍爲言理，例證之處，或尚闕如，至于阮元《揅經室集》〈釋矢〉、〈釋門〉之例，乃證驗「義生於音」、「此義即此音」之聲義同合之論。

（一）〈釋矢〉

義從音生也，字從音義造也，試開口直發其聲曰「施」（尸爲同音。夷、侇、匜、移爲音近字。孟子、孟施捨、趙歧注：「施，發聲」），重讀之曰「矢」（屎爲同意，「雉、豸、薙」爲音近字）。「施」、「矢」之音，皆有自此直施而去之彼之義，古人造從於從也。（「也」即同「匜」）之施字，即從音義而生者也。《說》：「施，旗皃。」（齊欒施、鄭豐施、魯巫馬馳，皆字子旗。其弦施，字子多，「多」音義如西，故移從多）。旗有自此斜平而去之貌（《史記・屈原賈生列傳》「庚子日施兮。」索隱：「施猶西斜也」）。故義爲拖捨（《易・乾卦》：「雲行雨施」，稱物平施。《左傳・昭公五年》劉炫注：「施者，舍也。」施爲舍之重音，施之訓展、訓陳、訓布、訓行、訓舒。訓設、訓弦、訓移，皆平直施去之義也。《詩・葛覃》：「施于中穀」；〈兔罝〉：「施于中林」；〈頍弁〉：「施于松柏」；〈旱麓〉「施于條枚」；《禮記・樂記》：「施于孫子」；〈孔子閑居〉：「施于四海」；《中庸》：「施于蠻貊」；皆重讀之，其實輕重皆同音義也）。尸與施同音，故《禮記》「在床曰尸，人死平陳也。」《左傳・宣十六年》「荆尸而舉」，尸，陳也。即俗陳字也。《爾雅》曰：「矢、雉、尸，陳也」；「平、夷、弟，易也」；矢，弛也；弛，易也，皆此音此義也。尸或爲夷，侇從夷與尸，音

〔註 24〕《戴震文集》，〈論韻書中字義答秦尚書蕙田〉，頁 48。
〔註 25〕《說文解字》，〈坤篆下〉。
〔註 26〕《說文解字》，〈詞篆下〉。
〔註 27〕《安徽叢書》第三期，〈字說〉。

義皆相近。(《周禮・凌人》「大喪供俦槃冰」注:「俦之言尸也。」《國語・晉語》「秦人殺冀芮而施之」注:「陳尸曰施。」《禮記・喪大記》「奉尸夷于堂」《詩・草蟲》「我心則夷」〈桑柔〉「亂生不夷」;《左氏・成公十六年傳》「塞井夷灶」;又十七年傳「一朝而尸三卿」;皆「平」義也。《詩・泂酌》「豈弟君子」豈弟,易直也;弟、易音義近也。爲注水器,《左傳・僖公廿三年傳》「懷嬴奉匜,既而揮之」,水從匜出,于揮而去,故名曰匜。池之從也,亦同此義)。矢爲弓弩之矢,象形字,而義生于音,凡人引弓發矢,未有不平引延陳而去止于彼者(《爾雅》「矢、雉、引、延,陳也」)。此義即此音也。《左傳・隱公五年》「公矢魚于棠。」《詩》「矢于牧野」、「無矢我淩」、「以矢其音」、「矢詩不多」,「矢」皆訓「陳」;又人之所遺曰「矢」,亦取施捨而去之義。故《史記・廉頗藺相如傳》曰:「三遺矢矣。」《莊子・知北遊》曰:「道在屎溺」(屎同矢),《左傳》〈定三年〉「閽曰:"夷姑旋焉"」「旋」當爲「施」,施者謂便溺也,便溺有施捨之義,「施」乃字形之訛也;「雉」,野雞也,其飛形平直而去,每如矢矣。故古人名鳥之音與矢相近,且造一從「矢」之字曰「雉也。」雉與豸、絼同音,每相假借,雉有度量之義,凡物自此止彼平引延陳而度之,約略同音,雉之去曰「雉」,以繩則則曰「絼」。《左傳》〈隱元年〉「都城過百雉。」杜預說:「雉長三丈。」許愼《五經異義》、《韓詩說》「雉長四丈。」何休《公羊》學「雉二百尺」,說雖不同,大約皆用長繩平引度物之名。《左傳》〈襄二十五年〉「度山林,鳩藪澤。」「鳩」乃「雉」也訛,雉即度也,度以繩尺爲度數也。《左傳》〈昭十七年〉「五雉,爲五工正,利器用,正度量,夷(平也)民者也。」工正命官,所以名雉者,雉有度義,亦有平義也。(《周禮・剃氏》書或作「夷」,鄭康成讀如「剃小兒頭之剃」書或作彝。《釋文》「薙或作雉」,然則「薙、剃、夷、雉」亦平而去之義)。《周禮・封人》「封其四疆,造都邑之封域者,亦如之。」凡祭祀,則供牛鼻之繩,五雉之爲工正也,義與此同。《國語》〈晉語二〉「申生雉經」,乃以繩絼自經,雉乃絼之假借字,而或以爲如雉鳥之經,自古未見有雉鳥自經于樹者,此不明古義之失也。絼,從豸得聲。《左傳》〈宣十七年〉「范武子引詩曰"君子如怒,亂庶遄沮。君子如祉,亂庶遄已。”餘將老，使郤子逞其志，庶有豸乎！」《釋文》〈襄十六年〉又云：「范宣子曰“丐”在此，敢使魯無鳩乎！」此鳩字亦是「雉」字之訛，與庶有豸乎詞氣正同。豸者止也（即組止之義平也），平也，解也（解、豸名獸，乃雙聲字）。此雉亦當訓止也，平也，正所以答圻父無所止居，鴻雁哀鳴劬勞之義。與范正子引《詩》「巧言亂庶，湍沮湍已」義同也。《管子》曰〈地員〉：「夫管仲之匡天下也，其施七尺。注：“施者大尺之名，其長七尺”」然其「施、雉」之音，皆有長引法度之義。水音近矢，《說文》：「水，準也。」水之流也，平引而去，義與「矢、雉」相同，「準」爲法則，「法」字古文從水從廌，凡言廌者，皆有直義，有平義，「法」從水者，水至平，從廌者，爲平爲直，皆指事，從「去」者，兩人相違之閒，以水廌平直之爲會意。「廌」，猶綌繩之直也。《說文》「廌」部法字，乃以神羊觸不直解，此由漢時沿楚制爲解豸冠，令觸不直，著之國典之故，許不能不據以爲解。其實商周以上制字，未必定主此義（《說文》「法」字似宜收「去」部，未可會意說「廌」爲解豸觸不直而去之也。蓋水廌皆平義，故今文「廌」字可省，若如神羊之說，今文省一廌字，則所餘「去」字會何意耶？）明乎此，可知古人造字，字出乎音義，而義皆本乎音也。〔註28〕

釋　證

本節之旨趣，乃在「音義相生」、「此音皆此義」、「音義皆相似」者也，亦所謂「義從音生，字從音義造」之例。阮元之〈釋矢〉爲驗證「義本乎音」之說，故所取「開口直發其聲」之音，皆寓「自此直施而去之彼」之意，因之，所列「施、矢、尸、雉、夷、俦、屎、豸、綌、水、準、廌」諸字，皆以聲象義，有其「聲義同源」之理。此若陳澧〈說文聲表自序〉所云：「上古之世，未有文字，人之言語，以聲達意；聲者，肖乎意而出者也。文字既作，義意與聲皆附麗焉。」〔註29〕又云：「音者象乎事物而構之者，聲者象乎意而宣之者也。」〔註30〕故古人開口直發其聲曰「施」、曰「矢」，皆在以聲達意，且「自此直施而去之彼」義，即由「施」、「矢」而衍生「平」、「直」、「陳」、「舍」、「度量」

〔註28〕《揅經室一集》卷一，頁18～21。
〔註29〕見《說文解字詁林補遺》。
〔註30〕陳澧《東塾讀書記》卷十一。

等義。

析論之，則「矢」本爲象形，所以讀如「施」。蓋以射弋時，有自此平飛止于彼之象，緣順此意，矢又爲「陳」也。〔註31〕而人之死也，曰「尸」，「尸」有「陳」義《說文》，云：「尸，陳也。」段玉裁注云：「陳，當作敶。……《小雅・祈父傳》曰“尸，陳也”」以是「尸」之音與「矢」同。而「雉」之以「矢」爲音，蓋以雉鳥之飛，平直而去，其狀如矢，故以聲象義，以「矢」爲音，所取乃在「平直」之義。次則「絼」自「豸」得聲，「絼」復與「雉」通，《周禮・地官・封人》：「凡祭祀，飾其牛牲，置其絼。」注引鄭司農云：「絼，著牛鼻繩，所以牽牛者。」是「絼」爲牽牛之繩；而《國語・晉語二》載：「太子申生雉經於新城之廟。」《漢書・馮奉世傳贊》謂：「申生雉經。」顏師古注云：「蓋爲挽頸閉企而死，若雉之爲。」師古注乃望文生義耳。實則「雉經」即「絼經」也，言申生以牛繩自縊者也，此亦義緣乎聲之例。

再以「雉」爲度量之說，阮元引《左傳・杜注》《說文》、《韓詩》及何休《公羊》之語，謂「雉」爲長繩平引度物之名。則「雉」爲平直之意，古籍已述，當無疑義。而「雉」也者，古亦通「剃」，《周禮・秋官序・官薙氏》注：「薙或作夷。」《釋文》云：「或作雉，《漢讀考》云：“經注薙皆作雉，淺人加草雉爲剃。」是「薙」原即爲「雉」，亦與「夷」通，「雉、夷」音近，「夷」爲平治之意，故「雉」乃爲夷爲平也，以此引申，則「弟、弛」與「雉」之意亦相干，乃「弟、弛」與「夷」韻皆相近，〔註32〕同理，「匜」與「池」亦爲水之平，乃水自匜出，與「平揮而去」意同，則「弛、匜、池」從「也」得聲，皆有平之意，乃至「施」者，音近于「雉」皆平也。

阮元之法，爲緣聲相推，所采例證，雖未必皆確當，然以此系聯，循相關之跡，覓一歸結，此于訓詁者，不失佳善途轍，而此「以聲象義」之說，又爲陳澧、劉師培《聲象詞》之權輿。以陳氏言，如前所述「聲者象乎意而宣之者」，即以「唇、舌、口、氣」象之也；〔註33〕劉師培則以陳說「新奇而

〔註31〕「矢」，式旨切，音屎，紙韻；又「陳」有二音，一爲池寅切，音塵，眞韻；一爲稚印切，音陣，聲韻，而「紙、眞、震」皆「脂」部可通。

〔註32〕按「弟、弛、夷」三者，「弟」，由禮切，薺韻；「弛」除知切，支韻；「夷」逸民切，支韻，「薺、支」韻通。

〔註33〕陳澧《東塾讀書記》卷十一引《釋名》云：「天，豫、司、兗、冀、以舌腹言之，天、顯也，在上高顯也，青徐以舌頭言之，天、坦也，坦然高而遠也。風、豫、司、兗、冀橫口合唇言之，風、氾也，其氣博氾而動物也。青、徐言風踧口開唇推企言之，風，放也，氣放散也。此以唇口氣象之之

義未盡」，作〈正名隅論〉以爲「意由物起，既有此物，即有此意；既有此意，即有此音。」云：「義本于聲，聲即是義，聲音訓詁，本出一源。」〔註34〕則二氏之說，是皆以阮元爲嚆矢。

以「音」、「義」相生相循，不徒字義如是，即經籍亦莫非如是；此阮元特舉《左傳》、《說文》之例，以爲印證。

1.《左傳》之例

（一）定公三年

> 春二月，辛卯。邾子在門臺，臨廷，閽以缾水沃廷。邾子望見之，怒。閽曰：「夷射姑旋焉。」命執之，弗得。杜預注：「旋，小便。」〔註35〕

解「旋」爲「小便」，如唐韓愈〈張中丞傳後敘〉「巡起旋。」、《宋史・姦臣傳・蔡榷》「飲食旋溷共爲一室。」皆承杜注，以「旋」爲「小便」，傳承久之，遂習以爲常。阮元則辨正謂：

> 「旋」當爲「施」。施者謂「便溺」也，便溺有施捨之義，「旋」乃字形之訛。

阮元所以謂「旋」即「施」之訛，乃主自此直施而去彼之義。即以義象言，人之便溺，皆由體至外，其義與「施」相合，乃施捨之義，亦施行而去之義，觀《文選・潘岳・閑居賦》「陰謝陽施。」注：「施，猶布也。」則施爲行布，人之便溺，亦由體而外之行布也。且便溺也者，亦有遺屎之義，「遺屎」者，「遺矢」也，《史記・廉頗藺相如傳》「三遺矢」即「三遺屎」之謂。「遺屎」與「施尿」同，「屎、尿」同類，「施、遺」音近義通，故「夷射姑旋」之旋，當爲「施」，「旋」與「施」，爲形近而訛，理乃得證。

（二）襄公二十五年

> 楚蔿掩爲司馬，子匠使庀賦，數甲兵。甲午，蔿掩書土田，度山林，鳩藪澤辨京陵，表淳鹵，數疆潦，……甲楯之數，既成，以授子木，禮也。杜預注：「鳩，聚也。聚成藪澤，使民不得焚潦，壞之，欲以備田獵之處。」〔註36〕

說也。」然則以此爲說，意雖新奇，義則末盡，此劉師培先生特予引申，殊爲有理。

〔註34〕劉師培《左盦外集》卷六。

〔註35〕《十三經注疏・左傳》，頁943。

〔註36〕同上，頁624。

「鳩藪澤」，杜注言「鳩」爲「聚」之意，阮元則以「鳩」或「雉」之訛，且謂「雉」即「度」之意。度者，度量也，故「雉」當爲「度量」，非爲「聚」也。阮元易「鳩」爲「雉」，只以度量書說，所據或闕；惟如以句式觀之，則《左傳》此作，所用字詞「書、度、鳩、辨、表、數……」等字皆動詞，其諸詞句，亦皆並列之句，若「書土田」、「度山林」、「辨京陵」、「表淳鹵」、「數疆潦」……也者，大抵爲「調查、量度、辨析、表列、丈測」等事，本無所謂聚集之謂，故言「鳩藪澤」爲聚成藪澤，依上下意，宜爲不合，此所以阮元謂「鳩」爲訛，而代之以「雉」，然則鳩、雉二者，彼此關係若何，阮元未細說。王引之《經義述聞》則以爲「鳩」或「究」之借字：

> ……藪澤乃天地自然之利，非人所聚而成之也，不得云聚成藪澤。「鳩」當讀爲「究」。《爾雅》「度、鳩、謀也。」《大雅・皇矣》篇曰：「爰究爰度」，究猶度也。度山林、究藪澤皆取相度之義，鳩、究二字皆以九爲聲，……故與鳩通，古字多假借，……「究藪澤」者，度其出賦之多寡，故下文遂云：「量入脩賦」，非以備田獵也。〔註37〕

以「鳩」爲「究」，鳩爲究之借字，音義較「鳩」爲「雉」爲妥，自句式、文義觀之，王氏之說較阮元妥貼。而此以「鳩」爲「雉」之例，《左傳・襄公十六年傳》：「范宣子曰"丐在此"，敢使魯無鳩乎！」阮元亦謂：「此鳩字亦是"雉"之訛。」蓋此「鳩」字，杜預注爲「集」；孔穎達《正義》引《爾雅・釋詁》謂鳩爲聚，然則爲集爲聚，皆聚集之意，阮元必以「鳩」爲「雉」之訛，無論字形字義，皆難順通，此或爲勉強之湊合。而「雉」字何解？阮元則以爲「雉」爲「豸」意較合宜。並引《左傳・宣公十七年傳》：

> 范武子將老，召文子曰：「燮乎！吾聞之，喜怒以類者鮮，易者實多。《詩》曰："君子如怒，亂庶遄沮。君子如祉，亂庶遄已。"君子之喜怒以已亂也，弗已者，必益之。郤子或者欲已亂于齊乎？不然，餘懼其益之也，餘將老，使郤子逞其志，庶有豸乎！爾從二三子，唯敬。乃請老，郤獻子爲政。」

杜注：豸，解也。欲使郤（克）子從政，快志以止亂。」又引《釋文》：「豸，本又作鳩，直是反。或音居牛反，非也。解音蟹，此訓見"方言"。」《疏》亦云：「豸」解也。正義曰：《方言》文。」〔註38〕杜注引《釋文》直謂：「豸即鳩」。

〔註37〕王引之《經義述聞》下冊，頁446。
〔註38〕《十三經注疏・左傳》，頁412。

而鳩乃「直是反」非「居牛反」，此阮元乃以爲「直是反」之鳩，爲「雉」之訛，然「雉」是否必爲「豸」？而「豸」又是否本作「鳩」？仍待釐清。

考「豸，解也。」之說，錢繹（1770～1855）《方言箋疏》以爲今本《方言》未見此語，豸之言「解」，當爲脫文。

> 宣公十七年《左氏傳》「庶有豸乎」，杜預注：「豸，解也。《正義》：「豸，解也。《方言》文。」《釋文》出「鳩乎」，是《釋文》本作「鳩」，云：「徐（邈）音豸，直是反，解；本又作"豸"。注同。或音居牛反，非也。」又出「鳩解」二字，云：「音蟹，此訓見《方言》。《唐石經》初刻作"鳩"磨改作"豸"。《群經音辨》引作"庶有乎"，云：今本作"豸"。」《集韻》四紙引同，云：「徐邈讀通作豸。」與《釋文》合。本作「豸」，從徐邈讀也。……「解也」內皆無「豸」字，脫文也，今據以補充。〔註39〕

錢氏以今本《方言》無「豸，解也。」之說，如此，則所謂「豸，本作鳩，直是反」之說，當未成立。惟「鳩」是否定如阮元所謂「雉」之訛？段玉裁以爲鳩或廌字之訛：

> 古多假「豸」爲解廌之「廌」以二字古同音也。廌與解古音同部，是以「廌」訓解。《方言》曰：「廌，解也。」，……今《釋文》「廌」訛爲鳩。〔註40〕

自音訓言「豸」、「廌」古同音。而「解廌」《史記》作「解豸」，《文選》作「獬豸」，則「廌」、「豸」古通，至「廌」之與「鳩」其下字形近，書寫易訛，段說較引人信服，若阮說雖亦見「鳩」之訛，然以「雉」易「鳩」，自形音言，理尚牽強。

至於〈襄公十六年〉「范宣子曰：……敢使無鳩乎！」阮元亦云「鳩」爲「雉」之訛，所論與〈襄公二十五年〉之例差異甚鮮，理亦未足自圓，不再贅言。惟無論如何，阮元之易「旋」爲「施」，由「鳩」之言聚，而判「旋、鳩」爲形訛，且由音義知「雉、豸、緆」爲互通，其于「義隨聲轉」之理，蓋運用裕如矣。

2.《說文》之例

阮元於〈釋矢〉釋證，言例也者，一舉《左傳》，一則舉《說文》；《左傳》

〔註39〕錢繹《方言箋疏》，頁421。

〔註40〕段玉裁《說文解字注》，頁457。

之例，已如上述，《說文》之例，則舉「法」言述。「法」字，依《說文》之例，於小篆字作「灋」，許慎云：

法，刑也。平之如水，從水。廌所以觸不直者去之。從廌去〔註41〕

「灋」，雖從水，從廌，從去。然許慎云：「廌所以觸不直者去之。」，又云：「廌，解廌獸也，似牛，一角。古者決訟，令觸不直者。」段玉裁則引《神異經》謂：「東北荒中有獸，見人鬥則觸不直；聞人論則咋不正。名曰"獬豸"」復引《論衡》謂：「獬豸者，一角之羊，羊性識有罪。皋陶治獄，有罪者令羊觸之。」〔註 42〕則所謂「獬豸」之獸乃能決訟獄，觸不足者。此說許慎《說文》以爲是，乃至段玉裁引王充《論衡》之說，皆東漢流行之語，時儒則以神獸助獄判案，爲頗值特書之事。惟王充則以爲「廌之觸不直者」，恐乃非實，故《論衡・是應》篇，即依理性之觀，批駁神異之論：

儒者又言：「太平之時，屈軼生放庭之末，若草之狀，主指佞人。佞人入朝，屈軼庭末以指之；聖王則知佞人所在。」夫天能故生此物以指佞人，不使聖王性自知之；……必復更生一物以指明之，何天之不憚煩也？……或時觟䚦之觸罪人，……蓋有虛名，無其實效也；人畏怪奇，故空褒增。〔註43〕

徐鍇《說文繫辭傳》「䚦」下引《太玄》曰：「角觟䚦終」，徐灝《說文注箋》謂今《太玄》云：「角解豸」，則「觟䚦」即「解豸」之聲轉。是「屈軼」、「觟䚦」、「獬豸」、「解豸」意皆同。而《論衡》以「觟䚦」之觸不直爲非者，乃自懷疑之思慮著眼，意在析理明確，使「解豸之觸不直者」之說，不因之妄傳。惜後儒未嘗正視王充之見，仍以許慎「廌所以觸不者去之」爲是，至王氏之見反闇而未彰。即段玉裁《說文解字注》、王念孫《廣雅疏證》皆承許氏「廌能止不直」，未有非是之論。至阮元則以「……此由漢時沿楚制解豸冠，令觸不直，著之國典之故，許不能不據以爲解。其實商周以上制字，未必定主此義。」所謂楚制「解豸冠」者，乃見之《淮南鴻烈・主術》「楚文王好服獬冠，楚國效之。」高誘注：「解豸之冠，如今禦史冠。」則此服非中原之制，義亦未見先秦典籍，由阮元之述，見許說之未妥，此可見阮氏非必全然以古爲是，其破許氏之說，即爲非泥古之證。

〔註41〕《說文解字注》，頁 470。

〔註42〕同上，頁 469。

〔註43〕《論衡校釋》，頁 758～763。

（二）〈釋門〉

「聲同義同」之聲義同源，於聲訓條例，亦今語言學所謂語根之說；即於字之本義外，復探得聲之本義，如「才、材、裁、栽、載」諸字，以「才」爲初文，以「材、裁、栽、載」爲孳乳之字；此由本字，推而爲孳乳之字，易言之，即某聲皆有某義，亦即形聲字聲符偏旁，自兼有該形聲字之字義。故「才」也者，《說文》即謂：「艸木之初也。」段玉裁云：「引伸爲凡始之稱。《釋詁》曰：“初、哉，始也”哉即才。」〔註44〕若此類之字，依章太炎《文始・敘錄》所述，約五、六、千字之多，〔註45〕而此語根之字，實則即所謂「同源詞」，考其字詞由來，亦在字與字之聲同義近，雖形體未同，然彼此相互關聯，有所印證。王聖美《字解》一書，于宋時即提聲兼義之說，惟書未傳，沈括《夢溪筆談》則尚存王說：

> 王聖美治字學，演其義以爲「右文」。古文字書，皆從左文，凡字，其類在左，其義在右，如木類，其左皆從木，所謂右文者，如「戔、小也」。水之小者曰「淺」，金之小者曰「錢」，歹而小者曰「殘」，貝之小者曰「賤」，如此之類，皆以「戔」爲義也。〔註46〕

而黃承吉（1771～1842）〈字義起于右旁之聲說〉即云：

> 凡同一韻之字，其義皆不甚相遠，不必一讀而後爲同聲，是故古人聞聲即知義，所以然者，人之生也，凡一聲皆一轉，則即是一義，是以凡同聲之字，皆爲一義，試每韻之字精繹之，無不然者。〔註47〕

黃氏之說，可補王說之未足。其以爲凡屬同一韻之字，義皆不相遠，於字根、語根之尋求，亦能沿波而得其源；其說與阮元〈釋門〉之論，可得同工之趣。〈釋門〉云：

> 凡事物有間可進，進而靡已者，其音皆讀若「門」，若讀若「免」、若「每」、若「敏」、若「孟」而其義皆同，其字則展轉相假，或假之於同部之疊韻，或假之於同紐之雙聲。試論之；凡物中有間隙可進者，

〔註44〕段玉裁《說文解字注》，頁272。

〔註45〕章太炎《文始・敘例》謂同源詞「獨玉浚抒流別」，相其陰陽，于是剌取《說文》，獨體，命以初文，其諸省變，及合象形指導，與聲具而形殘，若同體複重者，謂之準初文，都五百十字，集爲五百四十七條，討其類物，比其聲類，音義相讎，謂之變易；義自易衍；謂之孳乳；比而次之，得五六千名。」

〔註46〕沈括《夢溪筆談》卷十四。

〔註47〕黃承吉《夢陔堂文集》卷二。

莫首於門矣。古人持二户象形之字，而顯其聲音，其聲音爲何？則與虋同也。虋從釁得音，「釁、門」同部也，因而「釁」又變爲亹、爲斖、爲璺皆非《説文》所有之字，而實皆漢以前隸古字（唐貞觀〈等慈寺塔記銘〉，既有 “亹社”字，又有“亹隗”字，皆「亹」古體之遺也）。《周禮．太卜注》亦云：「璺，玉之坼也。」《方言》「器破而未離，謂之璺。」《釋文注》：「亹本作璺」是璺與亹同音義也。玉中破未有不赤者，故釁爲以血塗物之間隙．音轉爲盟，盟哲者亦塗血也。（經注）“孟津”即“盟津”，《穀梁傳》，“盟津”即，孟津“。）其音亦同也。由是推之，《爾雅》：「虋爲赤苗」；(《詩》作「穈」，更可證「每、門」音轉之跡)《説文》：「璊爲赤玉，㒎爲赤毳。」；《莊子》:「樠爲門液，」(〈人間世〉以爲門户則液樠)；皆此音此義也。(「釁」又讀爲興，去聲，轉爲隙，轉瑕，皆物破有間隙色赤之幾。《説文》：「瑕字次於璊字者，連類而及之也。」又《爾雅》：「亹冬注“門冬一名滿冬”」若夫進而靡已之義之音，則爲「勉」，(《説文》“勉從免聲”經籍亦或以免爲勉。)「勉」轉音爲「每」，「亹亹文王」當讀若「每每文王」；「亹」字或作「斖」（文亦聲），再轉爲敏（《漢書》以“閔勉”爲，“敏勉”）。爲「黽」，雙其聲則爲「黽勉」，收其聲則爲「蠠沒」，《爾雅》：「蠠沒，勉也」，又爲「密勿」，毛詩：「黽勉同心」，《文選》注引韓詩作「密勿同心」。揚雄〈劇秦美新〉云：「亹聞汗漫」，亹亦聲之轉。）「沒」乃「門」之入聲，「密」乃「敏」之入聲，又《爾雅》：「孟，勉也。」（猛字從孟者以此，《爾雅》「獸曰釁」，亦猛進之氣也。）……又《方言》：「侔，莫強也。」「侔莫」即「黽勉」之轉音，《方言》，之「侔莫」，即《論語》之「文莫」（「文莫」二字爲句，與聽訟吾猶人也，「聽訟」二字爲句同。）劉端臨曰：「文莫吾猶人也，猶曰“黽勉吾猶人也”。」後人不解孔子之語，讀文爲句，誤矣……又案：「卯」字乃「門」字開兩户，故篆爲「茆」也，「茆、門」一聲之轉，觀于比，更見古人聲音文字之精義矣。〔註48〕

《說文》：「門，聞也。」〔註49〕又「聞，知聲也，從耳門聲。」〔註50〕則「門、

〔註48〕《揅經室一集》卷一，頁25～27。

〔註49〕《說文解子注》，頁587。

〔註50〕同上，頁592。

聞」二者，概以聲音爲訓，以此推之，「凡事物有間可進，進而靡已者，其音皆讀若門，或轉若免、若每、若敏、若孟、而其義皆同，其字則展轉相假，或假之於同部之疊韻，或假之於同紐之雙聲。」則此音同「門」之字，義皆相同，皆有間可進，進而靡已。阮元復就間之可進，與進之靡已，以門爲初文，依音之雙聲、疊韻，推衍系聯，而綿衍諸多義近之字，此即以語根所推之同源詞也。進一層分析：

〔門〕

（1）物中間有隙可進者：

若：虋（同音）、璺（亹、亹、亹）（疊韻）

（音轉爲）盟：虋、樠、璊、懣（雙聲）

（2）進而靡已義：

（音轉爲）勉（雙聲）

（轉音爲）：每、亹、亹（雙聲）

（再轉爲）：敏：閔（同音）

（又轉爲）黽→雙聲則爲「黽勉」

→收聲則爲「蠠沒」

（沒爲門之入）「密勿」（密爲敏之入）

依表列述，知阮元所謂之「相轉」，實即衍生、派生之詞。且而詞之衍爲「近義詞」，其法即爲雙聲、疊韻交互之運用，因之，逆勢而上，循雙聲、疊韻關係，沿波討源，字之語根，皆可探得。〔註 51〕至研探之法，厥爲：

【門】：上古音爲曉紐文部。

「璺」：上古音爲明紐文部。

「亹」：上古音爲明紐文部。

「亹」：上古音爲明紐文部。

「亹」：上古音爲明紐文部。

「盟」：上古音爲明紐陽部。

「虋」：上古音爲明紐文部。

「璊」：上古音爲明紐文部。

「樠」：上古音爲明紐文部。

〔註 51〕楊瑞志《訓詁學》，頁 234、235，臺北：五南出版社，1997。

「㒼」：上古音爲明紐文部。

上之所述，乃就上古音之聲紐及韻部，依次系聯，得知「釁」等諸字，與「門」關係皆密，亦皆爲「有隙可進」者，再細分之，則：

【門】《說文》：「門，聞也。從二戶，象形。」高鴻縉以爲：「字只象二扉之形，不必從二戶。"聞也"爲音訓。」〔註 52〕「象二扉之形」，即若《管子．心術》云：「開其門。注："物之孔竅曰門"。」則孔竅間，物有所進出也。此「門」基本之意涵。

【釁】段注《說文》云：「凡坼罅謂之釁」。《方言》作璺，音問。」〔註 53〕則「釁」之異體作「璺」；「釁」或作「亹」，「亹」音尾，又音門。故「釁」同「璺」，亦同「亹」。

「璺」音問。《廣雅．釋詁》：「璺，裂也。」王念孫《疏證》：「璺之言亹也。」《方言》：「秦、晉器破而未離謂之璺。」《周官．太卜》沈重注：「"璺，玉之坼也。"」案：今人猶呼哭破而未離謂之璺。」是「璺」者，亦云坼裂之意。〔註 54〕

【舋】《說文》未見。《經籍纂詁》云：「釁，亦作舋。」又引《文選．東京賦》「巨猾閑舋，竊弄神器。」薛綜注：「舋，隙也。」〔註 55〕則「舋」爲「釁」之俗體，皆有「間隙」之意。

【亹】《詩．大雅．鳧鷖》：「鳧鷖在亹。」鄭箋云：「亹，之言門也。」孔疏云：「亹，音門也。」〔註 56〕他若《晉書．音義上》：「亹者，水流夾山岸若門。」《後漢書．馬援傳注》：「亹者，水流夾山間兩坼，深若門也。」〔註 57〕則「亹」音「門」，當無疑議。

【亹】《說文》無此字，《經籍纂詁》，亦未載，其上古音爲明紐文部。或即「亹」之變體，胡承拱則綜合此諸字謂：「此亹字亦釁之俗字，釁本有罅隙」義，故山絕水中，水流其隙曰亹。」〔註 58〕

證諸胡氏之言，謂之「釁」者、「舋」者、「亹」者，乃至「璺」者、「亹」

〔註 52〕高鴻縉《中國字例》，頁 146。
〔註 53〕段注《說文解字》，頁 101。
〔註 54〕王念孫《廣雅疏證》「璺」條。
〔註 55〕《經籍纂詁》，頁 752。
〔註 56〕《十三經注疏．詩經》，頁 609。
〔註 57〕《經籍纂詁》，頁 201。
〔註 58〕《皇清經解》八冊，胡承拱《毛詩後箋》，頁 5633。

者，音韻皆同「門」，皆有隙可進之謂。

【虋】《說文》云：「虋，赤苗，嘉穀也。」〔註 59〕《詩・大雅・生民》：維穈維芑」，「穈」音門，即「虋」也。「虋」者，模魂切，元韻，音門。是「虋」與門同音，亦轉與「盟、璊、樠、㒼」雙聲。

【盟】音萌、模棚切，上古音爲明紐陽部。《禮記・曲禮》：「涖牲曰盟」。孔疏：「盟者，殺生歃血，誓於掏神者也，盟之爲法，先鑿地爲方坎，殺牲于坎上，割牲左耳，盛以珠盤，又取血盛以玉敦，用血爲盟書，成乃歃血而讀書。」盟意如此，聲紐與「虋」同。

【璊】音門，模魂切，玉赭色也。《詩・王風・大車》云：「毳衣如璊」，傳：「赭也。」（按：赭，淺赤也。）《釋文》：「玉赭色也」。疏：「玉赤色也」〔註 60〕

【樠】音門，模魂切、又音瞞，模完切。《說文》：「樠，松心木。」段注：「松心爲赤，故與㒼、璊同音。又松心有脂，《莊子》所謂液樠。」〔註 61〕

【㒼】音門，莫奔切。段注亦引《詩・王風・大車》「毳衣如㒼」句，且云：「今詩“㒼”作“璊”。……玉部曰：璊，玉赭色也；禾之赤苗謂之虋，璊玉色如之，是則㒼與璊皆於虋得音義。」段玉裁以爲「㒼」、「璊」、音義相通，則此諸字，先後之間，彼此系聯，皆得之「門」，是「因音得義」，乃確然有據。

上之敘述，就「門」之「有隙可進」義說，下文再就「進而靡已」抒論。

【勉】音免，米演切。《詩・大雅・棫樸》：「勉勉我王」疏；「勉勉然勤行善道不倦也。」〔註 62〕《韓詩外傳》以「勉勉」作「亹亹」，是「勉勉」者，在勤行奮進也。

【每】音浼，姥餒切。又音妹，幕佩切。又音枚，模回切。「姥、幕、模」，上古音皆爲明紐。「每每」有肥美之意。《左傳・僖公二十八年》：「原田每鋂」。洪亮吉（1746～1809）《左傳詁》：「謂田之肥美」，〔註 63〕由是知「勉、每」聲紐相同。

【敏】音閔，米引切。《中庸》：「人道敏政」，朱熹曰：「敏，猶勉也。」

〔註 59〕段注《說文解字》，頁 22。
〔註 60〕《十三經注疏・詩經》，頁 154。
〔註 61〕段注《說文解字》，頁 247、頁 389。
〔註 62〕《十三經注疏・詩經》，頁 558。
〔註 63〕洪亮吉《春秋左傳詁》卷八。

〔註 64〕此「敏」與「勉」意通。劉寶楠《論語正義・述而》「好古敏以求之」條亦云：「敏，勉也。言黽勉以求之。」〔註65〕可證。

【閔】音敏，米引切。《書・君奭》：「予惟用閔于天越民。」疏訓「閔」爲勉，云：「我惟用勉力自強於民。」〔註66〕屈萬里先生則訓「閔」爲憂，且云：「我只是因爲憂慮老天（降罰）以及百姓們（受難）而已。」〔註 67〕解亦殊異。又《漢書・谷永傳》：「閔免循樂」注：「閔免，猶黽勉也。」則「閔、敏、勉」訓爲黽勉意甚明。

【黽】音泯，密引切。《詩・邶・谷風》：「黽勉同心，不宜有怒。」《釋文》：「黽，本作僶，黽勉猶勉勉也。」〔註 68〕而陳奐（1786～1863）《詩毛氏傳疏》：「“黽勉”雙聲聯綿字，《文選・傅亮・劉將軍表注》引韓詩作密勿。」〔註69〕今《爾雅・釋詁》云：「蠠（音密）沒，勉也。」注：「蠠沒，猶黽勉也。」郝懿行（1757～1825）《義疏》：「蠠，古密字。是蠠無正文，假聲爲之；蠠沒聲轉爲黽勉。故郭璞云：“蠠沒，猶黽勉也，又轉爲密勿”。」又云：「亹者，《說文》無之，徐鉉謂當作娓。《釋文》亹或作亹，並非也。阮雲臺師曰：“亹讀若凫鷖在亹，音問。按亹與蠠沒、孟勉一聲之轉”。」〔註 70〕

郝氏由「黽、蠠」之字，引阮元之言，證「勉、亹、蠠」之解爲「黽勉」者，蓋皆「一聲之轉」。同理，「每、敏、閔」之爲勉者，亦聲轉之功。阮元「義由音生」之說，已如上述，其于語詞較得力處，復在循轉音之效，而系聯出「黽勉」即「侔莫」；「侔莫」即「文莫」也。

【侔莫】即勉強之意。《方言》第七：「叫北燕之外郊，凡勞而相勉，若言努力者謂之侔莫。」侔，音謀，模侯切，尤韻，上古音爲明紐幽部；莫，模萼切，音寞，藥韻，上古音爲明紐鐸部。

【文莫】劉寶楠《論語正義》謂：先從叔丹徒君（劉臺拱）《駢枝》曰：「楊愼《丹鉛錄》引晉樂肇《論語駁》曰：「“燕、齊謂勉爲文莫。……

〔註 64〕朱熹《四書集注・中庸》「人道敏樹」條。
〔註 65〕劉寶楠《論語正義》，頁 271。
〔註 66〕《十三經注疏・尚書》，頁 249。
〔註 67〕屈萬里《尚書今注今釋》，頁 148。
〔註 68〕《十三經注疏・詩經》，頁 89。
〔註 69〕陳奐《詩毛氏傳疏》卷三。
〔註 70〕郝懿行《爾雅義疏》，頁 102、101。

案：《廣雅》亦云：“文，強也。”黽勉、密勿、蠠沒、文莫，皆一聲之轉。」謹案：《淮南子・謬稱訓》：「猶未之莫與。」高誘注：「莫，勉之也。」亦是借「莫」爲「模」〔註71〕

由以上諸說，知前賢已顧及「一義多形」、「音近義通」之狀，惟所見者，皆爲一方，其相互銜接關係，仍未見清晰，至阮元出，以音爲綱，前後系聯，爬梳董理，而歸結于「門」之音義，此銜接之況，纔明朗合宜，則由聲轉之運作，益見阮元之精于詁訓，其于達詁，績乃卓著。

二、形聲兼會意

凡字從某聲既多有某義，則形聲字聲符偏旁，自兼有該形聲字之字義。林尹先生即以「句」爲例，言「凡字從句聲多有曲義」，印證形聲字中，以「句」爲聲符者，皆兼「曲」之義，而于「曲」旁，加木、加金、加刀等等，皆給與「曲」義類別專屬而已，因之，形聲之字義，宜重其聲符偏旁，此聲符偏旁，自兼會意〔註72〕

形聲兼會意，其實亦包涵「聲義同源」、「凡字之義必得諸字之聲」、「凡從某聲多有某義」之說，故上文所舉，「釋矢」、「釋門」之例，雖義由音生，仍未脫聲兼意之況，惟阮元釋詞所舉，仍就此形聲之兼會意有所推拓，故宜再細說。

「形聲兼會意」之說，段玉裁注《說文解字》已創之于前，黃永武先生謂段氏「發凡起例者八十餘端」，且于形聲字下注謂「此形聲兼會意者，更逾百數。」〔註73〕阮元發凡之例，雖未若段氏之數，然逐次推衍，於聲之兼義，仍見條理而縝密，而其釋詞之例，〈釋且〉所述最爲切當，可爲引證：

〈釋且〉

《說文》訓且爲薦，字屬象形。（段若膺大令曰：《儀禮・鄭注》、《公羊・何休》皆示，“且字如伯某仲某”某是且字，某以薦伯仲也。《古文尚書》“黎民俎飢”，鄭易俎爲「阻」，蓋《尚書》本作「且」，故今文家作「祖」，古文家作「阻」，此皆訓「薦」之義。）元按諸古誼，「且」古「祖」字也，古文「祖」皆「且」字，商文戊祖丁尊

〔註71〕劉寶楠《論語正義》，頁287。
〔註72〕林尹《訓詁學概要》，頁185。
〔註73〕黃永武《形聲兼會意考》，頁21。

作「白」，……祖丁觚作，瞿祖丁酉作，(比文與今且字近矣。)……皆祖之古文。小篆始左示作祖，故《説文》示部：「祖，始廟也。」今音祖，則古切；且，千也切，不知古音古誼正相同也。《禮記·檀弓》「曾子曰：“夫祖者，且也，且胡爲其不可以反宿也。”」(鄭注：「且，未定之辭」)可以證矣，又按：「且·始也。」且既與「祖」同字同音，則其誼亦同。《爾雅·釋詁》：「祖，始也。」凡言「祖」皆有始誼。(如祖，訓始廟；祖祭，爲柩始行。《史記·食貨志》引《書》曰：「黎民祖飢。」又《詩》：「四月維夏，六月徂暑。」鄭箋云：「徂，猶始也。」)言「且」亦即有始誼。經傳中言既某且某者，皆言終如此、始又如此。(既訓終，且訓始。)王懷祖給事謂元曰：詩言「終風且暴」、「終和且平」、「終溫且惠」，「終」皆當訓「既」，言「既風且暴也。」(鄭箋訓「終風」爲終日風，此望文生誼。《爾雅》遍釋《詩》中風名，獨無終風，且終漢終溫，又將何說。)元爲之加證曰：「終即既；既，終也；且，始也。」《詩·鄭風·溱洧》：「女曰“觀乎”，士曰《“既且，且往觀乎”。「既且」即終始之誼。「且」讀爲平聲，與「乎乎」字爲韻，且往觀乎之且，即蒙上「既且爲言」，愈見修辭之善。漢〈張遷碑〉：「爰既且于君」，文例可與此相證也。(顧寧人以既且爲「暨」之分，疑是碑爲重刻摹勒之誤，非也。)又按：「且，粗也、姑也。」且訓爲始，始有艸創之誼，即爲略之誼。《説文》：「粗，疏也。」粗從且得聲得誼。且又與「盬」通借，皆不攻緻之誼。《詩·唐風》：「王事靡盬」，毛傳：「盬，不攻緻也。」(孔疏引蠱字爲證，誼乖遠不相涉。)《漢書·息夫躬傳》曰：「“器用鹽惡”，鄧展注：“鹽，不堅牢也。”」(即不攻緻)《呂覽·誣徒篇》：「從師苦」高誘注：「“苦”讀如盬會之“盬”，苦不精致也。」《方言》曰：「盬，且也。」郭璞未詳，合經史子數誼，《方言》之訓可識矣。又沽音同盬。《儀禮·喪服傳》云：「冠者·沽功也。」鄭注：「沽，猶麤也。」又「既夕」注：「沽，今文作古。」又《周禮·司兵》注曰：「功沽上下。」沽即麤惡，與盬同，可見漢末猶爲恆語。「麤略」即爲「聊且」之誼，故「且」爲姑且之且。(《廣雅》：婥，且也。)其實「姑」即且同音假借字。《詩·周南》：「我姑酌彼金罍。」毛傳：「姑，且也。」(《説文》：「夃，秦以市買多得爲𠭖。」《詩》:「我𠭖酌彼金罍。」段若膺大令曰:「《說文》引《詩》"我𠭖酌彼金罍",𠭖本應作姑,此許引詩說,假借古文以𠭖爲姑也。」)此亦且之假借字。(《論語》:「沽之哉。」)沽即𠭖字假借。《禮記‧檀弓》:「杜橋之器,宮中無相,以爲沽也。」鄭注:「沽,猶略也。」是沽即粗略之誼,與鹽、姑同誼,皆「且」之假借也,(《莊子》:「與物且者」此謂茍且。亦其誼也。又案,且字加口爲咀,《春秋左傳二十八年》:「晉侯夢楚子伏己而鹽其腦。」鹽與咀同,謂咀嚏其腦,故《方言》曰:「鹽,且也。」此益明矣。(服虔注:「鹽,嚏也。」杜注沿之。正義云:「未見正訓」此未明古誼也。《左傳》:「吾且柔之矣。」)且與姑同音,故姑亦有咀誼。《孟子‧滕文公》:「蠅蚋姑嘬之。」「姑」,與《方言》「鹽」同,即咀也。(趙岐)「姑」寧無解。朱子訓「語助」固非,至以爲「螻蛄」,則古無分螻蛄二字,單名爲「蛄」者,此未明古誼之失也。)謂蠅與蚋同咀嘬之也。又案:「且」有包含大多之意。故《說文》「咀」訓爲「含」,苴麻子包多子者。(《禮記‧器服‧小記》「苴,杖竹也。」此言以苴麻纏杖如殳然,鄭說非。《詩‧鴟鴞》:「予所蓄祖」,「祖」讀爲「苴」毛詩作「祖」,韓詩作「租」,《釋文》不誤。今本毛誤爲祖,「祖、租」無定,其爲「苴」之假借益明。苴即陸璣所謂紩巢之麻,與下捋、荼荼二字相配,非虛字。)《禮記》「苞苴」,此誼亦近也。物粗惡未有不大者,故《史記》注「鹽」爲大鹽。《說文》訓「駔」爲壯馬。(《爾雅》「奘,駔也」《釋文》引孫樊本,作「將且」也。)又案:《小雅》:「夜如何其?夜未央。」毛傳「央,且也。」《釋文》:「七反也。」(今訛作「旦」也。又《夏小正》傅崧卿本:「十二月隕麋角」。傳曰:「蓋陽氣日睹也。」……)由「且」誼推之,經傳中誼有可識矣。(《說文》咀、祖、租、珇、殂、組、苴、阻、炟、詛、鉏、沮、疽、蛆、狙、趄、罝、菹、葅、蒩、沮、齟、跙、粗、睢、駔、助……皆從「且」得聲,皆有誼可尋。)又案:且,爲發聲,與「將」同。《詩》:「將翱將翔,將安將樂」是也。「將恐將懼」,鄭箋:「將,且也。」又案:「且,爲語餘聲。」《詩》:「乃見狂且」。毛傳:「且,辭也。椒聊且。」(《爾雅:「朻者聊」,即釋「椒聊」。陸璣以聊爲語助辭,豈不與且字相複。》之類,誼同此。又案:「且」聲轉「此」。

《詩・載芟》:「匪且有且」，毛傳:「且，此也。」是也。〔註74〕

釋　證

阮元釋「且」，重本義與引申義。以爲詞義推衍，在以初文爲伊始，次則繁衍孳乳。故就文字本義言、「且」乃初文，「祖」則爲孳乳之字，并舉甲、金文爲例，〔註75〕言許愼訓且爲薦之未當；再者，阮元探究「且」字，于初誼、流衍之外，亦重同源之詞，且依聲兼義之則，以之繫聯，而舉傳注舊說，以爲引證，用詞援文，堪稱縝密有致。

今再就詞義意涵探究，「祖」之字既爲人之始，當即包涵子子孫孫之繁衍，以是初文之「且」字，亦有始意，亦涵蘊「包含太多」之義。此始與多二誼，逐次衍申，遂孳乳成許多相關之新語詞。譬若「始」有艸創義，然艸創也者，物多粗略，故云:「粗從且得聲得誼」。而「粗略」者，緣于草率、不精細；進之衍爲「姑且」、「聊且」，乃至「苟且」。再由「物租惡未有不大者」，復孳衍爲「駔，壯馬」之說；再由「包含大多」，衍生「咀，含味也」之說；復此「多」之義，若「苴者，麻實也」，麻實包多子于內，亦雲多也。故此諸字，若「駔」、「咀」、「苴」其源皆自「且」，皆從且得聲，皆兼多之義，其聲之義兼頗爲明確。以是推之，凡從「且」之字，若「組、祖、阻、俎、詛、珇、鉏、沮、疽、蛆、狙、趄、罝、菹、睢、葅、怚、齟、袓、跙、粗、姐」諸字，皆從「且」得聲，「皆有誼可尋」，雖此諸字未必皆得其誼，然其以形推，依同源字互爲系聯，蓋亦「右文」說之推闡。沈兼士先生以爲若「且」之初文，以之推求文字之原，于字義理解，當益清晰，因之:

> 近世學者推尋中國字之原，約得三說:一于說文中取若干獨體之文，定爲初文，由是孳乳而成諸合體字，此章氏《文始》之說也。一于古文字中（包含卜辭金文）分析若干簡單之形，……紬繹其各個體所表示之意象，而含有此等象形體之字，其義往往相近，是此等象形體即可目之爲原始文字。〔註76〕

沈氏以爲文字之原，一在獨體之文，一在卜辭、金文之古文字；推尋二者，

〔註74〕《揅經室一集》卷一，頁9～12。

〔註75〕陳省初《常用金文字典》卷十四。言「且」字甲古文作「且」、「A」、「㑒」「㑒」，象主牌位之形，即金文若已且乙尊「且」，且癸父丁簋「且」……亦同，邾公孫「班鎛」字從几，師虎簋等從又，均其繁構。郭沫若以爲古有生殖崇拜「且」爲男性生殖器之象形，以繁衍義視之，理亦合誼。

〔註76〕沈兼士:《右文說》第八節〈應用右文以探尋語根〉之說。

由簡及繁，由初文而孳乳，其說即就阮氏之意有所抒論，亦見語源、字根之緊要。〔註77〕

阮元於「且」字，固重聲旁之孳乳，亦重形異義通之實例。《釋且》所舉，如《詩・唐風・鴇羽》「王事靡盬」、《漢書・息夫躬傳》「器用盬惡」之「盬」；《呂覽・誣徒篇》「從師苦」之「苦」；《儀禮・喪服篇》「冠著沽功也」、《禮記・檀弓上》「杜橋之母之喪，宮中無相，以爲沽也」之「沽」；《儀禮・即夕禮》：「弓矢之新沽功」鄭玄注：「今文沽作古」之「古」；《詩・周南・卷耳》：「我姑酌彼金罍」之「姑」。而「盬」、「苦」、「沽」、「古」於諸句中，皆訓「粗略」、「不攻緻」之義，與「且，粗也」相通，與其本義「粗惡」反不相涉；即訓「姑」爲「且」亦如是。然阮元以此諸字與「且」通，所據則在「音同相假」之理，以其音同相假，故借音以表義，且未拘其形之是否。

再者，「且」亦兼虛詞，可之爲發聲詞，亦可爲語尾助辭。此二者，阮元均未忽略，譬若《詩・周頌・載芟》：「匪且有且，匪今斯今，振古如茲。」毛傳曰：「且，此也」。《廣雅》云：「且，子魚切，語辭。」又《詩・國風》：「匪我思且」，《邶風》：「其虛其邪，即亟只且。」皆語辭之謂，亦阮元所謂：「且，此聲轉」之說也。

阮元以「音同相假」之理，推出「且、盬、沽、苦、姑」相互關係，之外，亦以舊注爲例，論證其說：

1. 「終風且暴」

《詩・終風》曰：「終風且暴」。毛傳曰：「終日風爲終風。」韓詩曰：「終風，西風也。」王引之《經傳釋詞》則引王念孫之言謂：「終，詞之既也。僖二十四年《左傳》注曰：“終，猶已也。已曰終，因而已然之已亦曰終，故曰：詞“詞之既也。”」且以毛傳、韓詩之語爲「緣詞生訓，非經文本義。」故云：「終，猶既也，言既風且暴也。」〔註78〕此論確鑿，阮元復引證云：「既，

〔註77〕齊佩瑢：《訓詁學概論》第三章〈訓詁施用方術〉，頁142，載右文源流，以爲右文說肇于宋人，如王聖美〈夢溪筆談十四引〉、王觀國〈學林五〉、張世南〈游宦紀聞九〉、戴侗〈六書故〉皆曾道此說，惟零金碎玉不成條理，至清儒始論聲音訓詁相通之理，較著者如段玉裁《說文注》（幾、于、穮、眞、溓……等字下），王氏《廣雅疏證》、郝氏《爾雅疏證》、焦循《易餘籥錄》、宋保《諧聲補逸》、陳詩廷《讀說文證疑》、黃承吉《字義起于右旁之聲說》，至劉師培、梁啓超、章太炎，亦皆爲文論述，蔚爲盛況。

〔註78〕王引之《經傳釋詞》卷九。

終也；且始也。經傳中言既某且某者，皆言終如此。」而所謂：「既某且某」者，乃在一事理持續之現象，此現象之例，若：

〈燕燕〉曰：「終溫且惠，淑愼其身。」言既溫且惠也。

〈北門〉曰：「終窶且貧，莫如我艱。」言既窶且貧也。

〈甫田〉曰：「禾易長畝，終善且有。」言既善且有也。

〈正月〉曰：「終其永懷，久窘陰雨。」言既長憂傷，又陰雨也。

〔註 79〕

然阮以爲雖云「既某且某」，如以持續之意觀之，則「終」之言「既」，其「終……且」之「且」王氏父子解爲「已然」之「已」，則不若阮氏之解「始終」，意較舒暢。今再以〈燕燕〉詩爲例，其云：「仲氏任只，其心塞淵；終溫且惠，淑愼其身。」《正義》謂：「莊姜既送戴嬀，而思其德行及其言語，乃稱其字，言仲氏有大德行也，其心誠實而深遠也；又終當顏色溫和且能恭順善，自謹愼其身內外之德。」〔註 80〕此亦重婦人之德，內外之始終也。又〈北門〉詩：「出自北門，憂心殷殷，終窶且貧，莫知我艱。」《正義》云：「衛之忠臣不得志，言人出北門者，背明鄕陰而行，猶己仕于亂世，鄕于暗君，而仕由君之暗，已則爲之憂心，殷殷然所以憂者，以君于己祿薄，使己終當窶陋無財爲禮，又且貧困無資充用。」〔註 81〕是所謂「既窶且貧」，乃言述「始終貧窶」者也。再如〈小雅・甫田〉：「禾易長畝，終善且有。」《疏》云：「使禾生易而治理，長而次列，遍竟畝中，終至成善。」〔註 82〕仍言禾苗始終成善之道。至如〈小雅・正月〉：「終其永懷，又窘陰雨。」鄭箋云：「終王之所行，其長可憂傷矣。」〔註 83〕亦謂始終之意，故「終」之言「既」，或以「已然」之「已」解說「終……且……」終未若阮氏「始終」合誼。

2. 「既且」

《詩・鄭風・溱洧》

溱與洧，方渙渙兮，士與女，方秉蘭兮。女曰：「觀乎」？士曰「既且」。

「且往觀乎洧之外，洵訏且樂」。維士與女，伊其相謔，贈之以勺藥。

〔註 79〕同上。

〔註 80〕《十三經注疏・詩經》，頁 78。

〔註 81〕同上，頁 103。

〔註 82〕同上，頁 470。

〔註 83〕同上，頁 400。

〔註84〕

此詩待探討者有二，一為「既且」之解；一為「孔疏」之意。

（一）「既且」之解

（1）鄭箋云：「女曰：觀乎？欲與適觀于寬閒之處。既，已也。士曰：已觀矣，未從之也。」又云：「且・音徂，往也。」〔註85〕

（2）馬瑞辰《毛詩傳箋通釋》與顧炎武皆以為「既且」為「暨」之誤，而以「暨」為「休息」之意。〔註86〕

（3）阮元謂「既且」即紿終之誼，而以「且」為平聲，與「乎」字為韻，故「且往觀之」之「且」，即增上「既且為言」，愈見修辭之善。又引《漢・張遷碑》：「爰既且于君」以相證，且謂顧炎武之以「既」為「暨」乃摩勒之非。〔註87〕

由（1）之述，鄭箋以「且」為「徂」，當合聲兼義之則，解「既」為「已」，言「既且」者，為「已往」矣，理有可說，若陸德明《釋文》、嚴粲《詩緝》、朱熹《詩集傳》皆主此說，此為一解；由（2）以言，馬瑞辰以「既」為「暨」，謂「暨」為休息之意，然自上下文意觀之，既為春遊，本當觀景以賞，今女言觀景，男答以休息，理必窒礙難通，此亦阮元所謂以「既」「暨」乃非之意；由（3）之言，則阮元以「始終」且「既且」，且謂「愈見修辭之善」，解仍為牽強。

以上三說，鄭箋之解，意較明確。即以言「且」之為「徂」，徂訓為往，〈大雅・桑柔〉「靡所止疑，云徂何往。」鄭箋訓「徂，行也。」〔註88〕行亦往也。王靜芝先生即直謂：「徂，往也。言今復云行，將何往邪？」〔註89〕故「且、徂」皆訓為往，乃字源之相通也，此與阮元之訓「既且」為始終者，意較明朗。至阮元謂《漢・張遷碑》之「爰既且于君」，與「士曰：既且」同例，實亦略有闕誤。蓋顧炎武《金石文字記》〔註90〕、盧文弨《抱經堂文集》〔註91〕皆謂「爰既且于君」之「既且」乃「暨」字訛，阮元則以「既且」之合為「暨」字為顧

〔註84〕《十三經注疏・詩經》，頁182。
〔註85〕同上。
〔註86〕馬瑞辰《毛詩傳箋通釋》，頁288。
〔註87〕見前文〈釋且〉「既且」之說。
〔註88〕《十三經注疏・詩經》，頁654。
〔註89〕王靜芝《詩經通釋》，頁573。
〔註90〕《石刻史料叢書》乙編之八。
〔註91〕《抱經堂文集》，頁203。

氏之誤，而盧文弨引《漢碑》原文謂：「上云：君諱遷，字公方，陳留己吾人也。下謂先世則張仲、張良、張釋之、張騫四人。云“爰暨于君，蓋其纘緟”。」又云：「暨字分作“既且”二字，得毋書者不諳文義，致有斯誤？纘緟即蟬聯也。……」此者，「暨」乃訓爲「與、及、至」，同《書・堯典》「汝羲暨和」之暨，故「爰暨於君」，即謂「於是至君」，而蟬聯先世之美德，意乃相符，是以若錢大昕解此句爲「張氏仕漢，世世有德，後有興者且于君也」，〔註92〕及阮元以「終始」言「既且」者，皆未若「暨」之確鑿。

（二）「孔疏」之說

就〈溱洧〉之章：「溱與洧，……贈之以勺藥。」孔疏謂：

> 《正義》曰：鄭國淫風大行，述其爲淫之事，言溱水與洧水春冰既泮，方欲渙渙然流盛兮。於此之時，有士與女方適野田，執芳香之蘭草兮，既感春氣，託采香草，期於田野，共爲淫佚。士既與女相見，女謂士曰：觀於寬閒之處乎！意與男俱行。士曰：已觀乎。止其欲觀之事，未從女言，女情急又勸男云：且復更往觀乎？我聞洧水之外，信寬大而且樂，可與觀之，士於是從之。維士與女因即其相與戲謔，行夫婦之事，及其別也，士愛此女，贈送之以勺藥之草，結其恩情以爲信約，男女當以禮相配，今淫佚如是，故陳之以刺亂。〔註93〕

〈溱洧〉之詩，乃詠鄭國三月上巳之辰，采蘭水上，以祓除不祥之風俗。詩中所言，爲男女情侶，相偕遊樂於溱洧，盡歡樂之情，純然之意甚明，焉有淫穢可言，而孔疏自始至終，即謂詩之男女，於田野行夫婦之事，淫泆已極！此莫非孔氏矜持過甚，至束之體教，而未得自圓！王靜芝先生云：

> 按：此詩寫男女情侶，和偕遊樂於溱洧，盡歡樂之事，於文詞之間，極爲明朗，幾乎無法作爲別解。而詩序竟謂爲刺亂，指爲兵革不息，男女相棄，淫風大行，莫之能救焉！言其亂至不可教，眞不知何所指。朱傳初云：鄭國之俗，上巳采蘭水上，祓除不詳。然後又以爲淫奔著自敍之詞。淫奔者竟肯自敍！亦非是。詩中稱士與女，非自敍之詩甚明。〔註94〕

王說有理。本爲男女悅樂之詩，亦發乎情止乎禮之作，又何若《詩序》所謂「刺

〔註92〕《石經史料叢書》乙編之11、錢大昕《潛研堂金石文跋尾》。

〔註93〕《十三經注疏・詩經》，頁182。

〔註94〕王靜之《詩經通釋》，頁206，且引箋謂：「其別則送女以勺藥，結恩情也。」

亂」、「兵革不息，男女相棄」之語？且如《詩集傳》所言：「淫奔者自敘之辭」，依上下文推斷，凡相謔笑傲之人，必淫奔者乎？此亦莫非矯之過正，有所附會乎！

因之，自文意觀之，則三月正當水盛可遊賞之時，士與女持蘭偕遊溱與洧之水。女云：「可往觀之乎？」士曰：「已曾往觀過矣！」女又曰：「且往觀乎洧水之，確實大而足以為樂也。」於是士與女相與往觀，笑語相戲謔，盡其歡樂。臨別之時，男贈女以香草勺藥，以為相別之紀念。故鄭箋謂：「其別則送女以勺藥，結恩情也。」鄭氏以「結恩情」概乎士之與女，為純潔之念，又何淫亂之有！此皆待乎辨析者也。

3.「盬、姑」通「且」

阮元〈釋且〉云：「且字加口為咀。」又謂《左傳・僖公二十八年》：「晉侯夢楚子伏已而盬其腦。」並謂：「盬與咀同，謂咀嚏其腦。」故以《方言》：「盬，且也。」為合誼。又云：「服虔注：“盬，嚏也。”杜注沿之。正義云：“未見正訓”此未明古誼也。……」再云：「且與姑同意，故姑亦有咀誼。」並引《孟子・滕文公》「繩蚋姑嘬之」，謂「姑與《方言》盬同，即咀也。」以立說（見〈釋且〉章）。

阮氏之說，為由聲之兼義，又依此而為通假之例。若「盬」與「嚏」音義相異，服、杜皆以「盬，嚏」相注，孔穎達則以為「未見古訓」，三者頗有出入。然則「盬」之意為何？

（1）顆鹽也。《周禮・天官・鹽人》「苦鹽」注：「杜子春讀苦為鹽，謂出鹽直用，不煉治。」疏：「盬出於鹽池，今之顆鹽是也。」

（2）不堅牢也。《漢書・息夫躬傳》：「器用鹽惡。」

（3）息也。《詩・唐風鴇羽》：「王事靡盬，不能蓺稷黍。」毛傳云：「盬，不攻致也。」又《小雅・四牡》傳云：「盬，不堅固也。」王引之《經義述聞》以為「盬」當為「息」，王事靡盬者，即王事靡有止息也。謂「不攻致」，乃失之迂也。〔註95〕

（4）吸飲也。《左傳僖二十八年》：「楚子伏己而盬其腦。」

以上之釋，以（4）者較合宜，而所謂之「吸飲」即「咀」之意，是「盬其腦」即「咀嚏其腦」也，「鹽，嚏」仍互通，服、杜之說未為不是，由此推之，《方言》云：「盬，且也。」之說，乃益明矣。則聲義相通，進之通假，

〔註95〕王引之《經義述聞》「王事靡盬」條。

於本例宜爲明晰。

次如「蠅蚋姑嘬之」之例。《孟子・滕公文上》載孟子之喻：

> 蓋上世嘗有不葬其親者，其親死，則舉而委之於壑。他日過之，狐狸食之，蠅蚋姑嘬之；其顙有泚（汗出貌），睨（斜）而不視。夫泚也，非爲人泚，中心達於面目。〔註96〕

今言「姑嘬」之意，毛本趙注：「嘬，攢共食之也。」只釋「嘬」未解「姑」；朱注：「姑，語助聲。或曰：螻蛄也。嘬，攢共食之也。」焦循《孟子正義》謂：「趙氏讀嘬爲聚，故以攢共解之。」皆以「攢食」言「嘬」，於「姑」者稍闕如。朱注以姑爲語助詞，又云姑爲「螻蛄」，意在存疑。阮元《校勘記》則謂「姑，蓋謂螻蛄。」又引隋王劭說《方言》謂「螻蛄，字作姑。」〔註97〕而「螻蛄」者，《周禮・天官・內饗》：「馬黑脊而般臂，螻。」注引鄭司農云：「螻，螻蛄臭也。」，《中國昆蟲辭典》載：「螻蛄，動物名，屬昆蟲綱，直翅目，體圓長。頭圓，有短觸角，如絲狀。……常棲土中，至夜則出，喜撲火，雄者能鳴。」是螻蛄爲發惡臭之昆蟲，且喜夜出，此其特色也。而《孟子》所載「蠅蚋」、「姑嘬」爲白日所見，則螻蛄非《昆蟲典》之「螻蛄」乃明。以是「蠅蚋姑嘬」之「姑」亦非螻蛄之「蛄」，故阮元《校勘記》謂「螻蛄」即「姑」顯未合誼，然自音義及用語相觀，則姑爲谷鳥切、盬爲姑武切，音韻皆同，是姑與盬同，而盬與咀同，推之語根，則「且、咀、盬、姑」乃由聲義推衍，彼此通借者也。故阮元所謂：「盬其腦」者，即「咀（嗻）其腦」，謂「盬」爲「吸食」之意，乃無疑慮。

4.「苴杖」

阮元以「且」有包含大多之意，故謂《說文》之「咀」訓爲含味，進之推「苴麻子」、「苞苴」爲言多子者。以是「且、咀、苴」亦皆言多也。惟「苴」之言多，以「苴」相衍之「苴杖」意爲何？阮元引《禮記・喪服小記》云：「“苴杖，竹也”，此言以苴麻纏杖如殳然，鄭說非。」〈喪服小記〉云：

> 斬衰，括髮以麻。爲母，括髮以麻，免而以布。齊衰，惡笄以終喪。男子冠而婦人笄，男人免而婦人髮。其義：爲男子則免，爲婦人則髽。苴杖，竹也；削杖，桐也。〔註98〕

〔註96〕《十三經注疏・孟子》，頁102。

〔註97〕同上，頁106。

〔註98〕《十三經注疏・禮記》，頁589。

而就「苴杖」之「苴」，孔疏謂：「杖有苴削異者，苴者，黯也。」孔疏以苴為黯，謂苴為黯黑之色，而阮元又言苴竹乃苴麻纏杖，而以鄭說為非；然所謂鄭說者，《喪服小記》未載，《儀禮・喪服》：

喪服，斬衰裳，苴絰、杖、絞帶、冠繩纓，管屨者。〔註 99〕

鄭注：「凡服上曰"衰"，下曰"裳"，麻在首在要，皆曰"絰"。」未言「苴」意。而王夢鷗先生則引楊倞之言：「苴是粗惡樣子。」〔註 100〕則阮氏之非鄭，殆或楊倞之注，於此恐闕耳。至言「苴絰、杖、絞帶」者，唐賈公彥疏則謂：

云苴絰、杖、絞帶者，以一苴目此三事，謂苴麻為首絰、要絰，又以苴竹為杖，又以苴竹為杖，又以苴麻為絞帶，知此三物，皆同苴者，以其冠繩纓不得用苴，明此三者皆用苴。〔註 101〕

賈氏只述苴麻為首絰、腰絰、絞帶，與苴杖同，於「苴」之意，仍未論釋。今以《詩・豳風・七月》「九月叔苴」相較，則傳云：「叔，拾也；苴，麻子也。」箋云：「麻之有實者。」〔註 102〕是麻之實，在多子也。故阮元所謂「苴杖」者，亦立意於杖之多纏也，此故苴麻之杖，乃竹者，以多層布纏之而成，而若孔疏之言苴為黯者，乃竹杖裹布多纏之色也。由是，孔疏、賈說，及阮元之見，概稱合誼，而「粗惡」之意，乃待乎商榷。則由「且」之言「苴」，而言其多，義為得矣。阮元以「且」系聯諸字，援引古籍，藉聲之兼義，釐定舊注之訛，於字源字義不啻作一勘正之功。此外，阮元亦藉「且」之系聯，訂正古籍版本之誤。

（1）《詩・小雅・庭燎》：「夜如何其？夜未央。」

毛傳云：「央，旦也。庭燎，大燭。」〔註 103〕

《校勘記》謂：《釋文》云：「且，七也反，又子徐反，又音旦。」段玉裁云：「且，薦也。凡物薦之，則有二層；未旦，猶言未漸進也，與未艾向（鄉）晨為次第，若作旦字，與向（鄉）晨不別矣。《釋文》旦字或誤且。」〔註 104〕

毛傳言「央」即「旦」，惟央、旦義未相涉，段玉裁則以「旦」為「且」之訛，

〔註 99〕《十三經注疏・禮記》，頁 238。
〔註 100〕王夢鷗《禮記今註今釋》，頁 431。
〔註 101〕同註 99。
〔註 102〕《十三經注疏・詩經》，頁 285。
〔註 103〕《十三經注疏・詩經》，頁 375。
〔註 104〕同上，頁 380。

又謂且即薦也，而有二層之說，其說亦未妥。阮元則論證謂「且」乃訛作旦也。故引〈夏小正〉嵩卿本：「十二月損麋角。」謂傳曰：「蓋陽氣且睹也。」且睹，即始睹也。再以「且」有始意，亦有多之意。〈大雅．韓奕〉：「籩豆有且」。且者，言其多也，多亦有久之意，故「夜未央」，實即「夜未久」，亦即「夜未且」，則毛傳言「央，旦也」，不若「央，且也」，阮元之說，殊爲合誼。

（2）阮元云：「由且誼推之，經傳中誼有可識矣。」〔註 105〕

阮元所謂「由且誼推之」，乃以且爲字源，亦以且爲音訓之語根，循根以進，凡聲之近者，誼皆可識，則形聲之兼會意，例甚鮮明。

至云「且」者，音爲「且」，七也切，馬韻；又音爲「疽」，魚韻；爲「徂」，虞韻，又音爲「勗」，七序切，從徐去聲，語韻。僅依《經籍纂詁》、《經傳釋詞》之例證，〔註 106〕分述於下：

（甲）音「且」，七也切，馬韻。其義若：

1. 發語辭，猶夫也。《荀子．性惡》：「且順情性，好利而欲得。」
2. 況也。《論語．季氏》：「且在邦域之中矣。」
3. 抑也。《國策．齊策》：「王以天下爲尊秦乎？且尊齊乎？」
4. 兼舉之辭。《春秋．文五年》：「王使榮叔歸含。且賵。」又有連用兩且字者。《漢書．郊祀志》：「黃帝且戰且學仙。」
5. 假設之辭，借也，若也。《公羊傳．隱三年》：「且使子而可逐，則先君其逐臣矣。」
6. 將也。《國策．秦策》：「城且拔矣」（此指時間言）。；又《漢書．匈奴傳》「率其黨且萬人降匈奴。」（此指數量言）
7. 姑且也。《詩．唐風．山有樞》：「且以喜樂。」
8. 尙也。《易．乾》：「天且弗違。」
9. 苟且也。《莊子．庚桑楚》：「物與且者，其身不容，焉能容人？」
10. 取也。《老子》「舍慈且勇。」
11. 取也。《詩．周頌．載芟》：「匪且有且。」

（乙）促於切，音疽，魚韻；業租切，音徂，虞韻。

1. 薦也，段玉裁云：「且，古音俎，所以承藉進物者。」朱駿聲《說文通訓定聲》云：「疑即俎之古文。」

〔註 105〕《揅經室一集》，頁 11。
〔註 106〕《經籍纂詁》，頁 97；《經傳釋詞》第八

2. 多貌。《詩·大雅·韓奕》:「籩豆有且。」(按:謂「薦、多」者,前已述之。)
3. 語餘聲。《詩·鄭風·褰裳》:「狂童之狂也且。」
4. 往。《詩·鄭風·溱洧》:「士曰既且。」《釋文》:「且,往也,音疽。」(見「既且」條)
5. 且月,陰歷六月也。《爾雅·釋天》:「六月爲且。」郝懿行《爾雅義疏》:「且者次且,行不進也,六月陰漸起,欲遂上,畏陽,猶次且也。」〔註107〕據此則「且」當讀作「趄」。又同「駔」。

(丙)七序切,從徐去聲,語韻。

敬慎也。《詩·周頌·有客》:「有萋有且。」

由(甲)、(乙)、(丙)之例,知「且」意與推衍之字,字尚相通。若「疽」、「苴」、「趄」、「駔」、「徂」、「爼」諸字,皆以「且」爲字源,順是以推,則「祖、咀、組、阻、詛、珇、靻、沮、齟、袓、跙、粗、沮、蛆、狙、罝、菹、雎、葅、租、蒩、姐、殂、助、莇」諸字,皆從「且」得聲,亦皆有誼可尋。則「右文」之述,至阮元〈釋且〉,例證最是明確,而其系聯所得,即因音推衍,旁及通假之字,於王聖美以來「聲之兼義」說,不啻提出應用之途,比較焦循《易餘籥錄》之〈釋讓〉〔註108〕、黃承吉〈字義起於右旁之聲說〉〔註109〕、沈兼士〈右文說〉等諸說,可謂過之矣。

三、以古器銘文釋詞

阮元之訓詁,聲訓而外,亦重實物論證,以器物乃「古王侯大夫賢者所爲,其重與九經同之。」〔註110〕其釋詞所引,亦以鐘鼎彝器之銘文以爲印證,蓋必如此,詁訓之意纔信而有徵。因之,《揅經室一集》所載釋詞之例,阮氏特舉〈釋黻〉、〈釋郵表畷〉以爲立說,亦見古器銘文於訓詁之緊要。

(一)〈釋黻〉

黻與黼同爲畫繢之形。《考工記》曰:「記白與黑謂之黼,黑其青謂之黻。」黼象斧形明矣。説黻者曰:「兩已相背戾。」(《爾雅·孫注》「左桓二年傳注」、「書、益稷傳。」)而自古畫象則作亞形,明兩弓

〔註107〕郝懿行《爾雅義疏》,頁762。
〔註108〕焦循《易餘籥錄》卷四。
〔註109〕《字詁意府合按》,頁175。
〔註110〕《揅經室三集》卷三,頁581。

相背戾，非兩已相背戾也，兩弓相背，異取于物，與斧同類；兩已之「已」何物耶？然則各傳注所言「南已」者，豈非「兩弓」相沿之誤與？《漢書・韋賢傳》師古注曰:「紱，畫爲“亞”文;亞古“弗”字也。」(今俗本《漢書》、《文選》皆訛爲“亞”。)師古此語，必有師傳，非師古所創，經傳中「弼」、「佛」、「弗」義每相通，字或相假，音亦相轉。《說文》「弼」解曰:「輔也。重也。」「輔」者，以輔戾弓之不正者，即《考工記・弓人》之「茭」，鄭注所謂「弓檠」者。「重」者，二弓也。《說文》「弗」字收于「丿」部，解曰:「弗，撟也。」《考弓記・撟人》曰:「撟幹」、「撟角」。「從丿、從乀、從韋省。」案:「弗」字明是從「弓」之字，若從「韋」，則不知所省，無以下筆，必有後人刪改之誤。「弗」字從「丿」從「乀」、從「弓」，「丿、乀」者明是兩弓相背左右手相戾之義，此會意之恉也，特「丿、乀」分背不若乂字相交耳。然則「弗」即「亞」字，爲兩弓相背戾之證，師古之說有由來矣。〔註 111〕

釋　證

上述之言，關鍵在「黻」之字，究爲「兩己相背」，亦「兩弓相背」。即以「亞」言，《考工記》以來，皆以「黻」爲古禮服所繡之紋飾，而謂爲「兩己」相背之形，阮元則獨排舊說，而以「黻」爲「兩弓」之相背，其論據謂：

(甲)「黻」與「黼」同爲畫繢之形，黼象斧之形，而若黻爲「兩己」，則形與斧必不類，若黻之象「兩弓」，則弓、斧之器同，皆可藉物取義。

(乙)「弗」字「從丿、從乀、從弓」,「丿、乀」象兩弓相背，乃左右手相戾之義。《漢書・韋賢傳》顏師古注:「“弗”畫爲亞文，古弗字也。」「弗」，既爲兩弓相背，「亞」當亦爲兩弓相背。

以(甲)言，阮元以爲黼象斧形，又以「斧弓同類」、「黼己異類」，說是否得當，有値研議。考「黼黻」之形：

> 《書・益稷》:「宗彝、藻、火、粉米、黼黻、絺繡。」傳:「黼，若斧形；黻，爲兩已相背。」疏:「孫炎云:“黼文如斧形，蓋半白半黑似斧刃白而身黑。”；黻刺爲兩已相背，謂刺繡爲已字，兩已字相背也。」〔註 112〕

〔註 111〕《揅經室一集》，頁 12。

〔註 112〕《十三經注疏・尚書》，頁 68、69。

《書・益稷》之傳、疏，以黼若斧，而以黻謂是兩己相背。是如「黼」若斧，而以「黻」爲兩己相背，阮元意見，一則爲是，一則爲非。是如「黼若斧」爲是，則追溯源流，仍當自鄭注而來：

> 《周禮・司几筵》:「王位設黼依。」鄭注謂:「斧謂之黼，其繡白黑采，以絳帛爲質。」賈（公彥）疏云:「云王位設黼依一者，案《爾雅》“牖户之間曰扆，於於扆之處設黼。”黼即白黑文而爲斧形。」釋曰:「鄭云；“斧謂之黼者”，案《禮記・明堂位》云：“天子負斧扆”，彼及諸文多爲斧字者；若據《繢人職》則云：“白與黑謂之黼”據采色而言之，若據繡於物上，則爲金斧文，近刃白，近銎黑，則曰斧。取金斧斷割之義，故鄭以斧釋黼。云其繡白黑文者繢入職文，鄭知以絳帛爲質者。」〔註113〕

又：

> 《周禮・冪人》:「凡王巾皆黼。」鄭注:「四飲三酒皆畫黼，周尚黼，其用文德則黼可。」賈疏:「黼者，白與黑作斧文，取今（金）斧斷割之義。云“周尚武”者，周以武得天下，故云尚武，故用黼也。云“其用文德，則黼可”者，謂若夏以揖讓得天下，是文定天下，則當用黑與青謂之黻，兩已相背也。」〔註114〕

又：

> 《禮記・明堂位》:「天子負斧依，南鄉而泣。」鄭注:「天子，周公也。負之，言背也。斧依，爲斧文屏風，於牖户之間。」〔註115〕

又：

> 《儀禮・覲禮》「天子設斧依於户牖之間。」鄭注云:「依，如今蒐惕娣素屏風也。有繡斧文，所以示威也。斧，謂之黼。」賈（公彥）疏云:「白與黑謂之黼，黑與青謂之黻，五色備謂之繡，此白黑斧以比方繡次爲之，故云“有繡斧文，所以示威也。”據斧體形質言之，刃白而銎（斧柄）黑，則爲此斧字。」〔註116〕

以上例證，則鄭注斧謂黼之說，蓋非杜撰，其源乃自《爾雅・釋器》「斧，謂

〔註113〕《十三經注疏・周禮》，頁309。
〔註114〕同上，頁91。
〔註115〕《十三經注疏・禮記》，頁575。
〔註116〕《十三經注疏・儀禮》，頁321。

之黼。」郝懿行引郭（璞）注謂：「黼文，畫黼形，因名。」〔註117〕即三國孫炎皆依《爾雅》之述，以斧文爲黼之形，故《書・顧命》：「狄設黼扆綴衣。」所謂「黼扆」者，依段注「扆」條：「凡室，戶東牖西，戶牖之中間是扆。」則黼扆者，乃戶牖間屏風也。是「斧文爲黼之形」，以圖爲言，可以爲證。

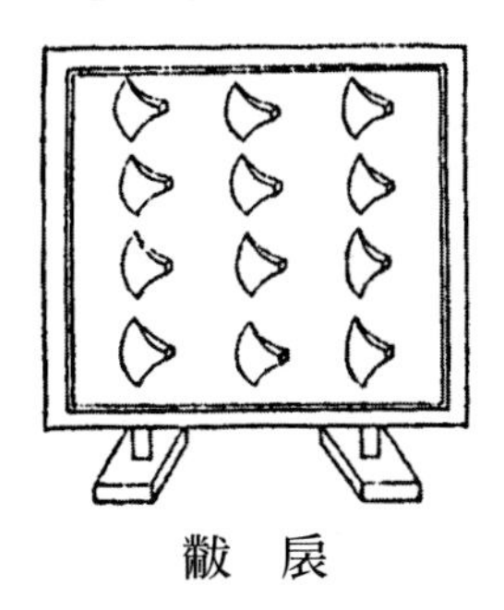

黻　扆

至於「黻」之說，《揅經室集》引顏師古注謂：「黻畫爲亞文，亞，占弗字也。」而俗本《漢書》、《文選》皆訛「弫」爲「亞」，阮元亦予正之。

如就「黻」字進一層析論，則「弫」即「弗」、「弗」，即「弫」，則「弗」字究爲「兩已」，亦或「兩弓」，頗値研議。《說文》云：「弗，矯也。從丿從乀從韋省。」段注：「矯，各本作撟，今正。撟者，舉手也，引申爲高舉之用，矯者，揉箭乾箝也。引申爲矯拂之用。」〔註118〕高鴻縉先生引徐鉉說云：「韋，所以束枉戾也。」且云：「弗即拂之初文，其意爲矯枉。從弓，象不平直之兩物，而以繩索 S 束之使之平直，故有矯枉拂正之意。」〔註119〕徐說、高說，皆同段氏之意，以「弗」從「韋」，爲「矯箭箝」。阮元、王筠、徐灝則未同段說，以爲「弗」從「弓」，未從「韋」，而爲弓檠之意。今如以金文相較，則「弗」：

〈旂作父戊鼎〉作「[illegible]」，易鼎作「[illegible]」，亂嗣妾子蹟壺作「[illegible]」〔註120〕

而「弓」者，金文：

〈弓父庚酉〉作「[illegible]」，父葵觶作「[illegible]」，靜酉作「[illegible]」〔註121〕

則「弗」之與「弓」，以金文觀之，字體顯有未同，即束之使平之索，二字即有異，而「弗」字，古通「黻」，又爲「韍」，雖爲「弓」部，然其「S」，

〔註117〕郝懿行《爾雅義疏》，頁 717。
〔註118〕段注《說文解字》十二篇下，頁 627。
〔註119〕高鴻縉《中國字例》，頁 402。
〔註120〕《金文常用字典》，頁 1033。
〔註121〕頁上，頁 1061。

顯爲矯治之用，而「弗」之「八」，即如高氏所言「爲不平直之物之通象，不拘何物也。」〔註 122〕因之，弗之「S」爲繫「不平直之物」之繩索，與弓之形象相距甚遠，其非弓者，可以知曉。由此亦知，段氏「揉箭箝」之說，較阮元「弓檠」之論，似爲過之，則阮元言「弗」爲「弜」，謂「兩弓相背」，說理或未若段氏周延。

再者，與「黹」、「黻」相關之「黹」，亦爲探就二字。

「黹」《說文》云：「黹，箴縷所紩衣。從㡀，丵省，象刺文也。」〔註 123〕

金文：「乃孫乍且己鼎」作，「師奎父鼎」作，「休盤」，作，「頌鼎」作，「寰盤」作，「頌簋」，作，「頌敦」，作，「九年衛鼎」作，「曾伯黎簠」作。〔註 124〕

由上亦知，「黹」乃象刺繡花紋之形。而「箴縷所紩衣」之「紩」，亦即徐鍇所謂之「刺繡」，故「此鼎」所言：「易（賜）女（汝）玄衣，黹屯（純）、赤市（韍）、朱黃（衡）、鑾旅（旂）。」唐蘭先生即以「有針刺花紋的邊」言「黹」，則「黹」爲花紋之圖飾可知。而阮元《積古齋鐘鼎彝器款識》則以「曾伯黎簠」之「」爲業，而以「頌敦」，之「」、「寰盤」之「」爲帶束，至訓「黹」爲「花紋邊」之意反未明，因之，孫詒讓於解「曾伯黎簠」之「」字，即謂：

> 詒讓案：字，阮釋爲業。《說文》、《汗簡》、《古文四聲韻》及金刻業字無作此形者。其字與「宰辟父敦」「黹純」黹字正同，此當亦即黹字，其讀當爲希。（原註《書咎繇謨"絺繡"孔疏引鄭注云："絺，讀爲黹。"《周禮・司服》引《書》作希云："希，讀爲絺。或作黹，聲之誤也。"《說文》有希聲無希字。段注疑希爲黹之古文；孫星衍《尚書今古文注疏》又謂希即黹之省。段說近似。》)「元武孔希」四字爲句；希，遠也。〔註 125〕

屈萬里先生亦以「黹」爲花紋之形，且言：

> 黹當是某種花紋象形字；這從甲骨文和金文中黹的字形看來，當可斷定。後來，加上甫、犮處這些注音的偏旁之後，本來是表示同一

〔註 122〕同註 119。
〔註 123〕段注《說文解字》七篇下，頁 364。
〔註 124〕《今文常用字典》，頁 763。
〔註 125〕孫詒讓《古籀拾遺》中卷。

種花紋不同顏色；但是，後世解說人，卻把黼黻兩字說成兩種不同形狀也不同顏色的花紋。

又云：

殷商的席子和衣服，由於質料易朽，現今已無法看到。但那時候的陶器和銅器，有些還保持著「兩己相背之形」花紋。〔註 126〕

此若李濟之先生《殷墟器物甲編》，圖版 53 頁，之一八，所錄之殘陶：

即爲「兩己相背」之形。

再如容庚《武英殿彝器圖錄》，61 頁。

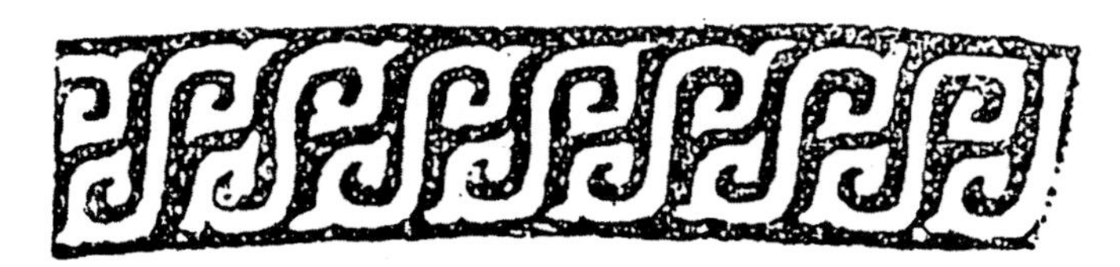

所謂「雲紋」，實亦爲略帶波磔而爲兩己相背之形。〔註 127〕

依上列圖例，則「黼」之爲兩己之說，顯較兩弓之說合宜。故阮元引顏師古「弗」即「弜」也之說，雖未必明確穩妥，然無論如何，阮元取已出土之物與書籍文字交相印證，以爲「釋黻」之據，說雖不無爭議，而其以銅器有銘，銘與九經同之見，於訓詁也者，仍不失爲開創。

（二）〈釋郵、表、畷〉

所謂「郵表畷」者，乃于平坦之地，分其間之界行，列其遠近，使人得以準視望、止行步、無尺寸之差，而不可逾焉。則立一木于地，兼垂綴它物于木上，以顯明其標志，此即「郵表畷」之權輿。阮元釋「郵表畷」仍以古銅器銘文與古籍義旨相爲解說，庶幾書籍文字與出土實物互爲表裡，則訓詁之述，意當更明。於此，謹就「釋郵表畷」之作，披露如下：

〔註 126〕屈萬里《書傭論學集》，頁 343。

〔註 127〕同上，頁 344。

試言「郵」:

《說文》:「郵，境上行書舍也。」(《漢書》各紀傳郵亭注皆同。) 郵，從邑，𠂹從垂，垂，從土，從𠂹，𠂹，草木華葉垂，象形也。蓋古者邊垂疆界，其始必正其四至焉，四至之邊，必立木爲表，𠂹綴物于上，以準遠近之望而分疆界焉。此垂之所以從𠂹，郵之所以從垂也。

垂之遠近者，必分程途里數，故鄭康成注《周禮・掌節》云:「若今郵行有程矣。」《說文》郵字，及以「邑」二字會成一意，其聲則生之于斿，故與「斿、流、旒」通借，古字義隨音生，「斿、郵」是也。《詩・長發》「受小球大球，爲下國綴旒。」《禮記・郊特性》曰:「饗農及郵表畷禽獸。」鄭康成注:「郵表畷爲田畯所以督約百姓于井間之處也。」引齊、魯、韓三家詩作爲下國畷郵，三家詩乃本字古字也。按:球，玉磬也，以其直懸求然而名之。莍、梂皆同音義。裘，古文但作求，衣爲裘，猶裦之加衣于毛也;立一木爲標志，綴毛物于上，即球也。詩之球，即裘同音假借字也。故以裘爲標志，即以裦爲標志也。

試言「表」:

表者裘衣也、柱也、標也、志也、準也、明也。(《說文》:「表，上衣也。從衣從毛。」古者衣裘以毛爲表，裘，皮衣也，象形。故文省衣作求。《荀子・儒效》、《後漢書・蓋勳、馬援傳》注:「表，標也。」《呂覽・愼小》注:「表柱也。」《禮記・檀弓・内則》注:「表，明也。」《周禮・大司馬》爲表注:「表，所以識正行列也。」《荀子・大略》注:「表，標志也。」《後漢書・劉祐傳》注:「表，標準也。」《管子・君臣上》注:「表，謂以木爲標，有所告示也。」《淮南・厲王傳》注:「表者，樹本之，若柱形也。」《呂覽・不屈》云:「或操表掇，以善睎望」。注:「表掇儀度。」) 旗之旒、冕之旒，皆以物相聯綴爲名。《詩・表發》之球，是及「表裘之裘。」〈長發〉之綴旒，是言受地于天子，爲諸侯之封疆樹立聯綴之裘，以定四界也。《春秋・襄十六年・公羊傳》:「君若贅旒然。」言臣專政，君不與國事，但若委裘於朝廷之上而已。故《漢書・賈誼傳》曰:「植遺腹，朝委裘，而天下不亂。」此言遺腹之主甚幼，不能立朝，但委綴裘衣于朝而不亂，即《公羊》「贅旒」之意也。贅與綴音近，義相假。《莊子・大宗師》云：「彼以生爲附贅懸疣。」亦取此義也（《史記・滑稽傳》：「淳于髡，齊之贅婿。」《索隱》「如人贅疣。」餘，剩物也。《詩・大雅》「具贅卒荒」傳：「贅，屬也。」）是《郊特性》之「表」義，即郵義也。

試言「畷」：

《說文》「叕」，篆作「[illegible]」，綴聯也，又綴合著也。「畷」，兩陌間道也，此物繫屬于物之義。綴畷輟義皆通。（《檀弓下》、《國語・齊語注》皆曰：「綴，連也。」綴又訓止。見《樂記注》，故輟亦訓止，見《呂覽・期賢求人注》。《說文》：「輟，車小缺復合。」眾車連行缺而復合，連義也，即止義也。綴兆之綴，連也，亦即止也。《尚書・立政》「綴衣」，亦掌綴衣服之官也。）贅則同音假借之字。祋字亦音義相近，故《詩・候人》：「荷戈與祋」《說文》：「祋，殳也。」或說城郭市里高懸羊，皮有不當入而欲入者，暫下以驚牛馬，曰「祋」，以及以木綴裘之明證。漢時尚有此制，故田陌之間相聯之處，以木爲表，分其界限，則可名曰「表」，以表繫皮，則可名曰「綴」，因之兩陌間之道路，亦即別制加田于之字，名之曰「畷」此亦字隨音生，實一義也。

又：

揚州古同盤銘曰：「用大蔽散邑。」通迺散用田竟，竟自瀗洮以南，至于大沽，一表以降二表。又曰：表于單道、表于原道、表示周道以東，表于籽東疆，右還表于竟，竟導以南，表于郤萊導以西，至于推莫竟，竟井邑田云云。觀此，可見古人以表立田地疆界之事。（《周禮・虞人》：「萊所田之野爲表，百步則一，爲三表，又五十步爲」）又舞者行列所止，亦立木綴物爲標，名曰「綴」。《禮記・樂記》曰：「綴」。《禮記・樂記》曰：「綴兆。」鄭注：「綴，謂酇舞者之位也。」又曰：「其舞行綴遠，其舞行綴短。」觀此，可見古人凡分行列遠近長短者，近以表綴爲用，然則《郊特性》所謂「郵表畷」者：「郵」，乃爲井田上道里可以傳書之舍也；「表」及井田間分界之木也。（《左傳・襄二十五傳》：「表淳鹵。」賈逵注云：「淳鹵之地，九夫爲表。」《國語・周語》單襄公云：「周制有之曰：“列樹以表道。”」）「畷」及田兩陌之間道也。凡此皆古人饗祭之處也，而「郵表畷」之古義，

皆以立木綴毛裘之物垂之，分界行列遠近，使人可準視望，止行步，而命名者也。〔註128〕

釋　證

阮元釋「郵表畷」，異於其他語詞，及就郵之與表、畷三者釋義，其因字生義，推衍詞語，皆就實物印證，取合學理與事實，見解所在之「行書舍」，爲古傳行書之處，仍無異田間之廬舍。惟此廬舍，乃又境上之舍，故「郵」字，從垂從邑。而「垂」也者，《說文》云：「垂，遠邊也。」〔註129〕是「郵」字邊垂疆界所在，且爲便行人望視，故四至之邊，立木爲表，綴物其上，而此物者，及垂草木華葉以爲標識，此「垂」字乃從得意也，而「垂」於邊境，程有遠近，故須分其里程，此即康成「郵行有程」之謂。次以「郵」爲「垂」、「邑」相合之會意，「郵」之聲同斿，若「郵」，移求切，尤韻；若「斿」，移囚切，尤韻；是「郵・斿」聲韻皆同，而「流」者，離尤切，尤韻「旒」，離尤切，尤韻。故「郵、斿、流、旒」彼此通借，而義隨音生，「郵、斿」互通，亦可謂爲旌旗之旒也。至若《詩》所謂：「大球小球」也者，阮元云：「詩之球，則裘同音假借字也。」而「裘」，《說文》謂爲皮衣，象形。《論語・鄉黨》：「緇衣羔裘」是也；裘又通求，《詩・小雅・大東》：「舟人之子，熊羆是裘。」箋云：「裘當作求聲相近故也。」〔註130〕故「球、裘、求」聲近義同，而古之邊垂疆界，謂之「郵」者，即立木爲表，綴裘以爲標志，且視爲境上行書之舍，亦皆于井間之處也。

次言「表」意。阮元引古籍：

《說文》：表，上衣也。

《荀子・績效》、《後漢書・蓋勳・馬援傳》：「表，標也。」

《呂覽・愼小》：「表，注也。」

《禮記・檀弓・內則》注：「表，明也。」

《周禮・大司馬》注：「表，所以識正行列也。」

《後漢書・劉祐傳》注：「表，標準也。」

《管子・君臣上》注：「表，謂以木爲，標有所告示也。」

《呂覽・不屈》注：「表，掇儀度。」

上述諸例，統而言之，即所謂裘也、注也、標也、志也、準也、明也；

〔註128〕《揅經室一集》，頁13、14。

〔註129〕段注《說文解字》，頁693。

〔註130〕《十三經注疏・詩經》，頁439。

無非立鮮明標識以為準則，此一標識，聯綴他物，樹為準則，以定四界，亦若「郵」之球裘是也。故「郵」、「表」者，於綴物而言，實則無多分野，以是阮元解「郵」，引綴郵、綴旒之詞；解「表」，亦引綴旒、贅旒之詞，二者意乃相近，強為二解，猶畫蛇而添其足也。至言「贅」者，乃取義於餘也、屬也。《莊子・駢拇》：「附贅縣疣，出乎性哉，而侈於性。」此「贅」者，為無用事物之喻；又《國朝漢學師承記・閻若璩》：「今妄以氣為气，而加食字為餼，贅文也。」〔註131〕是言無用之文字、文句為贅文；「贅」亦為屬也、綴也。《詩・大雅・桑柔》：「具贅卒荒。」傳：「贅，屬。」箋：「係屬於兵役。」疏：「贅，猶綴也。謂繫綴而屬之。〈長發〉云：“為下國綴旒。”《襄十六年・公羊傳》曰：“君若綴旒然”是贅綴同也。」〔註132〕以為綴郵、綴旒意同，皆標毛衣之裘以為屬物，準遠近之望而分疆界焉由是則阮元釋「郵表」引實物為說，印證鮮明有力。

再以「畷」言。《說文》：「畷兩百（陌）閒道也，百（陌）廣六尺。」段玉裁云：

> 百（陌）者，百夫洫上之涂也。兩百夫之閒而有洫，洫上有涂，兩千夫之閒而有澮，澮上有道，所謂阡也；洫潰則澮縱，涂橫則道縱。故道在中縱，而左右各十涂皆橫，是謂兩陌閒道，是之謂畷。《郊特性》：「饗農及郵表畷。」注云：「郵表畷，謂田畯所以督約百姓於井閒之處。」引為下國畷郵。按畷之言也，眾涂所綴也，於此為田畯督約百姓之處，……曰：「郵表畷。」〔註133〕

然則段氏解「郵表畷」，與阮元之見，殊為吻合，則「郵表畷」為田畯督約百姓於井閒之處可知，且而為顯畷郵之處，毛衣為志，綴於標物，行李往來，望視而得，則《說文》所謂「境上行書舍」，義乃益明。

再者，阮元之田境，即取揚州古銅之盤銘「用大蔽散邑。」且謂境界之繞，為自濾洮以南，至于大沽，由單道而原道而周道，且於田野疆界處，立木綴物以為表。由是，「郵表綴」者，乃以盤銘所載，進之以實體量度，有五十步為表者，亦有百步為表者，皆經量度丈測有得，當非杜撰者可比。

綜上之言，則阮訓詁，聲訓而外，實況之研摩，銘文之取證，皆為釋詞

〔註131〕江藩《漢學師承記》卷一，頁15。

〔註132〕同註130，頁565。

〔註133〕段玉裁《說文解字注》十三篇下，田部，頁696。

要緊之輔證，以是知阮元之解古詞古語，非虛擬蹈空，亦或臆解慮想，其字字有憑，句句有據，確乎治學，爲立「著實」之工夫也。

第三節　名物之訓詁

阮元之訓詁，「釋詞」之外，名物制度亦主要環節。所以如此，殆亦乾、嘉儒者治學所然，此若王念孫、程瑤田之與阮氏亦師亦友，於阮氏影響頗鉅；類如王氏《釋大》、程氏〈釋宮〉、〈九穀考〉、〈釋草〉、〈釋蟲〉、〈果蠃轉語〉，〔註134〕取材釋義，遣辭立論，潛移默化間，當亦阮元所仿效，以〈揅經室集〉之〈釋心〉、〈釋磬〉、〈釋門〉諸作，皆有與王程二氏相互發明者，又如莊綬甲（1774～1829）之〈釋書名〉言「文、字、書、籀、篆、隸、草、行；券、契、方、皮、策、簡、札、牒、篇、簿、筆、紙、墨」之類，〔註135〕於阮元「書論」、「帖論」影響亦大，固知阮元之釋詞論證，乃風會所致，先生身躬其境，霑育之際，所獲爲尤多矣。

再者，仕途轍達，顯宦之際，復致意三代兩漢鼎彝，每有聞見，必親臨採擷，覃研摩娑，盡興而外，乃筆之於書，使物之義蘊煥顯於世。故數十年官宦生涯，先生非惟事功用事，於墜文掌故、金文碑帖，均詳加蒐羅，使前賢光澤，映耀采燁，則先生於學於術豈小哉！觀其〈商周銅器說〉云：

> 形上謂道，形下謂器。……且天子諸侯卿大夫，非有德位，保其富貴，則不能制其器；非有問學，通其文詞，則不能銘其器，然則器者先王所以馴天下尊王敬祖之心，教天下習禮博文之學。〔註136〕

則謂形下之器者，如無德位、無問學，仍無以制其器、通其文辭，故器者，乃所以發爲尊王敬祖之心，而教天下習禮博文之學，功爲甚夥，又豈可等閒以視？且器物之銘文亦爲訓詁之資材，摩研之餘，復宜究心於鼎彝之內蘊，此亦阮氏《積古齋鐘鼎彝器款識》之作也。故阮氏云：

> ……世人得西嶽一陣，定武片紙，即珍如源寶，何況三代法物乎！世人得世綵書函，麻沙宋板，即藏爲祕冊，何況商周文字乎。〔註137〕

故由三代法物、商周文字，得識三代文物，且藉以知商周傳承之宗法，於文

〔註134〕胡樸安《中國訓詁學史》〈爾雅派之訓詁〉，頁146。
〔註135〕同上，頁145。
〔註136〕《揅經室三集》卷三，頁591。
〔註137〕《積古齋鐘鼎彝器款識》序。

化流衍，即言而有信，故〈商周銅器說下〉即詳列鼎彝之用，且謂：「三代時，鼎鐘爲最重之器。」而區爲：

1. 立國以鼎彝爲分器：如武王有分器之篇，魯公有彝器之分。

事爲：《書序》武王封諸侯，「班宗彝」作分器。又爲：「《左．定四年》分魯公官司彝器；分康叔"大呂"，分康叔"姑冼"，皆鐘也。」

2. 諸侯大夫朝享而賜以重器：如周王予虢公以爵；晉侯賜子產以鼎。

事爲：〈莊二十一年〉鄭伯之享王也，王以后之鞶鑑予之，虢公請器，王予之爵，鄭伯由是惡王。又爲：《左．昭七年》，晉侯賜子產莒之二方鼎。

3. 以小事大而賂以重器：如齊侯賂晉以地而先以紀甗；魯公賄晉卿以壽夢之鼎；鄭賂晉以襄鐘；齊人賂晉以宗器；陳侯賂鄭以宗器；燕人賂齊以斝耳；徐人賂齊以甲父鼎；鄭伯納晉以鐘鎛。

事爲：齊侯賂晉先以紀甗於《左．成二年》。又魯公賄晉以鼎於《左．襄十九年》：「公享晉六卿，賄荀偃束錦加璧乘馬，先吳壽夢之鼎。」；又鄭賂晉以鐘於《左．成十年》：「鄭子罕賂晉以襄鐘。」杜注：「鄭襄公之廟鐘。」；又齊人賂晉以宗器《左．襄二十五年》杜注：「宗器，祭祀之器。」；又陳侯賂鄭以宗器仍於《左．襄二十五年》；又燕人賂齊以斝耳於《左．昭七年》；又徐人賂齊以鼎於《左．昭十六年》；又鄭伯納晉鐘鎛於《左．襄十一年》，亦見《晉語》。

4. 以大伐小而取爲重器：如魯取鄆鐘以爲公盤；齊攻魯以求岑鼎。

事爲：魯耳鄆鐘於《左．襄十二年》；齊攻魯求鼎，《呂氏春秋》：「齊攻魯求岑鼎，晉君戴代鼎以往，齊侯弗信。」又見《說苑》、《新序》。

5. 爲述德儆身之銘以爲重器：如祭統述孔悝之銘；叔向述讒鼎之銘；孟僖子述正考父鼎銘；史蘇述商衰之銘。

叔向、孟僖子、史蘇事分爲：《左．昭三年》、《左．昭七年》及〈晉語〉

6. 爲自矜之銘以爲重器：如禮至銘殺國子；季武子銘得齊兵。

事爲：〈傳二十五年春〉：「衛人伐邪，二禮從國子巡城，掖以赴外，殺之。正月丙午，衛侯燬滅邢，同姓固也，故名禮至爲銘曰："余掖殺國子，莫余敢止"。」季武子事見《左襄十九年》。

7. 鑄政令于鼎彝以爲重器：如司約書約劑于宗彝；晉鄭鑄刑書于刑鼎。

司約事爲：《周禮・秋官・司寇第五》：「司約（契約），掌邦國及萬民之約劑，……凡大約齊書於宗彝（宗廟常器），小約齊書於丹圖樣（丹書）。」又晉鄭鑄刑書於《左・昭六年、二十九年》。

8. 王綱廢墜之時，以天子之社稷而與鼎器共存亡輕重：如武王遷九鼎于雒。楚子問鼎于周；秦興師臨周求九鼎。

武王遷鼎、楚子問鼎事，均見《左・宣三年》；秦興師求鼎，則見《戰國策》。〔註 138〕

由上諸例，則阮氏以鼎彝爲史事之探究，蓋其來有自，且以之證史，亦信而有徵，此即所謂：「欲觀三代以上之道與器，九經之外，舍鐘鼎之屬，曷由觀之。」〔註 139〕

至於阮元以金石爲事，用力所及，亦在以石碑銘文驗證古事古語，故本節述及「名物之訓詁」，仍自金石銘文立論，亦在以此證經證史，且藉此研探文字書法，庶於先生訓詁之涂，所識乃更深。

一、推明金石源委

阮元之金石，蓋分爲二：謂之金者，以鐘鼎彝器爲大宗，旁及兵器、度量衡、符璽、錢幣、鏡鑑等物，即古銅器之有銘識者皆輯之，此若《鐘鼎款識》、《山左》、《兩浙金石志》、〈王復齋鐘鼎款識跋〉、〈釋宋戴公戈文〉、〈晉眞子飛霜鏡拓本跋〉、〈商銅距末跋〉諸文屬之；謂之石者，以碑、碣、墓誌爲大宗，旁及摩崖造像、柱礎、石闕等，即凡石刻之有文字圖像者，先生盡皆輯之，此若〈秦瑯邪臺石刻十三行本跋〉、〈漢延熹華嶽廟碑跋〉、及至〈秦漢六朝唐廿八名印記〉、〈宋揚楚夜雨雷鐘篆銘跋〉、〈吳蜀師磚考〉、〈秦漢官印臨本序〉諸文屬之。〔註 140〕由此觀之，阮元金石諸文，仍在研究中國歷代金石名義、形式、制度、沿革及所刻文字圖象之體例、作風，一以考訂經史，一以探悉文章義例，再爲藝術之賞鑑，用心可謂寬廣。時人王昶（1724～1806）云：

凡經史小學暨於山經、地志、叢書、別集，皆當參稽會萃，覈其異同，而寀其詳略，是非輇才末學能與於此。〔註 141〕

近人朱劍心亦云：

〔註 138〕《揅經室三集》卷三，頁 592。
〔註 139〕同上。
〔註 140〕同上，頁 591、615。
〔註 141〕王昶《金石萃編》序。

> 金石文字，自成專明獨立之學，可不待言，而其裨於其他學者，亦有三焉；一曰考訂，統經史小學而言；一曰文章，重其原始體制；一曰藝術，兼晐書畫雕刻，而骨董家之鑑把翫不與焉。〔註142〕

王、氏二氏之言，恰正足說述阮元研摩金石之意，且以朱氏所謂「裨於他學者，亦有三焉」之說，尤能彰顯阮氏之見，正所謂證經典、正諸史、補載籍、考文字者也。

至於金石制作，與文字同古，是以自三代、秦、漢以來，無不重之；而成爲一專門之學術，則自宋劉敞、歐陽修、呂大臨、王黼、薛尚功、趙明誠、洪适、王象之諸家始，歷元、明至清，而斯學大盛，其間金石名家，無慮千百數，惟儀徵阮公文達，能總挹前代之清芬，啓後進之新運，廣徵博引，裒輯成書，而稽其所得，條目約爲：一曰校文字之異同；二曰斠史傳之謬誤；三日補載籍之闕佚；四曰立文章之體製；五曰作書法之鑑賞。以下謹摘《款識》及書中所記，分條徵引之。

（一）校文字之異同

研究兩周故實，首推吉金文字。阮元〈商周銅器說上〉即云：

> 古銅器有銘，銘之文爲古人篆蹟，非經文隸楷緐傳寫之比。且其詞爲古王侯大夫賢者所爲，其重與九經同之；……其見稱于經傳者，湯之盤、正考父孔悝之鼎，其器皆不傳于今，然則今之所傳者，使古聖見之，安之不載入傳也；器者所以藏禮，故孔子曰：「唯器與名，不可假人。」先王之制器也，齊期度量，同其文字，別其尊卑，用之于朝覲燕饗，則見天子之尊、賜命之寵，雖有強國，不敢問鼎之輕重焉；用之于祭祀飲射，則見德功之美、勳賞言之銘，孝子孝孫，永享其祖考而寶用之。〔註143〕

阮元以銘文爲古人篆蹟，摩刻鼎彝之上，古王侯大夫者之才與力與禮，皆蘊注其中，雖云爲器，實則亦爲道，合而言之，即道之與器，兩不相離，故商祚六百，周祚八百，其道與器，盡皆不墜，以之於用，則禮明文達，位定王尊，德功之美，雖顏子簞瓢不爲儉；勳賞之銘，雖晉絳鐘鎛不爲奢，此道器之合，乃所謂「重與九經同」之意。後之儒者龔自珍（1792～1841）注云：

> 凡古文，可以補今許慎書之闕；其韻，可以補〈雅〉、〈頌〉之隙；

〔註142〕朱劍心《金石學》〈第二章：金石學之價值〉，頁5。
〔註143〕《揅經室三集》卷三，頁591。

> 其事，可以補《春秋》之隙；其禮，可以補《逸禮》之隙；其官位氏族，可以補七十子大義之隙。〔註 144〕

則鼎彝銘文，其韻之補〈雅〉、〈頌〉闕遺；事之補《春秋》未足；禮之補《逸禮》未見，於器而知文，因文而見道，謂之「同九經」者，豈庸置疑！至銘文之證經典，《鐘鼎款識》所識亦夥，取證如下：

1. 宥

宥　作　父　辛　尊　彝

> 或以「宥」爲人名。
>
> 阮元云：「宥，非人名，古文"宥"作"侑"，見《儀禮》注；《詩·楚茨》云："以妥以侑"；《儀禮·特牲饋食禮》云："尸三飯告飽祝侑。"鄭注："侑，勸也。"此廟中侑食之器，弓矢所以旌武勁；或曰先人所用器，謹世守也。」〔註 145〕

《正字通》以宥爲姓，然依上下文，宥非爲姓，實與「侑」同，謂勸也，《周禮·春官》〈大司樂〉：「王大食（蝕）三宥，皆命作鐘鼓。」鄭注云：「宥，猶勸也。」賈疏云：「膳夫云：以樂侑食，是常食也。」〔註 146〕

2. 成

成　父　癸

「[illegible]」字，宋薛尚功《歷代鐘鼎款識法帖》釋爲立戈形；王俅《嘯堂集古錄》釋爲戈穿貝形。阮元以爲釋戈形皆非，引吳侃叔言，謂「[illegible]」即古文「成」字，析言之，「[illegible]」乃準之象也，平也；「一」繩之象也，直也。且謂：

> 所以權之也，權之而得之直，即得其平也。《考工記》所謂可水可懸之象也。凡物平則成，故《左·文十八年傳》「地平天成」注云：「成亦平也是也。」後省爲[illegible]爲[illegible]爲[illegible]爲[illegible]爲戌。《詩·毛傳》「成，平也。」凡二見；鄭注；《周禮》：「成，平也。」凡六見；《爾雅》《釋詁》：「平，成也。」《穀梁傳》：「平者，成也。」凡三見，不覯此文，

〔註 144〕龔自珍《商周彝器文錄》序。

〔註 145〕阮元《積古齋鐘鼎彝器款識》卷一，頁 24。

〔註 146〕《十三經注疏·周禮》，頁 344。

> 莫窺其像，而漢儒平、成轉注……。〔註 147〕

以字觀之，非戈形而爲成字可知，阮元舉《詩》、《周禮》、《穀梁》證成乃平之意，故「林」、「一」爲平直之象。由此成者，平也；平者，成也，其意甚明。

3. 班

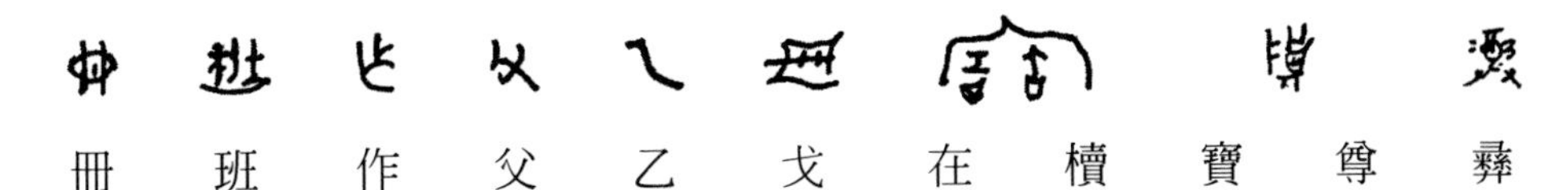

冊　班　作　父　乙　戈　在　櫝　寶　尊　彝

阮元以爲「班」古文亦爲「辨」，且謂「冊父乙尊銘」之「班」即「辨」也。故云：

> 班從玨，《說文》以爲分瑞玉也。此從並者。班，古文作辨。《儀禮・士虞禮》云：「明日以其班祔。」注云：「古文班或爲辨。」《漢書・王莽傳》集注引孟康云：「辨或作班，布也；斑字亦作辬。」見《文選・西京賦》證以此銘，知辨爲爲古「㻞」字，繁文而從玨文字，又其後起經史「班、辨」同字，益昭然矣。〔註 148〕

班爲逋彎切，刪韻，分也。《書・舜典》：「班瑞于群后。」即分彝于群后也；辨音「辯」，亦音「班」。音「班」者，爲逋彎切，刪韻。《漢書・高帝紀》：「吏以文法訓辨告，勿笞辱。」注：「辨告者，分別義理以曉喻之。」王念孫《讀書雜志》謂：「辨讀爲班，班告，布告也，謂以文法教訓布告民眾也。」故阮元謂「班・辨」同字，意乃在乎此。

4. 明我

明　我　作　壺

> 阮元云：「明我壺銘四字，……吳侃叔曰：“我即娥字之省”案古明字通孟，孟娥猶言孟姬也。壺字象形。」〔註 149〕

明我壺之「明」與「我」，阮元引時人吳侃叔之言，謂「我即娥」；又謂「明即孟」則明我即孟娥，孟娥即孟姬，此異文之說也。蓋「我」者，烏可切，

〔註 147〕《積古齋鐘鼎彝器款識》卷一，頁 10。

〔註 148〕同上，頁 39。

〔註 149〕《積古齋鐘鼎彝器款識》卷二，頁 73。

歌韻；「娥」者，額何切，歌韻；故「我、娥」古韻同，可以互通。「明」者，迷迎切，庚韻；「孟」者，暮更切，敬韻。「明、孟」雙聲、疊韻之足互通也。

（二）斠史傳之謬誤

金石文字，蓋出於時人之手，故能身歷目驗，秉筆傳述，不僅可斠後世史傳之謬誤，間亦補其記載所未備，此亦有裨於史傳者。阮元《積古齋鐘鼎彝器款識》所集周器款識，於史傳之究，頗有助益，卷三所列，若：《宋平公鐘》、《紀侯鐘》、《楚公鎛鐘》、《鄭邢叔綏賓鐘》、《楚良臣余義鐘》、《祿康鐘》、《叔丁寶林鐘》、《并叔鐘》、《宗周鐘》、《虢叔大林鐘》、《楚公鐘》、《楚曾侯鐘》、《周公鐘》、《周公望鐘》諸鐘，與史傳相侔相較，皆能勘定史傳繆誤。今者，兹引阮元之說，援例以述：

1. 宋公成與宋公戌

《宋平公鐘》

宋　公　戌　之　謌　鐘

宋公戌舊釋爲宋公成，阮元引吳侃叔云：「《左昭十年傳》宋公成《公羊》作“戌”，《史記》亦作“成”今觀是銘，當以《公羊》爲正，是平公器也。」又言：「《頌壺銘》“甲戌”《豐姞敦》“丙戌”，文皆作戌，此同。」又言：「按《左昭二十年傳》“公子成”，杜注“平公子成與城同”。若平公名“成”，其子不得名“城”也。」〔註150〕

蓋「成」與「戌」，筆畫甚微，鮮能辨其爲成爲戌，阮元以相較之法，言甲戌、乙戌之戌，文皆同，而謂《公羊》之宋公戌，較《左傳》、《史記》之宋公成合誼；再以若宋公名「成」則其子不得名「城」之避諱爲說，證「宋公戌」較「宋公成」洽適。

2. 宗周為鎬京

王　肇　建　相　交　武　堇　彊　土　……

宗周鐘鉦間銘三十二字，鼓左五十七字，鼓右三十一字，字中有摩滅者一字，共一百二十字，〔註151〕此僅節錄開端之言。而謂「宗周」者，究指何

〔註150〕同上，頁124。

〔註151〕《積古齋鐘鼎彝器款識》卷三，頁140。

處，文未言明。阮元引《書・周官傳》謂孔疏云：「豐鎬與洛邑皆名宗周。」是此宗周未詳何地。蓋《周書》言：「成王既黜殷命，滅淮夷，還歸在豐，作周官。」（孔疏）以：「宗周雖是鎬京，文無豐鎬之字。」〔註 152〕語頗質疑；至以豐鎬、洛邑皆謂宗周，意亦未肯定；阮元則「以相文武之文揣之」，疑「此鐘或成王所作」，確定「宗周乃鎬京」也。阮氏以《書・畢命》：「自宗周至于豐」，《孔安國傳》明指：「宗周，鎬京；豐，文王所都。」〔註 153〕是宗周爲鎬京可知矣。

3. 虢叔者乃東虢之虢

《虢大林鐘》

《左・僖五年傳》：「虢仲、虢叔，王季之穆也。」

《正義》引賈逵注云：「虢仲封東虢，制是也；虢叔封西虢，虢公是也。」

是鄭所滅者，虢仲之後；晉所滅者，虢叔之後。阮元以爲《國語・韋昭注》與賈逵同，且謂「虢仲後有虢叔。」則「虢叔」者，必爲二人，《左傳・隱元年傳》：「虢叔死焉。」而鄭語所謂：「虢叔恃勢。」是虢仲之後字曰「叔」以是知虢叔後有虢仲，又有虢叔。阮元再以史傳證之：〈桓八年傳〉：「王命虢仲立晉哀侯之弟緡于晉。」是虢仲即虢公林父也。又〈莊二十年傳〉：「鄭伯聞之，見虢叔。」又〈二十一年傳〉：「虢叔自北門入。」是虢叔之後，字亦稱叔也，此虢叔名「旅」，惟史傳無徵，未詳是否。

阮元復引武億（1745～1799）云：「周景王作大林鐘。」是時虢亡已久，不宜復有虢叔爲之傚尤，此蓋其後續封也。又《唐書・宰相世系表》謂：「西虢地有虞鄭之間。」據史以論，平王東遷，奪虢叔之地與鄭武公；楚莊王起陸渾之師，責王滅虢，於是王求虢叔裔孫序，封于陽曲。由上推論，知鄭所滅者乃東虢，云西虢者，誠有舛訛。〔註 154〕

4. 楚公名為「廷」或為「逆」說

《楚公鐘》

〔註 152〕《十三經注疏・尚書》，頁 269。

〔註 153〕同上，頁 290。

〔註 154〕《積古齋鐘鼎彝器款識》卷三，頁 143～146。

市　口　韋　孫　口　口　公　廷（逆）　其　（木）　夜　雨

雷　鏄　故　名　……

阮元云：「楚公鐘銘四十二字，摩滅者二字，不可識者三字。」此僅取前段文字爲說。

由銘文以見，楚公之名歷來說述不一，阮元以「迬」，上體作「」下禮作「廴」，是爲「廷」字；孫詒讓以《陳逆簠》相勘，謂「迬」乃「逆」非「廷」，王更生先生《籀廎學記》以史論證，謂孫氏所解爲是，「逆」即楚公之名。茲就阮說與王說分述之：

（1）阮元以「迬」即「廷」

《說文》云：「廷，往也。」《春秋左氏傳》：往勞之往，皆作廷字，亦作迬。《漢書・揚雄傳注》：「迬古往字，往與狂通。」《書・微子》：「我其發」，《史記》作「發出往」是也。《史記・楚世家》：「鬻熊之子曰熊麗，熊生熊狂，熊狂生熊繹。熊繹事康王，熊狂當在成王時，鐘其所作。」《史記》言熊繹始封于處，此已稱楚公者，按《大戴記》陸終氏六曰季連，季連者，楚氏也，則楚固舊封至熊繹，乃加地耳。〔註155〕

阮元謂「迬」即「廷」，往也，亦狂也，此就字形說；又引《楚世家》爲例，謂「熊狂生熊繹」熊繹事康王，熊狂當在成王時，鐘爲所作，故楚公鐘之「」，即狂即廷也。

（2）王更生以「迬」即「逆」

阮元釋楚公之名，楚公鐘必熊狂所作，熊狂即熊廷。王更生則引孫詒讓《古籀拾遺》中卷（陳逆簠）之逆字謂「逆」作「」，近「」，故「」當「逆」爲非廷。且云：

……此字銘前從，後從，廷以王聲，金文王字常見，無作者，迬從㞷聲，《說文》從㞷在土上，其字金文作（據《曶鼎》匡字偏旁），或作（據吳錄《叔家父簠匡字偏旁》，與亦不同，且《史記》明言熊狂生熊繹，熊繹當周成王之時，舉文、武勤勞之後，嗣而封

〔註155〕同上，頁153。

繹於楚蠻，封以子男之田，是熊䵣時，楚實未封，《帝繫》云，乃舉其終言之，逆𩨚聲，《說文》屰部，「屰」從「屰」，下凵屮之也，從此屰即屰之變體，變凵爲𠆢，又迻著于屰字之中。秦《嶧山刻石》「討伐亂逆」，「逆」作「逆」，是凵可迻著屰字中之證。《陳逆簠》，逆作逆是凵可變作𠆢之證。《楚世家》熊徇卒，千熊咢立，此楚公逆即熊咢也，咢、逆一聲孳生之字，古多通用，故《史記》以逆爲咢，熊咢在熊渠去王號之後，熊通再僭偁王之前，此銘偁楚公亦正符合，以字形及文例覈之，此鐘爲熊所作，殆無疑議。〔註 156〕

王氏據〈楚世家〉謂熊徇卒，千熊咢立，且謂楚公逆即熊咢也。然熊咢即熊咢也，《史記・楚世家第十》謂：「楚子熊繹與魯公伯禽……俱事成王。」又謂：「熊繹生熊艾，熊艾生熊亶，熊亶生熊勝，熊勝以熊楊爲後，熊楊生熊渠，……渠乃立其長子康爲句亶王。」〔註 157〕熊渠當周厲王之時，而熊徇之立乃當周宣王之時，宣王二十二年，熊徇卒，熊咢立，則熊渠與熊咢，一在周厲王，一在周宣王，時距甚遠，王氏謂「熊咢在熊渠去王號之後。」年代顯未相符，而謂此銘所言之楚公即熊咢，事已不符，言「逆」即「咢」，理由亦未充足，則王說當未足取，由是亦見阮元之以「逞」爲廷爲狂之合誼也。

（三）補庫籍之闕佚

研究兩周故實，吉金文字當推首要，前引龔自珍《商周彝器文錄・敘》謂古文可補許慎之闕；韻可補〈雅〉、〈頌〉之隙；事可補《春秋》之隙；禮可補《逸禮》；官位氏族可補七十子大義之隙。〔註 158〕是鐘鼎銘文之裨補載籍顯而易見，梁啓超《中國歷史研究法・說史料》即言：

金文證史之功，過於石刻；蓋以年代愈遠，史料愈湮，片鱗殘甲，罔不可寶也。例如周宣王伐玁之役，實我民族上古時代對外一大事，其跡僅見《詩經》，而簡略不可理；及《小盂鼎》中《虢季子白盤》、《不嬰敦》、《梁伯戈》諸器出世，經學者定必考釋，然後茲役之年月、戰線、戰略、兵數，皆歷歷可推。王國維有《鬼方昆夷玁狁考》及《不嬰敦蓋銘考釋》，考證茲役，甚多新解；又如西周時民間債權交易準折之狀況，及民事案件之裁判，古書中一無可考；自《曶鼎》

〔註 156〕王更生《籀廎學記》，頁 496。
〔註 157〕瀧川龜次郎《史記會注考證》，〈楚世家第十〉，頁 645。
〔註 158〕同註 144。

出，推釋之即略其見概。〔註159〕

再以王國維著《兩周金石文韻讀》爲言，王氏取金石器物銘文四十七種，排比音韻，上起宗周，下迄戰國，計五、六百年，然其用韻，與《三百篇》幾無不合，其〈自敘〉云：

自漢以後，學術之盛，無過於近三百年，此三百年中，經學、史學皆足凌駕前代，然其尤卓絕者，則在小學；小學之中，如高郵王氏、棲霞郝氏之於訓詁，歙縣程氏之於名物，金壇段氏之於《說文》，皆足以上掩前哲，然其尤卓絕者，則爲韻學；古韻之學自崑山顏氏而婺源之氏，而休寧戴氏而金壇段氏，而曲阜孔氏，而高郵王氏，而歙縣江氏，作者不過七人，然古音二十二部之目，遂令後世無可增損，故訓詁文字之學有待於後人者尚多，至古韻之學，則謂之前無古人，後無來者可也。原斯學所以能完密至此者，以其所治者不過三百篇，及群經諸子有韻之文，其治之法，不外因乎古人聲音之自然，其道甚簡，而其事有涯，以甚簡入有涯，故數傳而歲臻其極也。余比年讀三百篇，竊歎言韻至王、江二氏始毫髮無遺憾，惟音分陰陽二類，當從戴孔，而陽類有平無上去入當從段氏，前哲所言，固以涉舉靡遺，因不復有所論述，惟前哲音韻皆以詩三百五篇爲主，余更蒐周世韻與見於金石之字者得數十篇，中有杞、曾、許、郝、徐、楚諸國之文，出商、魯二頌與十五國風之外，其詩上起宗周，下訖戰國，迄五六百年，然其用韻與《三百篇》無乎不合，故即王、江二家部目譜讀之，雖金石文字用韻無多，不足以見古韻之全，然足證近世古韻學之精密。〔註160〕

王國維以金石用韻與《三百篇》相較，謂上起宗周，下迄戰國，綿亙五、六百年，韻無不合，證得金石韻目於載籍確有補裨之功，近人郭沫若《金文辭大系考釋》將歷年所得器物銘文，分國別錄，推一百六十又一之大概，辨兩周政治文化之況，以爲：

自春秋以後，氏族畛域漸就混同，文化色彩亦漸趨畫一，證諸彝器，則北自燕晉，南迄徐吳，東自齊邾，西迄秦鄀，構思既且從同，用韻亦復一致，是足徵周末之中州，確已有「書同文，行同輪」之實

〔註159〕梁啓超《中國歷史研究法》〈第四章說史料〉，頁89。
〔註160〕王國維《周代金石文韻讀》自序。

學，未幾至嬴秦而一統，勢所必然也。〔註161〕

則兩周銘文用韻與《詩》、《騷》音律若合符節，不僅補先秦文字音韻之不足，尤與考索上古音論者一可行之涂徑，以下仍舉《宗周鐘》之用韻，以概一斑：

《宗周鐘》載：

王肇建相文（武）堇疆（土）南國服孳敢陷虐我（土）王𦎫伐其至戮緘厥（都）《魚部》服孳乃遣閒來逆邵（王）南夷東夷具見廿有六（邦）惟皇上帝百神保余小子朕猷有成亡（兢）我惟司配皇天（王）對作宗周寶（鐘）倉倉蔥蔥銑銑雒雒用卲洛不顯祖考先（王）其嚴在（上）熊熊鄷鄷（陽、東合韻）降余多（福）福余孝孫參壽惟利制其萬年畯保三國（之部）。

此鐘爲昭（卲）王所作，蓋紀其南懲「服」孳，征伐有功，藩國來歸之事，文中「南夷、東夷具見廿六邦」句即其確證。

而《宗周鐘》用韻，揆諸銘文，不出「之」、「魚」部，之、魚古韻相通，合《三百篇》音韻之律可知。至隸定用字，阮元亦舉數字爲訓：

「臽」即陷字。《說文》云：「小阱也，從人在臼上。」《天井碑》云：「堅無臽。」《隸續》說：「臽即陷字。」《周禮・雍氏注》「穿地爲塹，所以禦禽獸，謂之陷阱。」

從臼從人持弓爲掩禽獸伏機之象形，義更備。

「𦎫」《說文》云：「孰也，從亯從羊，讀若純。」義同「烹」，烹伐猶言殺伐，「戮」即「撲」字，擊也；殺伐其內侵之師，乘勝擊伐其都邑，以聲罪致討也。「閒」字，月在門上。徐鍇所謂：「門夜閉而見月光。」是有閒隙，非謂月在門內也。

「冏」《說文》云：「窗牖麗廔闓明，讀若獷。」賈侍中說：「讀與明同。」此言「冏神」，是明神也。

「亡」讀爲「無倉」，「倉」讀爲「鏘」，「鏘」言鐘聲之盛。

「它」字，《說文》訓爲「虫」，此「它它」當爲「佗佗」，言鐘聲之美雄；「雄」亦盛意，《楚辭・大招》：「雄雄赫赫」注云：「雄雄，威勢盛也。」

「參壽惟利」即《晉姜鼎》所謂三壽是利也。

「割」字與「蓋」字通，《禮・緇衣》引《書・君奭》「割（爲何）申（重）勸（勉）寧王（文王）之德。」爲「周田觀文王之德。」鄭注云：「割之言蓋

〔註161〕郭沫若《兩周金文辭大系考釋》自序。

也；此割字正似周義，通蓋。」又何借作「祈匃」之「匃」。焦山《同無專鼎》：「用割眉壽」「割」字正如此，舊釋作「周旁匕形」非也。

又此銘「武、土、都」爲韻；「鐘、雒」爲韻；利讀爲列，與「國」爲韻；且多用雙聲疊韻：如「文、武」、「勤、疆」乃皆雙聲；「王、亨、戣（楑）、伐」至「司配我土、遣閒、熊熊、雒雒」皆疊韻，「畯」同「駿」，大也；「三國」之三字當作三，疑字有闕，或曰周在西土，故以東南北爲三國也。〔註 162〕

再如《虢叔大林鐘》既可斠史傳之闕，亦可正載籍之末足。

《虢叔大林鐘》載：

虢叔旅曰不顯皇考惠叔穆秉元明德御于乃辟㝵屯户攸旅敢殷帥莉皇考威義（儀）爲御于天子白天子多錫旅休旅天子魯休揚用朕皇考惠叔大令龢鐘皇考嚴在上翼在下愷愷能（熊）能（熊）降旅多福旅其萬年子子孫孫永寶用（饗）〔註 163〕

阮元謂鄭所滅者爲東虢，以此史論，前已述之。至論器物則引《國語》：

周景王鑄無射而爲之大林。單穆公諫謂：「作重幣以絕民資，又鑄大鐘以鮮其繼，若無射有林耳弗及也；先王之制鐘不過石，今王作鐘，聽之弗及，比之不度伶州鳩。」又謂：「細抑大陵，不容於耳。」韋昭注謂：「大林爲無射之覆，無射，陽聲之細者；大林，陰聲之大者。」

據此知「大林」爲逾常之大鐘，景王鑄之當日必有效之者，此「虢叔鐘」也。以是知謂虢叔鐘者，爲「大林」之鐘，亦逾常之鐘也，然此鐘特色安在？阮元以爲此鐘重六十六公斤，逾于古鐘遠矣！蓋古之爲鐘，各自計律倍而半之，即所謂之律度〔註 164〕如林鐘之律長六寸，林鐘之鐘當長一尺五寸，即翁（方綱）所藏《周叔丁林鐘》以漢律尺度之兩欒高一尺五寸有零，合於律尺。而「大林」鐘高一尺八寸五分，準以林鐘之筆兩倍有盈，則景公之鐘當是，故名曰「大林」。

再以釋字言之：

「㝵戶純攸」即「得純祚遠」之謂，攸，攸遠也。

「威義」即「威儀」。

〔註 162〕《積古齋鐘鼎彝器款識》卷三，頁 141、142。

〔註 163〕同上，頁 144。

〔註 164〕《四庫總目‧樂律全書提要》：「度本起於黃鐘之長，就此均分爲十寸，寸十分，命曰一尺，當橫黍百粒，是爲度尺；若分爲八寸一分，寸九分，凡八十一分，是爲律尺。」

「𠧪」即《說文》「𠧪」字，解云：「草木實垂，𠧪𠧪然。」讀若調。〔註 165〕

「𡩧」字從三𠧪，又君子樂，舊釋「逌」爲「迺」非是，當釋爲逌，古同攸，迺字從西，此從卣，字體迥別。《說文》云：「㽕木生條也。」《說文》無「由」字，阮元以爲「𠧪」即其字；蓋「調、由」一聲之轉，古音相通，故「調飢之調」讀如「鞗革」之鞗，「鞗」古作「攸」，由字以木生條爲訓，「𠧪」亦艸木垂實之貌，是「𠧪」爲由之古文無疑。〔註 166〕

蓋《說文》無「由」字，阮元以「調、由」一聲之轉，得「調」同「鞗」；「鞗」古作「攸」，「攸、由」音復相同，由是推得「𠧪」爲「由」之古文，此亦正補《說文》之不足也。

（四）立文章之體製

金石之文，初不爲選家所采。其有存全文，亦無與文章之事。良以三代鼎彝，文字甚古；秦漢碑版，殘泐居多；所由委置而弗道也。不知金石文字之所以重，其道又別有在是。黃公渚《周秦金石文選緒言》云：

> 文章有傳世壽世之分，金石之文，尤與金石同壽；故作者下筆時，必有空前絕後之想，非苟焉而已也。故爲金石文章者，人不必舒、向、卿、雲，而要有金玉黼黻之才；時不必虞、夏、商、周，而要有灝灝之氣；有是才，有是氣，而後縱筆所至，無不合矩。長至數千言，短或百餘字；字皆有律有度，辭皆有倫有脊；可以動天地，泣鬼神，固非軨才諷説之徒所能勝也。

吳闓生亦云：

> 文章之事，以金石爲重，其體亦最難。……三代以上，銘功德於彝鼎，其辭尚簡；今存者雖多，而不盡可識。石刻之文，惟岐陽之鼓，後世亦未能盡解。秦皇崛起，褒功立石，皆丞相斯爲之；原本〈雅〉、〈頌〉，一變而爲金石之體；法律森嚴，足以範圍百世。……繼斯而作者，則孟堅《燕然山銘》，皆軒天拔地，壁立萬仞。豈獨二子才雄？抑金石之作，其道固如是也。此體製之説也。〔註 167〕

黃、吳二氏皆就金石體製及文之工拙論，阮元於金石考訂之餘，每言及結構、辭義、遣詞、造句者，於文章體製多能切中棨要，後欲操觚弄翰之士，將亦

〔註 165〕《說文》七篇上，頁 317。
〔註 166〕《積古齋鐘鼎彝器款識》，頁 148。
〔註 167〕吳闓生《漢碑文範》序。

有所取資焉。

《曾伯霥簠》

唯　王　九　月　初　吉　庚　午

曾　伯　黎　悊　聖　元　武　孔

業　克　敓　淮　及　女　變　綏　邑

湯　金　道　賜　金　行　具　既　俾

方　余　睘　其　吉　金　黃　鐕

余　用　自　作　旅　簠　以　征

以　行　用　盛　稻　樑　用　孝

用　享　于　我　皇　祖　文　考

天　賜　之　福　曾　伯　霥　段

繇　黃　者　萬　年　眉　壽　無

彊　子　孫　永　寶　用　之　享〔註 168〕

此銘九十一字，阮元以「典雅可誦」視之。用韻之際，若「邑、俾」、「鐕、征」，「孝、考」，皆爲同韻，鏗鏘有致；他字若黎與良爲同義，「悊聖元元，武孔業克」，句法齊整，一脈而下，而「悊」乃智也，「聖」借爲聽；「懷」及「女變綏」者，言分理淮水、汝女之事，和安當時，用字亦貼切；「邑湯（盪）

〔註 168〕《積古齋鐘鼎彝器款識》卷七，頁 390～392。

金與道賜金」者，謂以國邑之盤金爲道路之賜金也；「行具」即指賜今，「既俾方」者，已使行於道也；「孝」者，養也；「段」即假也；「欒」借爲樂，蓋書欒作樂，且假樂爲黃耇祝壽之詞，首尾井然，雅麗鍊達。而「以征以行，用盛稻粱，用孝用享」，疊字互出，猶《三百篇》常用筆法，此乃足資多采矣。

《曾伯䨮簠銘》文采典麗，之外，若《陳逆簠》、《格伯簋銘》（《款識》卷七），乃至《無專鼎》、《鬲攸從鼎》、《頌鼎》、《曶鼎》（《款識》卷四）盡皆美文，事，始末相連，頗爲可取，茲以掇敘：

《頌鼎》

惟　三　年　五　月　既　死　霸　甲　戌
王　在　周　康　昭　宮　旦　王　格　大
室　即　立　宰　宏　右　頌　入　門　立
中　廷　尹　氏　受　王　命　書　王　呼　史
虢　生　冊　命　頌　王　曰　頌　命　女　官
治　成　周　貯　廿　家　監　治　新　告　貯
用　宮　御　錫　女　元　衣　帶　束　赤　市　朱
黃　鑾　旂　鞗　勒　用　事　頌　拜　稽　首　受
冊　佩　以　出　反　入　覲　寵　頌　敢　對
揚　天　子　丕　顯　魯　休　用　作　朕　皇

考　龔　叔　皇　母　龔　似　寶　尊

鼎　用　追　孝　蘄　匄　康　虔　屯　右

通　菉　永　命　頌　其　萬　年　眉　壽

畯　臣　天　子　霝　終　子　孫　寶　用

阮元以爲《頌鼎銘》：〔註 169〕計一百四十九字，朱彝尊《曝書亭集》有〈周司成頌寶尊銘跋〉，其榻本尙存，與此鼎及《頌敦》皆一人所作。此文首尾一體，始末相銜，排比次序，有五字相對合爲十字者，皆六字相對合爲十二字者，次第井然，上下有致，於文章體製，不失精要之散文。

次就文體言：阮元由「受冊以出，而反入覲。」句考得本文爲《左・僖二十八年》〈城濮之戰〉晉勝楚敗，周天子冊封晉文公之銘。王國維《生霸死霸考》則謂：「頌鼎、頌敦、頌壺諸器皆云"惟三年五月既死霸甲戌"此諸器自其文字辭命觀之皆厲宣以降之器。」〔註 170〕且謂既死霸爲月之「二十三日」，〔註 171〕則「五月既死霸甲戌」，即五月二十三日也，此爲時日之考證。惟此所謂「王」者，王氏僅謂「周厲之後」，未言周天子何人，阮元則依《左傳》史實明其時乃周襄王二十年（西元前 632 年），是周襄王即晉、楚城濮之役之天子也。至文辭之美者，「康、昭宮」，即謂「康王昭王之廟」，而「昭」者，朱彝尊《經義考》釋爲「邵」，阮元則以爲非，更定「召」爲是；至「命女官治成周」治即可也，主持之謂，朱彝尊謂「治成」乃「司成」而斷爲一句，「周貯」以下又一句；阮元以「不辭」說之，定朱說爲誤；「監治新𧷤貯用宮御者」，意爲「命掌積聚以充宮御之用。」；「朱黃」即朱衡，謂校勘書籍著筆之顏色也；「受冊佩以出」者，爲配朱衡以出也；「反入覲瓏」者，言受冊以出而反入覲也。《左・僖二八年》載：

> ……五月丙午，晉侯及鄭伯盟于衡雍。丁未，獻處俘于王，駟介百乘，徒兵千。鄭伯傅（相）王，同平禮也。己酉，王享醴，命晉侯

〔註 169〕《積古齋鐘鼎彝器款識》卷四，頁 228～232。

〔註 170〕王國維《觀堂集林》卷一，頁 3。

〔註 171〕同上，頁 21。

宥。王命尹氏及王子虎，內史叔興父策命晉侯爲侯伯，賜之大輅之服，戎輅之服，彤弓一，彤矢百；弓（黑弓）矢千，秬鬯一卣，虎賁三百人。曰：「王謂叔父，敬服王命，以綏四國，糾逖王慝。」晉侯三辭從命，曰：「重耳敢再拜稽首，奉揚天子之丕顯休命。」受策以出，出入三覲。〔註 172〕

故以《頌鼎》與《左傳》原文相照，亦見其文之精簡鍊達，數字言述即能勾勒章法結構，且而此文段落清晰，條理明確，依時言事，原委相貫，雖僅百四十九字，文章脈絡儼然可見，洵得散文之筆法；他如《頌敦》銘文一百五十二字，〔註 173〕內容與《頌鼎》無二致，不再贅敘。再如《卯敦銘》文長一百五十一字，〔註 174〕阮元謂其「詞如典誥」，末段云：

宗　蠡　一　將　寶　錫　女　馬　十　所　牛　十

錫　于　作　一　田　錫　于　宮　一　田

錫　于　陂　一　田　錫　于　織　一　田

則筆法整齊，跌宕有致，句與句間，互爲排比，頗類《詩》之重疊相應，亦若民歌之吟詠唱和，無矯揉之失，亦未刻意造作，自然合誼，此即黃公渚所謂：「爲金石文章者，……是有才，有是氣；而後縱筆所至，無不合矩」，可謂公允之論。

（五）作書法之鑑賞

金石之文，可以訂史，可以補佚，爲文章範式，《鐘鼎彝器款識》前已言敘。而其書體之美，變化之多，尤爲特色。朱劍心云：

自漢、魏以來，文臣學士，研習歲滋，摩搨日廣，亦成專門之學。雖古人臨摹，惟重其跡；然世代綿藐，縑素莫傳，惟有留於金石，得永其存。〔註 175〕

〔註 172〕《十三經注疏・左傳》，頁 373～374。

〔註 173〕《積古齋鐘鼎彝器款識》卷六，頁 363～364。

〔註 174〕同上，359～360。

〔註 175〕朱劍心《金石學》，頁 13。

以是古人之臨摩，欲眞跡流傳，惟有留之於金石。而淵源所至，乃至不得不推秦之八體，許慎《說文解字》序云：

> 自爾秦書有八體，一曰大篆，二曰小篆，三曰刻符，四曰蟲書，五曰摩印，六曰署書，七曰殳書，八曰隸書。漢興有艸書，尉律，學童十七已上始試，諷籀書九千字，乃得爲史，又八體試之，郡移大史并課，最者以爲尚書史。

功名利祿之誘引，文臣學士寖淫沉埋仍屬必然，再以摩搨日廣，書法筆勢之探究亦蜂然而起，此秦書八體之創也；至漢之興，究者既多，研摩者亦夥，而蔡邕〈九勢〉，首開「筆法」之科，清顧藹吉《隸辨》即載蔡邕〈九勢〉：

> 夫書肇於自然，自然既立，陰陽生焉；陰陽既生，形勢出矣，藏頭護尾，力在字中，下筆用力，肌膚之麗，故曰勢來不可止，勢去不可遏，惟筆軟則奇怪生焉。凡落筆結字，上皆覆下，下以承上，使其形勢，遞相映帶，無使勢背轉筆，宜左右回顧，無使節目孤露藏鋒畫出入之跡，欲左先右，至回左亦爾，藏頭圓筆屬紙，令筆心常在點畫中行，護尾畫點勢盡力收之，疾勢出於啄磔之中，又在豎筆緊趯之內，掠筆在於趲峻趯用之，澀勢在於緊駛戰行之法，橫鱗緊勒之規，此名九勢，得之雖無師授，亦能妙合古人，須翰墨功多，即造妙境耳。〔註176〕

蔡邕所言如是，阮元亦然，其〈北碑南帖論〉即言：

> 古石刻紀帝王功德，或爲卿士銘德位以佐史學，是以古人書法未有不托金石以傳者，秦石刻曰金石刻明白是也。前後漢隸碑盛興，書家輩出，東漢山穿廟墓，無不刊石勒銘，最有矩度。〔註177〕

阮氏於此，未舉實證，然觀乎《款識》，所見仍明，此即考校金石，亦兼及書法之鑑賞，其文云：

《楚公鏄鐘》：

> 此鐘與《楚夜雨雷鐘》篆文相類，奇古雄深，與他國迥別。〔註178〕

《父乙鼎》：

> 此等款識，猶有商人簡質之風。〔註179〕

〔註176〕按〈蔡氏九勢〉，《蔡中郎文集》不傳，《隸辨》載入，惟未知所出。
〔註177〕《揅經室三集》卷一，頁557。
〔註178〕《積古齋鐘鼎彝款識》卷三，頁126。

《叔夜鼎》：

阮元引趙晉齋云：「此當是後世摹勒之本。」又云：「案其筆畫工整無訛，可以校正近刻薛氏《款識》之謬。」〔註180〕

《史燕簋》

古器銘《尊鼎》等字大略相同，「彝」字已多變體，而「簠、簋」二字變化更不一，然形體自存，望而可辨知。(《款識》卷七頁，402)

阮元之言金文篆勢，雖云簡要，其治金石兼及書法鑑賞，要亦卓有獨識，如再就《積古齋鐘鼎彝器款識》十卷所輯，自商迄漢之鐘鼎器物，精摩繪製，仍可觀我國文字書寫之藝巧，亦能諳阮氏研古之微意。

1. 殷代金文

殷代金文保存至今者，數亦不詳，惟其銘多簡單圖形，爲字而畫，尙不容細辨：有可確定爲文字者，字或數十，或二、三，至論其書體風格，李學勤云：

金文多出于範鑄，相對說更能體現書寫風格。其字體有的雄肆道勁，有的秀美柔媚；布局有的規整謹嚴，有的疏朗狂放，都可作字帖觀。(《金文常用字典》序)

此「雄肆」、「秀美」殆亦殷代金文之特色，日人內藤戊申則依字體歸爲「圖象」及「右上」二者，圖象體即文字之筆畫，部分有意加肥也，加肥則近乎畫績；上體則筆畫粗細一致，字與字距離甚近，且每字均有左低右高之勢，姑舉例以明之：

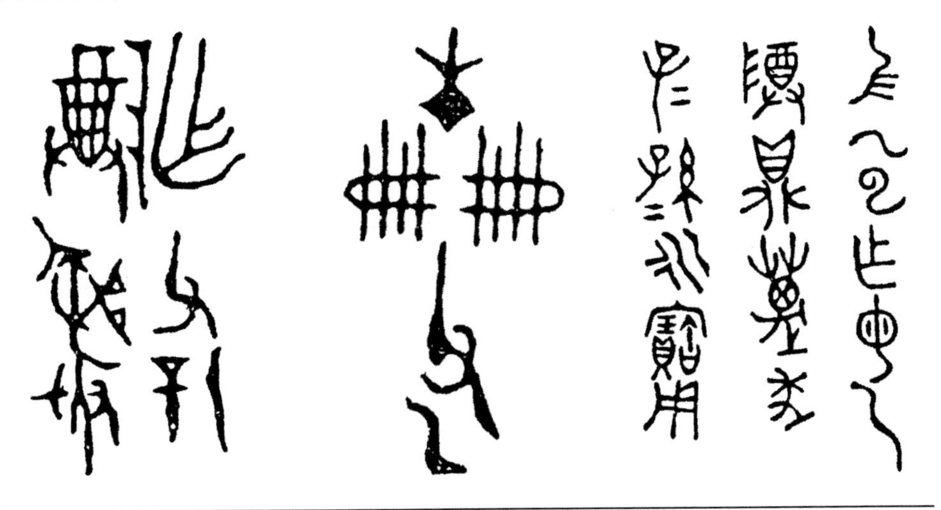

〔註179〕同上，卷四，頁169。
〔註180〕同上，卷四，頁186。

《作父辛彝》　《冊冊父乙彝》　《母乙鼎》

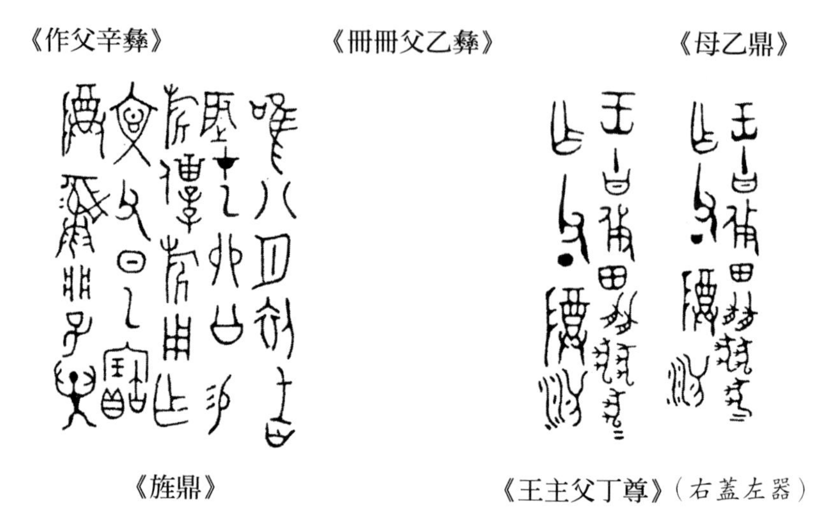

《旂鼎》　《王主父丁尊》（右蓋左器）

2. 周代金文

西周前朝金文之風格，與殷代金文相異甚鮮，字體與《父辛彝》、《父乙彝》、《母乙鼎》、《旂鼎》、《父丁尊》「圖象」、「右上」之風近似，惟筆勢已隱含變格氣象。阮元《鐘鼎彝器款識》所列器物、成康以後較多，武王時期則未見，容庚歸納武王時期諸器，列十四器，以爲《大豐簋》、《小臣單觶》皆有古樸之象，〔註 181〕至若成康之《父已鬲鼎》〔註 182〕、《師旦鼎》，〔註 183〕字體兩端尖銳，於適當處施以肥筆，圖象美而外，復整齊嚴飭，渾厚結實，下圖所示皆然：

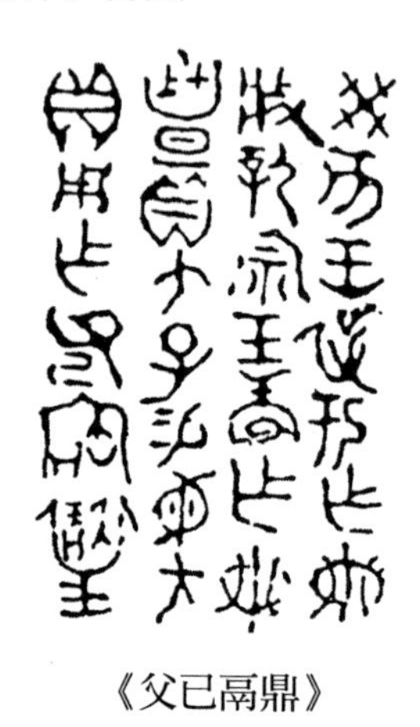

《父已鬲鼎》　《師旦鼎》

〔註 181〕容庚《商周彝器通考》，頁 41、42。

〔註 182〕《積古齋鐘鼎彝器款識》卷四，頁 211，附圖。

〔註 183〕同上，卷四，頁 210，附圖。

穆、昭之後，書風略趨纖巧多姿，〔註 184〕雖欲攀模周初，惟筆致疏蕭，力未剔透；恭、懿、孝王時期，書體雖渾圓著實，然剛勁之力已消，不復往昔堅實明朗，《曶鼎》〔註 185〕即其一例；至幽、厲即位，虐政橫行，書體之勢即未見壯闊，宣王時期，如《兮甲盤銘》之作（見附圖），亦淡然平直，未現健爽之姿。〔註 186〕

若夫春秋列國之下，書體丕變，風格亦殊，非僅齊、秦二國文隸有異，即楚、齊、吳、晉、燕諸國亦迥然有別；大抵言之，列國之器，不外雄厚與挺拔，若《楚公鐘銘》〔註 187〕即厚實健俐，而《陳逆簋銘》〔註 188〕亦恣放奔逆（見附圖），迴蕩環合，書法之跌宕，是為橫生而搖曳。今再就《款識》所載銘文圖象附錄於下，以見書體之妍媸與俊逸。

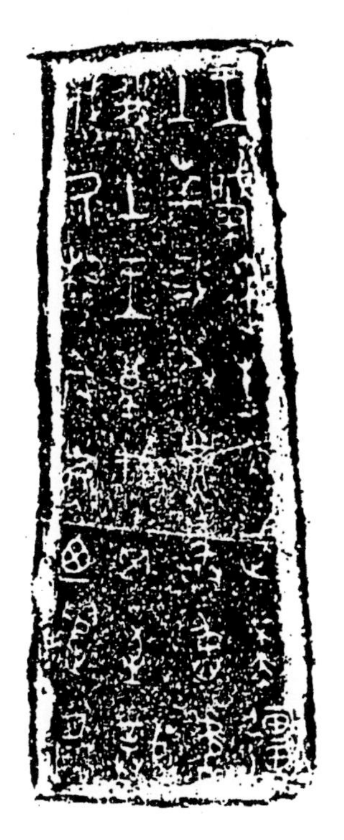

《大豐敦》（周武王）

《宗周鐘》（周昭王）

〔註 184〕同上，卷三，頁 137～140。
〔註 185〕同上，卷四：234～242。
〔註 186〕容庚《商周彝器通考》，頁 57，附圖。
〔註 187〕見《薛氏款識卷六：八》及《積古齋》卷七，394。
〔註 188〕見《薛氏款識卷六：八》及《積古齋》卷七，394。

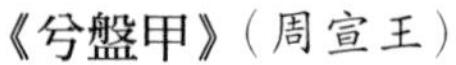

《兮盤甲》（周宣王）

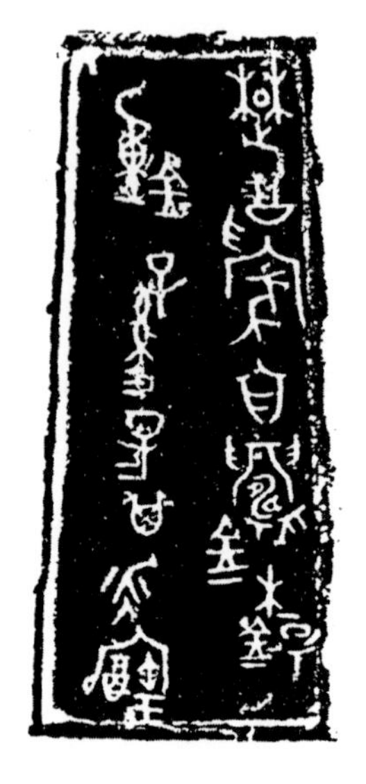

《楚公鐘銘》

《陳逆簠銘》

上列諸銘文《積古齋鐘鼎彝器款識》而外，若《大豐敦》、《宗周鐘》、《兮甲盤》、《秦公鐘》諸圖，仍參酌薛尚功《鐘鼎款識法帖》、郭沫若《兩周金文辭大系考釋》、羅振玉《三代吉金文存》、《貞松堂集古遺文》所列之圖考，時代認定則依容庚《商周彝器通考》〈第四章　時代〉之次第爲憑。

（六）彰經典之未足

金石文字事雖湮遠，於證經補史功惟居多，所謂「辨識疑文，稽考古籍國邑大夫之名。」〔註 189〕裨補經典者爲足多。朱爲弼《積古齋鐘鼎彝器款識

〔註 189〕《積古齋鐘鼎彝器款識》序。

後敘》亦載：

……夫亨鬺神祇，盥薦考妣，執旂立矢，論譔前勞，是爲大孝；呼史宣綸，立庭受冊，鑾琱嘽戟，蔑歷紀庸，是爲純忠；厭祭禮殤，父矩作斝，動續錄屬，正長錫夷，是爲慈惠；列侯朝聘，贈金鑄鐘，僚友饔飧，菁金銘簠，是爲豈弟；叔夜用饘，同符孔其，唯叔居晦，允契商警，是爲恭儉，此曶經世之源寶，生明之令儀。

又云：

……夫推彌曠者，道也；闡彌精者，義也；舉而罔缺者，典也；欠而始備者，時也。雷雨甲申，遠協羲爻；壺戈蛟蚪，上承皇史；《宗周鐘》之訾，要服何如江漢常武之篇；《考父鼎》之歆，文字可徵校頌歸祀之說；《寶敦》矢夙夜，識周大僕之虔；《尊鼎》祝萬壽，知齊乙公之移；〈頌〉之佩出反入，即晉重三覲之儀；《曶》之用田受秭，即呂命百鍰之罰。

又言：

……且如姬公《丁亥》之鼎，言歲紀者示統徵；散氏《丁卯》之盤，言輿困者鳩辨《父丁》角之東門；《無專鼎》之圖室，言宮室者參階旁，登寺奠敶，國名牒焉、遺皋師鬲，氏族譜焉；子申爲嘉嫻之子，陳逆爲狟子之孫，世系諸焉；司工爲司宮之屬，司土即土均之職，官制羅焉。……〔註 190〕

則鐘鼎金文有益經典乃可知見。而《積古齋》所列款識，其鐘、鼎銘文往往有經傳所未及者，此若前述之《宗周鐘》、《虢叔大林鐘》、《頌鼎》等是，鐘鼎而外，即如尊、彝、卣、壺、爵、觚、鱓、角、敦、甗、鬲、盉、匜、盤、戈、兵諸器，於典籍滋益均多，然以爲文稍少，且多斟酌字之形體，故暫不取爲究論，所述惟在鐘鼎，此即阮元所謂：「欲觀三代以上之道與器，九經之外，舍鐘鼎之屬，曷由觀之。」〔註 191〕今再言敘：

1. 圖室即明堂

《圖・無專鼎》云：

惟九月既望甲戌，王格于周廟，燔于圖室，司徒南仲右「無專」入門，立中廷。王呼史友冊命，無專曰：「官司鳩王逌側虎，方錫女元

〔註 190〕朱爲弼《積古齋鐘鼎彝器款識》後序。

〔註 191〕阮元《積古齋鐘鼎彝器款識》序。

衣帶，束戈琱戟，縞緈彤矢，攸勒鑾旂，無專敢對揚天子，丕顯魯休，作尊鼎，用享于朕烈考，用割眉壽萬年，子孫永寶用。」〔註 192〕

器之時代，在「南仲」爲何時人？阮元以爲《詩》之南仲，一爲〈出車〉，一爲〈常武〉，且引毛傳，謂前者乃文王之臣，後者則宣王之臣，而器之作不類商器，故爲周宣王之作，且爲序云：

焦山周《無專鼎》雖不學者亦知爲眞古鼎也。然不能定爲何代鼎，鼎銘之考釋者，世亦無微不搜矣，獨于「惟九月既望甲戌」七字明明有隙可尋，而人莫能知之久矣。余與朱氏椒堂（爲弼）雖以爲非周文王即宣王，然莫能定之。甘泉羅氏茗香久精推步，于此茫茫天算一中獨深求之，以四方周術又證以漢三統術，參覈異同，進退推勘，得文王自受命元年丙寅，迄九年甲戌，皆不得甲戌既望之九月。獨宣王十六年己丑既望得甲戌，爲九月之十七日，毫無所差，令人拍案稱快。〔註 193〕

又以無專之「無」當爲「鄦」，是無專乃鄦專也。而銘所謂王命鄦專於祖廟，南仲爲相，入門，立中廷（庭），呼史，冊命，云云，皆可補禮文之未足。

至於「圖室」二字，阮元以爲即「明堂太廟」，因云：

《周禮・春官》：「天府掌祖廟之守藏，凡國之玉鎮大器藏焉。」鄭注：「祖廟，始祖后稷之廟。」寶器之說，鄭引《書・顧命》求圖之屬以當之，其注《書》云：「河圖，圖出於河水，帝王聖者所受知周之河圖藏于祖廟，必有室矣。」《史記・五帝本紀》：「文祖者，堯祖也。」《集解》帝命驗云：「五府者，唐虞謂之天府，夏謂之正堂，殷謂之重室，周謂之明堂，皆祀五帝之所也。」知圖室又爲周明堂之異名矣。其曰天府者，仍唐虞之名也；天府以藏球圖，故又曰圖室也；燔于圖室，即宗祀文王以配上帝也。〔註 194〕

《周禮・考工記・匠人》：「周人明堂，席九尺之筵（席），東西九筵，南北七筵，堂崇一筵，五室、凡室二筵。」〔註 195〕鄭注：「明堂者，明政教之堂。」《禮記・明堂位疏》引《大戴禮・盛德篇》云：「明堂者，自古有之，所以朝諸侯。」又

〔註 192〕同上，卷四，頁 220。

〔註 193〕文引自容庚《商周彝器通考》，頁 35、36。

〔註 194〕《積古齋鐘鼎彝器款識》卷四，頁 222。

〔註 195〕《十三經注疏・周禮》，頁 644。

引蔡邕〈明堂月令章句〉:「明堂者，天子太廟，所以祭祀，夏后氏世室，殷人重屋，周人明堂，饗功、養老、教學、選士，皆在其中。」〔註196〕是明堂者，爲天子太廟，亦祭祀之所；所謂之天府，爲藏球圖之處，是以謂之圖室，此即周之明堂也。再以室之方位言，據《考工記》所載，爲平列五室；〈月令〉則中建太室，四方建青陽、明堂、總章、玄堂個三室，明堂專指南面之堂言，〔註197〕三室之居中一室爲太廟，兩側謂之左右箇，此堂室之作，即所謂之圖室，故圖室、明堂之稱，蓋即同質異名者也。

2. 文父即皇祖

《旂鼎》云:「唯八月初吉，辰在乙卯，公錫旂僕，旂用作文父，日乙寶尊彝。」阮元云:

> 旂作器者之名也。禮天子於有功諸侯賜以僕正；虎賁，僕習騎射者，《左傳》所謂紀綱之僕，津律所謂疇官，此云「公錫旂僕」乃諸侯所以錫大夫也。
>
> 文父尊稱非謚。《詩・江漢》「告于文人。」傳云:「文人，文德之人也。」《左・哀二年傳》:「衛大子禱曰文祖襄公。」是文祖、文父亦猶皇祖烈。考古諸候大夫皆得以稱其先人日乙者，商人以生日爲名字，商之先有「上甲微」《史記・索隱》，曰:「皇甫謐云:“微字上甲，其母以甲日生故也。”」商家生子以日爲名，蓋自微始，譙周以爲死稱廟主曰甲也。案:此曰日乙，他器有曰日庚、日辛者，並廟主以稱或以爲祭日者非是，祭日必卜，非有定也。〔註198〕

是文父者乃尊稱，非謚之謂。阮元引傳謂「告于文人」之「文人」爲「文德之人」，考《詩・大雅・江漢》「釐爾圭瓚，秬鬯一卣，告于文人。」疏云:「此言賜之之事。言王命召虎云:“今賜汝以圭柄之玉瓚，又副以秬米之酒，芬芳條暢者一卣尊，汝當受之，以告祭於汝鬼祖有文德之人。”」〔註199〕故所謂文人，乃指「先祖有文德之人」；又《左・哀二年傳》載衛大（太）子禱文祖襄公之語，傳云:「衛大子蒯聵敢昭告皇祖文王、烈祖康叔、文祖襄公。」〔註200〕是以文祖猶烈祖，烈祖猶皇祖，謂之文父者，當即皇祖也。以是知「旂用作文父」，乃

〔註196〕《十三經注疏・禮記》，頁575。
〔註197〕同上，頁315。
〔註198〕《積古齋》卷一，頁35。
〔註199〕《十三經注疏・詩經》，頁687。
〔註200〕《十三經注疏・左傳》，頁996。

祭享皇祖之謂，於《左傳》之說必已先彰明。

3. 曾侯即先公

《楚曾侯鐘》云：「惟王五十有六，祀徒自西陽，楚王能章作曾侯乙宗彝，寘之于西陽，其穆商。」

阮元引薛尚功《款識》以爲此鐘乃楚惠王器，惠王名章，《左傳》、《史記》並同；章之上爲「能」，舊釋爲「韻」，阮氏再引錢獻之言，以爲訛即「能」之省變，通「熊」，爲楚君之名，故訛即「能」爲「熊」非「韻」也。又「徒自西陽」者，乃楚昭王於魯定公六年遷鄀；按《左・僖二十五年傳》：「秦、晉伐鄀。」注：「鄀本在商密，秦、楚國上小國，其後遷於南郡鄀縣。」疏：「言本在商密者，據在後移都稱舊鄀以爲本耳；其實此時在商密，後始遷於鄀縣。此時國名爲鄀，所都之邑名商密。」今之〈地理志〉則商密在河南省內鄉縣境：郡縣故城則在湖北省宜城縣東南。再以《漢志》「若屬南郡」注云：「楚昭王畏吳，自郢（湖北江陵）徙此，後復還郢。」故云「徙自西陽」者，即自鄀還郢之時，是時越已滅吳，楚東侵廣地至泗上，無所畏懼，故還舊都西陽，以西陽有先君之廟也。再以「楚王能作曾侯乙宗彝，寘于西陽」觀之，亦在舉徙都大事告于祖廟，而後行禮也，若此曾侯即楚之遠祖，「曾」義爲重亦爲高，凡先祖皆可稱曾祖、曾侯；曾侯猶先生也。〔註 201〕

是云「曾侯」者，當非姓氏，乃先公之謂，此足補望文生義之闕也。

4. 鹵公非周公

《魯公鼎》云：「鹵公作文王尊彝。」

薛尚功《歷代鐘鼎彝器款識法帖》以「鹵公」即魯公，爲周公之謂。阮元則以爲非，且云：

> 鹵古文魯，……此魯公伯禽之器，薛氏《款識》，亦有此銘，釋魯公爲周公非是，周公不之魯，不得稱魯公；或疑魯公不當祭文王，考魯有文王廟，見《左・襄十二年傳》、《周禮・春官・都宗人》注：「王子弟則立其祖王之廟，其祀王皆賜禽焉。」〈夏官・祭僕〉：「凡祭祀王之所不與，所賜之禽。」注：「王所不與同姓者，有先王之廟。」賈疏云：「魯衛之屬」據此魯當立文王廟，作祭器，禮也。〔註 202〕

伯禽爲周公之子。受封之魯。淮夷、徐戎並反，率師伐之，遂平徐戎定魯，

〔註 201〕《積古齋》卷三，頁 156～157。
〔註 202〕同上，卷四，頁 176～177。

作〈費誓〉；而周公者，據史實乃姓姬名旦，周武王之弟，成王之叔。武王崩，成王幼，周公攝政，管、蔡、霍三叔忌之，作流言以撼公，公避居東，作〈鴟鴞〉之詩以貽王，王悟其非，因迎公歸。三叔懼，挾殷裔武庚叛，王命公東征，殺武庚，誅貶三叔，滅國五十，奠定東南，歸而改定官制，創制禮法，周之文物，因以大備。後復營洛邑爲東都，與召公奭分陝而治。〔註 203〕由是周公不之魯可知，故鹵公也者，乃可證即周公之子伯禽。至魯公之祭文王，考《左・襄十二年傳》所謂：「凡諸侯之喪，異姓臨於外，同姓於宗廟，同族於禰廟，是故魯爲諸姬，臨於周廟。」〔註 204〕以是知伯禽爲周公之後，亦文王子孫，臨於宗廟乃屬必然。又《周禮・春官・都宗人》：「都宗人掌都宗祀〔註 205〕之禮，凡都祭祀致福于國。」注：「都或有山川及因國無主夷皇六十四民之祀，王子弟則立其祖王之廟，祭祀，王皆賜禽焉。」〔註 206〕〈夏官・祭僕〉亦載：「凡祭祀王之所不與，則賜之廟。」鄭司農注云：「王之所不與，謂非郊廟尊祭祀則王不與也，則賜之禽；公卿自祭其先祖，則賜之禽也。」此先鄭之說也；阮元引鄭玄「王所不與同姓，有先王之廟」此後鄭之說也，二者未知孰是？賈疏折中云：「先鄭云王之所不與，謂非郊廟尊祭祀，則不與也；後正不從者，按司服六冕所祭皆王合親，爲何有非郊廟王與不者乎！故不從之。先鄭以則賜之禽，謂卿大夫自祭其先亦賜之禽；後鄭不從者，卿大夫自祭其先，是其常事，何有王皆賜之禽也，故以爲同姓有先王廟者，若然，經都家謂畿內三等采地，則文云：祭祀是畿外同姓諸侯魯、衛之屬者也。」〔註 207〕由是知魯王之祭文王必如賈疏所言祭畿外同姓諸侯，亦王所不與而賜之禽之謂也。

二、吉金銘識之例

阮元《積古齋鐘鼎彝器款識》及《揅經室三集》吉金銘文，皆潛心研識，隸定用字雖未必皆確鑿，然於銘識之覃研，直是不遺餘力。《積古齋》十卷、《揅經室三集》卷三，量數雖未多，古金銘識之浸淫則著力湛深，故研議阮氏訓詁，自二者述論，辨書寫之例，研造語之說，當知阮氏於吉金之訓詁，亦有所抉發也。

〔註 203〕見《尚書・金縢》及《史記・周本紀第四》。

〔註 204〕《十三經注疏・左傳》，頁 548。

〔註 205〕《十三經注疏・周禮》，頁 422。

〔註 206〕同上，頁 423。

〔註 207〕同上，頁 478。

（一）書寫之例

1. 通借例

「□」即朝也。〈釋宋戴公戈文〉云：

> 戈之內有二行，首行一字曰「□」，次行八字，曰「王□□公□□□」，（下半剝蝕）今釋其文曰：「朝王商戴公歸之造□」，何以謂「□」爲朝也？《詩》「惄如調飢。」《釋文》作輖，今作□者，字形和近，而刀鑿少誤，輖音周，周、朝一聲之轉，古字通借。……其右旁作舟，古鐘鼎「舟、周」每同字也。〔註 208〕

是舟、周古同字，周、朝一聲之轉，則「舟、周、朝」三者相互通借，□之爲朝，大抵無誤。

2. 正字例

「□」字爲「十」字說

祀上之「□」字，薛尚功《鐘鼎彝器款識法帖》釋爲「主」，王俅《嘯堂集古錄》釋爲「一」，言「主」或言「一」，於祀義不甚可通，王釋爲「一」近似。然金文刻釋爲「一」字甚多，惟無作此形者，且一歲十二月，金文刻辭有書十四月、十六月、十九月者，皆時君未改元，自即位之月通數之，〔註 209〕倘「□」祀是一祀，則是君已改元，不復有十九月之稱矣，此「□」字實當爲「十」字。且「十」字，金文多作「□」，〔註 210〕中之畫稍短，即成「□」形，月如阮元《卯敦》所載：「錫女馬十所（四）牛十」，牛下十字即作「□」，與此正同，又後之《兄癸卣》「十九月隹王夷祀世昌」，文例亦與此同，彼十九月在九祀，此十九月在十祀，亦足相證也。〔註 211〕故云「□」爲十，較言「主」言「一」合誼。

3. 省變例

「□」或倪字之省

〔註 208〕《揅經室三集》卷三，頁 398。

〔註 209〕董逌《廣川書跋》。按董逌官政和中（1111～1117）。其《廣川書跋》十卷，皆著錄古器款識，及漢、魏以來碑帖，論斷考證，皆極精密。

〔註 210〕陳初生《常用金文字典》，頁 232，《大鼎》作，《盂鼎》作。

〔註 211〕孫詒讓《古籀拾遺》上，《己酉戍命彝》。

《子執旂句兵》面、背皆有字形。面者，或「弛弓形」，或「子執旂形」，或「足跡形」；背者，載「兒癸」二字。阮元云：

> 足跡形，誤摹作「孫」字；弛弓形，舊釋爲「乙」字，必如其爲弛弓形者，鑄兵器而作銘，每取偃武之義。「弛弓」義取櫜弓弗用，若釋爲「乙」字，形固相類，然背面既有癸字爲作器者名，此不應更有乙字也。兒舊釋舉，考「舉」字異文甚多，古有作「[illegible]」者，又有作「[illegible]」者，此作「[illegible]」，按之字形殊未確，今從吳侃叔釋定爲「兒」字，案《說文》:「兒字從[illegible]從儿。」此從[illegible]儿字，象其詰屈形而有省變。兒者，孺子之稱兒癸，猶言子癸也，或曰兒即「倪」字之省，其作器者姓氏與。〔註 212〕

此「弛弓」與「乙」字相類，其之字或爲「乙」，然背面爲作器者，固不得爲「乙」字。再以「兒」舊識爲「舉」字，於字形究竟未妥，如與「癸」字相合，則「兒癸」較「舉癸」具可讀性，且古倪字亦兒字之省，兒癸即倪癸，阮元以「或曰」爲說，實則「兒」乃「倪」者，應屬可信。

又「受」作「[illegible]」亦作「[illegible]」。

《祿康鐘》「受作余服之彔（祿）康，甬宏屯（純）右寅啓，朕身龢于永命，用寓光，我家受，」〔註 213〕

阮元云：

> 受作「[illegible]」此銘受字，乃作器者名，首一字省作「[illegible]」，末一字省作「[illegible]」，可知惟變所適也；甬，古鐘，……《說文》鐘字或從甬作，據此知古文省金作甬也，屯，金之省……。〔註 214〕

此受字，一爲[illegible]，一爲[illegible]，知銘文刻畫，即同一字，亦有差異。

4. 異文例

「跡」作[illegible]，又作[illegible]

《楚良臣余義鐘》云：「惟正九月，初吉丁亥，曾孫僕兒，余跡斯于之子，余茲各之元孫，曰於虖敬哉！余義楚之良臣而跡之字父，余萬跡兒，得吉金鎛，……」

阮元謂器本無定名，以銘文有「余義」楚之良臣一語，遂名之曰「楚良臣

〔註 212〕《積古齋鐘鼎彝器款識》卷三。

〔註 213〕《積古齋鐘鼎彝器款識》卷三，頁 5。

〔註 214〕同上，卷三，頁 3～4。

余義鐘」。考此鐘，蓋兒（倪）所作以祀其祖「余義」者，「余跡斯于」其父名字也；「茲各」義之字也，則「義」爲「跡」之字，「父」字讀爲「慈」，「元孫」即曾孫。跡字作「□」，又作「□」，乃一字而異文，再加「和」爲「龢」，「訶」爲「□」，先爲「侁」，楚爲「楚邑」皆是，此銘中多古異文可爲一證。

5. 辨字例

「□」爲「饙」、「□」爲「鬻」

《叔夜鼎》：「叔夜鑄其□鼎，以征以行，用鬻用□，用蘄眉壽無彊。」〔註 215〕「饒」舊釋作「餗」。阮元引《說文》謂「饒」字一作「饙」，一作「餴」，且以王黼宣和《博古圖》之「饙」字皆釋作「餗」，《爾雅》「饙，餾飪也。」即餾、爲炊蒸之器；而「餗」有二義，一爲菜蔌之餗，一爲鍵鬻之餗，此「饒」字若釋爲菜蔌之餗，則下不當「用鬻（鬻）」也；若釋爲鍵鬻之餗，則下不當云：「用鬻」，況饒從桒非束，鬻字則從「侃」通「饘」字，同《正考父鼎》銘：「饘于是，鬻于是。」由是辨得「饒」字乃「饙」非「餗」，「□」亦爲「鬻」字也。

「□」爲「躬」

《伯䢵父鼎》：「伯䢵父作畢，姬尊靈其萬年子子孫孫永寶用。」

舊釋伯下之「䢵」爲「呂皇」實誤。阮元以爲「䢵」字從呂從頁從弓，乃古文「䢵」，而「䢵」字云身也，從呂從身或從弓，乃取「鞠窮」之義，古訓爲身亦爲恭，故字從呂，呂同膂，背脊也；此銘䢵「□」字，於字例言，不從身而從頁，蓋自象人首下儿，古人字象形，頁與身義固相進，且頁即古首字。「首」下首也，首下而見呂，合乎鞠窮之義，此會義也。又從躬者，諧聲也，一字而會意諧聲兼之，古文之體備矣。又《說文》「儿」字下引孔子曰：「在人下，故詰屈。」〔註216〕詰屈即鞠窮之義，而弓義爲窮，可通於䢵，故鄭注《論語》直躬之躬作弓，是此「□」當爲呂爲弓不爲「呂皇」者，洵爲可信。

6. 形近例

「□」爲「番」非「采」

《番卣銘》「□□□。」即「番作父丁」

阮元以爲「□」字或釋爲「采」，於文辭似不類；「番」字《說文》作「□」，

〔註 215〕同上，卷四，頁 12 之字也。

〔註 216〕段注《說文解字》云：「儿各本作人」，八篇下，儿部，頁 405。

蓋點同而少變，引《詩・小雅・采菽》：「平平左右」〔註 217〕《左・襄十一年傳》作「便蕃左右」〔註 218〕平平之平即便蕃之蕃，蓋「采𠂹」與平字相近，是平者與番、蕃通，皆形之近；《詩・十月之交》「皇父卿士，番維司徒。」疏云：「皇父爲卿士之官，……其番氏維爲司徒之官。」〔註 219〕故「番作父丁」乃番氏刻畫父丁之銘，「𠂹」同「番」爲確，言「采」則非，此形近而異者也。〔註 220〕

7. **徵實例**

「觥」與「爵」有別，「觥」大「爵」小。

觥之與爵，古訓每有言之未清者，阮元以兕觥與兕爵相較，謂觥之與爵有別。

圖例：

爵

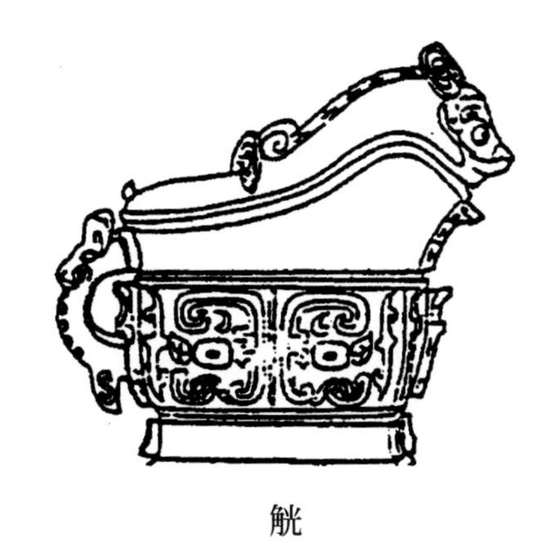
觥

《詩・卷耳》：「我姑酌彼兕觥。」傳云：「兕觥，角爵也。」阮元云：

按毛說蓋以兕觥爲似角之爵，其制無雙柱無流同于角，有三足同于爵，詁訓甚明，非謂以兕角爲之也。〔註 221〕

知兕觥非兕角爲之，仍似角之爵，然則此器似爵而非即爵也。阮元復據《周禮・地官・閭胥》云：「凡事掌其比觵撻罰之事。」鄭注：「黃撻者，失禮之罰也。黃，又酒，其爵以兕角爲之。」〔註 222〕《說文》：「黃，兕牛角可

〔註 217〕《十三經注疏・詩經》，頁 502。
〔註 218〕《十三經注疏・左傳》，頁 547。
〔註 219〕同註 217，頁 407。
〔註 220〕《積古齋鐘鼎彝器款識》卷五，頁 6。
〔註 221〕同上，頁 21。
〔註 222〕《十三經注疏・周禮》，頁 187。

以飲者也。」〔註 223〕《詩·卷耳》疏引（禮圖）云:「觥大七升，以兕角爲之，……刻本爲之形，似兕角。」又許氏《五經異議》引《韓詩》說:「一升曰爵，爵，盡也，足也。二升曰觚，觚，寡也，飲當寡少；三升曰觶，觶，適也，飲當自適也；四升曰角，角，觸也；飲不能自適，觸罪過也；五升曰散，散，訕也；飲不能爲人所謗訕也；總名曰爵，其實曰觴，觴者，餉也；觥亦五升，所以罰不盡；觥，廓也，所以著明之貌，君子有過，廓然明著，非所以餉不得名觴；觥罰不過一，一飲而七升爲過多，當謂五升。」〔註 224〕

阮元以爲《毛詩》、《韓詩》之說頗値爭議：

> 毛詩說觥大七升，固爲過大；韓詩說觥爲五升亦未可定論，蓋自秦銷金，商周古器盡毀，其淪沒于土者未盡出于世，故許鄭大儒生當漢世，未能目驗之，凡論彝器每沿舊說，頗多牴牾。考商爵大于周容一升有半，今以商爵校此觥，觥容二爵太半，爵則觥同角，實四升七。〔註 225〕

由是知觥者，容四升，與爵之一半相較，爲大二爵太半，亦證雖許、鄭大儒於古器未親目驗，所臆不免偏誤耳。

8. 審字例

「䄧」爲「宜」非「搗」字說

《禽彝銘》之「䄧」（䄧），釋之者如錢獻之、吳侃叔，皆以爲祝「祝」或「搗」，阮元自上下文義審視，而定「䄧」乃「宜」字。且引《禮・王制》言天子將出征，宜乎社。宜，鄭注以爲祭名，《說文》祭名凡禷、祰、禡等字，皆從示，此古「宜」字當亦從示；宜字古通儀，《詩・角弓》:「如食宜饇」《釋文》引《韓詩》作「儀」;《國語・楚語》「采服之宜」《周禮・春官・序官》司農注作「采服之儀」,「儀」又通「倪」,「倪」與「輗」音同,《說文》輗字或作宜，知輗、宜二字古通。〔註 226〕是依字聲近相通，及諸字系聯相觀，則「䄧」字釋「宜」，較之釋「祝」釋「搗」爲過之。

9. 繁字例

《史𠂤師彝》之「寶」字、《繼彝》之「旁」字，《冗彝》之「章」字，

〔註 223〕《說文》四下，角部，頁 186。
〔註 224〕《十三經注疏・詩經・卷耳》，頁 54。
〔註 225〕《積古齋鐘鼎彝器款識》卷五，頁 22。
〔註 226〕同上，頁 29。

爲繁文之例。

「寶」字《史㠯彝》作「[illegible]」，此乃「[illegible]」之繁文；《繼彝》之「[illegible]」，阮元以爲「舊釋作楚，非是，此旁之繁文，古邦字異文也。」乃所謂「旁京」即「邦字異文。」再以《冗彝》之「[illegible]」字，即「韋」之繁文。〔註227〕

按：「[illegible]」（寶）、「[illegible]」（旁）爲「[illegible]」、「[illegible]」之繁文，歷來異說者少；以「韍」爲韋之繁文，則或有未同之見，若孫詒讓即以「韍」爲同「韋畢」字，〔註228〕是「韍」之謂。「韋」與「韠」孰是，仍待辦解。

「韍」習見賞賜服飾之銘文，從韋𢦏聲〔註229〕惟「韍」爲何色澤，「韍」從𢦏得聲，「𢦏、才」同聲，「韍」當即「[illegible]」或「緇」字，緇爲「帛黑色」，「韍」乃當黑色。郭沫若《兩周金文辭大系》則證謂：

> 孫詒讓云：「韍從韋從𢦏，以聲類推之，當與纔近，《近文》系部：繞，帛雀頭色，從系毚聲。以韍爲纔，猶經典通以纔爲才也。（𢦏從才聲）纔，禮經作爵，士冠禮“玄端爵韠”，注云“士皆爵韋爲韠”，引玉藻曰“韠，君朱，大夫素，士爵素”。韍即禮經之爵韠」。又引汪中《經義新記》謂《周頌．絲衣》“載弁絿絿”載即爵字，聲之誤，謂“亦足備一義，載從𢦏聲，與韍聲母同。”案載即韍之借字，韍爲爵色韋，故韍亦稱爲韠，爵弁亦稱庫，弁不必是字誤。〔註230〕

郭氏以纔、才相通，「韍」通「才」，證得「纔」、「糸才」亦互通，《廣韻》緇下有「紂」字，「紂」爲「緇」之或體，《說文》謂「纔」亦帛黑色，此「韍」即「紂」之謂，乃指黑色韋製之布。〔註231〕

以上僅證得「韍」爲黑色韋製之布，其形若何，仍無見稱，且若孫氏謂「韍」同「韠」字，則「韠」字仍待舒解。蓋「韠」音必，質韻。或作「韠」、「縪」。乃古朝服所以蔽前者，以韋爲之，與紱體制同，隨所施而異名耳。《釋名．釋衣服》：「韍，韠也，蔽膝也，所以蔽膝前也。」王先謙疏證補：「畢沅曰“本名蔽膝，急言之則兩音合一，遂名畢矣，蔽膝，乃爲韠之反語矣。徐灝云蔽前，猶蔽膝也。”《儀禮．士冠禮》：“主人玄冠朝服緇帶素韠”。」其圖若：

〔註227〕俱見《積古齋鐘鼎彝器款識》卷，25、32、34。

〔註228〕孫詒讓《古籀餘論》卷三，頁6。

〔註229〕《說解字詁林》，頁989～990。

〔註230〕郭沫若《兩周金文辭大系》（趞曹鼎）頁68。

〔註231〕江淑惠《郭沫若金文學研究》，頁361。

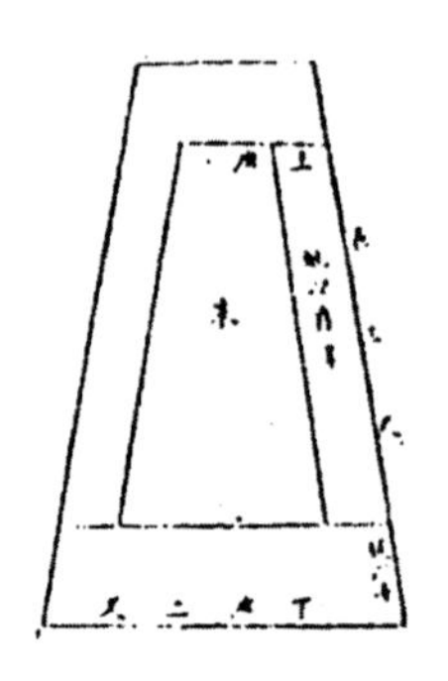

以上諸說，殆可補阮說之未足，即「韍」雖同「韋」，實爲黑色蔽膝之布也。

（二）研造語例

稱謂之例

阮元之吉金銘識，書寫例外，造語之辭亦要緊法則，而「稱謂」之句尤甚緊要，譬若「幽尹」之詞，舊說皆未得其正，阮元即以之與《吳彝》之「清尹」同例，證其爲官名。若此之例，散見於《積古齋》銘文中，故先生之說仍未得其全；茲綜理諸金文稱謂之例，可說者乃爲：

（1）有書某氏自作某器者

如《陽鼎》:「陽作寶鼎，子孫其萬年。」

阮元云:「陽，作器者名。」〔註232〕

（2）有號器臨摩以釋搨本者

如《虢姜鼎銘》:「姜作寶尊鼎，其萬年永寶用。」

阮元云:「篆文十二字，乃宋人對器臨摩以釋搨本者。案:虢，國名。虢姜即晉姜、周姜之例，曾大中跋，以虢爲姓，非也」〔註233〕

言「虢」者乃國名，非以虢爲姓，虢姜即同晉姜、周姜之類也。

（3）有官職名氏並錄者

如《市師鼎》:「市師口昌作孟𣅀用鬻（煮）耳鼎其萬。」

阮元云:「市師，官名。」〔註234〕

此謂「市師」之官職、名氏同者。

（4）有製器者之名題於製作時間後者

如《叔單鼎》:「唯黃孫子系君叔單自作鼎，其萬年無疆，子孫永寶莒。」

〔註232〕《積古齋鐘鼎彝器款識》卷四，頁8。
〔註233〕同上，頁9。
〔註234〕同上，頁10。

阮元云：「楚滅黃見《左・僖十二年傳》、《路史》云："黃子爵嬴姓，少昊後。"此云黃孫子系者，蓋黃滅後，子孫又續封，故稱黃孫子也。……叔單爲始續」封之君，故曰"系君"可證春秋時小國絕而復續者多矣〔註235〕

叔單爲始續封之君，題名當在器之後，此即阮氏所謂之系君也。

（5）有緣君之命賜而製器者

如《今文鼎》：「今父作連寶鼎，永命曰有女多兄母，又遠女，惟女率我友以事。」

阮元以金、今古字多通，謂「[illegible]」即「父」；連同輦，輦者，甗也，連鼎即鼎作甗形，謂「連寶鼎」實乃「甗寶鼎」也；「兄」爲古「況」字通「貺」，賜也；「遠」字，阮元以舊識「遣」乃非，然亦未提洽適之解，如依上下文義，言「遠」爲「遣」仍值稱述；「有女」即「右汝」，故「永命曰」以下乃指「右汝之戰功而加貺賜也。」至「友」者，乃謂「臣僚也。」引《詩・大雅・既醉》「朋有攸攝，攝以威儀。」鄭箋：「朋友，謂群臣同志好者也。」〔註236〕《書》亦云：「內史友」〔註237〕

是友者，臣僚之稱也。即所謂「此君命之辭也。」〔註238〕以是製器者緣君命而作，乃可知矣。

（6）有敘時事兼題製器者之名者

如《康鼎》：「唯三月初吉申，戍王在康宮，艾伯內右，康王命女司王守口口，幽黃鞗勒，康拜稽首，敢對提天子丕顯休，口朕文考釐伯寶尊鼎，子子孫孫其萬年永寶用鄭邢。」

阮元謂：「康宮，康王廟。禮，爵祿必賜於祖廟，示不敢專也。」又言康字爲人名，銘末綴鄭邢二字，知「康」乃鄭國守邢邑之大夫。此亦見銘文時事與製器之兼俱。〔註239〕

（7）有製器者之名題於製作時間後者

如《邑尊》：「唯二月初吉丁卯，公姞命邑治田，乃邑蔑歷錫馬、錫裘，

〔註235〕同上，頁14。
〔註236〕《十三經注疏・詩經》，頁605。
〔註237〕《十三經注疏・書經・酒誥》，頁210。
〔註238〕《積古齋鐘鼎彝器款識》卷四，頁16。
〔註239〕同上，卷四，頁28。

對揚公姞休，用作口彝。」

「姞」者，阮元引《說文》謂：「姞，黃帝之後。」《左宣三年傳》注：「姞，乃南燕姓。」又《路史》引《陳留風俗傳》云：「敦氏，姞姓後。」引《姓纂》云：「宋之雒氏本姞姓。」又言：「此公姞未詳何國。」而「公姞者，公之妃也。」「邑，作器者名。」由是，《邑尊》乃公之妃欲顯公之美，命「邑」者所作，故先有器後有人也。〔註 240〕

又如《臤尊》：「休用作父乙寶旅車彝，其子孫永用口金，臤拜稽首，對揚業父之年，臤蔑歷仲業父錫從師滑父，戍于公阜，唯十有三月、既生霸、丁卯、臤。」

謂十三月者，阮元引宋董逌《廣川書跋》所謂：「自王即位，通數其月，蓋時君未改年也」；一說引吳侃叔言，謂師滑父屯戍在外，未聞王朝頒朔，故以今歲之月繫於去年之下也。師滑父及仲業父皆當時軍帥，臤其僚屬，故受錫金而作器。〔註 241〕因之，其器先而其名後，乃當然耳。

（8）為他人製器並題其名者

如《敂禃》：「敂從師淮父戍于古阜，蔑歷錫貝山，爰敂拜稽首，對揚師淮父休，用作文考曰乙尊彝，其子永寶口。」

「敂」者，阮元以為經傳無此字，引《文選・宋玉・風賦》「枳句來巢。」「枳句曲木」當是「䅳、敂」省文，知經傳敂字皆作「句」。而「永寶」之「寶」，作「[illegible]」，與「寶尊彝」之「寶」迥別，蓋即「福」字，古文亦作富。《禮記・祭統》云：「賢者之祭也，必受其福。」此福非世所謂福也，鄭注：「世所謂福者，謂受鬼神之祐助也；賢者之所謂福者，謂受大順之顯名也。」〔註 242〕

故福者，言備也，為百順之名，而作祭器以示子孫焉。〔註 243〕此所謂他人製器並題名者也。

（9）有錄製器者之國名爵位者

如《師酉敦》蓋器銘：「唯王元年正月，王在，格吳太廟公族。工鳥釐入，右師酉立中庭，王呼史秝門，冊命師酉司乃祖商官邑，及虎臣西門節、能節、奉秉節、卑人節，新錫女赤市朱黃中㬎攸勒敬，夙夜勿廢朕命。師酉拜稽首，

〔註 240〕同上，卷五，頁 2。
〔註 241〕同上，頁 3。
〔註 242〕《十三經注疏・禮記》，頁 830。
〔註 243〕《積古齋鐘鼎彝器款識》卷五，頁 8。

對揚天子丕顯休命，用作朕文考乙伯宄姬尊敦西，其萬年子子孫孫永寶用。」〔註 244〕

此「王在吳」之事，阮元以爲「古籍周王無適吳事。」而論定吳乃古之虞，引《詩・周頌》「不吳不敖」，《史記・孝武紀》作「不虞不驚」；又《左僖五年傳》：「虞仲」，《吳越春秋》作「吳仲」，《漢書・地理志》云：「武王封周章中於河北，是爲北吳。」後世謂之「虞」。又《史記・吳世家》每以中國之虞、夷蠻之吳分別言之者，亦以吳、虞同字也；再以《左氏傳》載：「太伯、虞仲，太王之昭。」又載：「宋祖帝乙、鄭祖厲王謂諸侯始封，得立出王廟。」然則虞太廟當是太王廟也；古者天子適諸侯，必舍其祖廟，〈莊二十一年傳〉言「王巡虢守。」其時虢云：「方爲王卿士也。」虞與虢皆稱公，疑虞先君亦有爲王卿士者，故王巡其守，知是虞非吳者。故《師酉敦》之吳太廟即虞太廟，此亦見阮氏舉證之確鑿。

次者，「鳥鳌」爲公族名，「秝門」爲「和門」爲軍門；其意乃公族在廟祝「鳥鳌」而入右列，王呼史於和門而冊命「酉」也，「司」同「嗣」，「司」、「商」字同，殆師酉之祖，此商官所食采邑，周初不改，即命「酉」嗣守之也；「節」者，門關之節也；「能」通「熊」字，「熊節」疑「虎節」；「奉秉節」即「禾秉節」，乃「貨賄之璽節」；「卑」，《說文》訓爲「舉」，「人節」，土國之使節也；「𦈢」即「轡」字，所以馭馬者，「宄」，國邑也，「九、鬼」古通用，商時有鬼侯國；「宄」、「宄」同軌，亦訓爲法也。〔註 245〕由是，依上之述，則錄器者之國名，爵位者，乃覽見無虞矣。

（三）典制之例

造語之例，一爲稱謂，一爲典制，前者已述之於先，後者則待乎詳闡；以彝銘論，器多周代遺制，間亦殷商之物，故禮制之研索，自彝銘探擷，可謂適當，此亦合禮失求諸野之意。今列禮制一例，其目曰「錫命」，與古錫命王制，堪稱若合符節。若夫《公羊・莊元年》：「王使榮叔來錫桓公命。」徐彥疏云：

> 禮有九錫：一曰車馬；二曰衣服；三曰樂則；四曰朱户；五曰納陛；六曰虎賁；七曰弓矢；八曰鈇鉞；九曰秬鬯。〔註 246〕

與《周禮・春官・大宗伯》之九命：

〔註 244〕同上，卷六，頁 24。
〔註 245〕同上，卷六，同 25。
〔註 246〕《十三經注疏・公羊傳》，頁 74。

一命受職，再命受服，三命受位，四命受器，五命賜則，六命賜官，七命賜國，八命作牧，九命九伯。

文義皆同，且以歷代《款識》言「賜命」之例，不可勝舉，此若大亞「作冊」之可以補證職官，京官「大室」之可以推尋古國邑宗廟之遺跡；又學旅例之「八師」、旂幟例之「九游」，乃至車馬射御刀貝之制，可補典制之遺闕，亦見鐘鼎彝銘之可據以稽考文獻也。今如以《積古齋》款識所例，則典制之例，可以言述者，略若：賜命、職官、祭祀、宮室、習射、軍旅諸例，闡述如下：

1. 冊命例

（1）凡冊命皆在大室

謂大室者，三代頒布政令之所在，猶後世明堂朝廷之所在也。〔註247〕《禮·月令》：「天子居大廟大室。」鄭注：「大廟大室，中央室也。」

孫希旦《禮記集解》云：「大廟大堂，明堂五室之中也，以其尊於四隅之室，故曰大室。」王靜安先生〈明堂廟寢通考〉釋之尤詳，其言曰：

太室者，以居四識之中，又比四室絕，大故得此名大也；其在〈月令〉，則謂之太廟太室……太室之太對四室而言，又謂之世室，世亦大也。古者太、大同字，世、太爲通用字，故《春秋經》之世子，《傳》作太子；《論語》之世叔，《左傳》作太叔；又如伯父之稱世，父皆以大爲義，故《書·洛誥》、《禮·月令》、《春秋左氏》、《穀梁》之太室，《考工記》、《明堂位》、《公羊傳》僅稱世室，又太室居四堂四室之中，故他物之在中央者或以爲名……殷商卜辭中兩見大室，此殷宗廟中之大室也，周廟皆有之。〔註248〕

王氏以爲冊命任官大典，必於大室行之。此《頌鼎》可證：

惟三年五月，……王在周康邵（昭）宮，旦王個大室，……王乎史虢生冊命頌王曰頌命女官治成周……用事頌拜稽首，受冊佩以出，反入覲〔註249〕

阮元謂：「睹此銘，知《左僖二十八年傳》重耳受策以出。出入三觀，杜注以爲從來至去，凡三見王，誤也。享醴一覲、受冊命一覲，受冊以出反入覲寵爲一覲，是一日而二覲，《易》所謂“錫馬蕃庶，晝入三接也。”此古禮僅存

〔註247〕《揅經室一集》卷三，頁47，〈明堂位〉言之頗切，後文當詳述。

〔註248〕王國維《觀堂集林》卷三，頁131、132。

〔註249〕《積古齋鐘鼎彝器款識》卷四，頁33。

者。」〔註 250〕而此禮蓋於「康昭宮」行之，乃所謂之太室也。

他若《父己鬲鼎》、《康鼎》、《無專鼎》亦類此，即以《父己鬲鼎》：

癸亥王徙刊作冊，收新宗王，賡作冊，豊貝太子，錫東大貝，用作父己寶鬲。〔註 251〕

所謂「收新宗王，賡作冊。」必太室無疑，此即阮元《無專鼎》案云：「圖室即明堂」，明堂即太室之謂也。

（2）金文凡言赤黃衡皆服飾之例

如①頌鼎：「錫女……赤市朱黃。」阮元云：「朱黃，朱衡也。……在禮，君賜衣服，服以拜賜，言佩朱衡，則服袞市可知矣。」

如②寰盤：「錫寰系衣帶束，赤芾朱黃」〔註 252〕服亦同《頌鼎》，此阮元無解說。

（3）冊命儀式例

此冊命之例，於傳世古器言敘甚夥，若《頌鼎》、《吳彝》之銘即爲一證，爲冊命之儀，率皆言簡意賅；大抵王先入大室，即王之常位，次由「相」導引受錫者入大室，立于中庭，之後奉冊官讀王冊書，以昭天子休命，典禮于是乎成。而《頌鼎》已述之於前，今取《吳彝》爲說：

《吳彝》：「唯二月初吉丁亥，王在周成大室，旦，王格廟，宰朗右作冊，吳入門，立中廷北鄉，王呼史戊冊命吳司旃眾……」〔註 253〕

蓋此王冊命儀式簡而完備，亦顯其尊隆也。

（4）即廟冊命例

古天子諸侯之命群臣也，必於廟中（大室者亦多），《周禮・春官・司几筵》：

「凡封國命諸侯、王位設黼依，依前南鄉，設筦筵……」〔註 254〕

又〈大宗伯〉：「王命諸侯則擯。」鄭注：「王將出命假祖廟，立依前，南鄉。……」〔註 255〕此亦知古者大告於廟，即廟冊命，矜重之義也。故：

〔註 250〕同上，頁 35。
〔註 251〕同上，頁 24。
〔註 252〕《積古齋鐘鼎彝器款識》卷八，頁 448。
〔註 253〕同上，卷五，頁 35。
〔註 254〕《十三經注疏・周禮》，頁 309。
〔註 255〕《十三經注疏・周禮》，頁 284。

《無叀鼎》:「隹九月既望甲戌，王各于周廟……王乎史有冊命無叀曰……」

《師酉敦》:「唯王元年正月，王在吳，格吳太廟……王呼史秲門，冊命師酉……」〔註256〕

阮元引《史記・孝武紀》、《左・僖五年傳》謂:「吳、虞同字。」吳世家即虞世家也；又謂「虞太廟當是太王廟也。」〔註257〕則冊於廟，示矜重隆誼，皆古天子命諸要之禮也。

（5）典事職官例

典事職官，所重乃在參與大典之人，如同爲《吳彝》，冊命儀式例已載大典之儀，論其人物，則:

①王

②相導:宰胡

③受錫人:「吳」（天子同姓）

④讀冊官:史戊

胡自逢先生以爲此四者，除王與受錫人外，典事職官凡二員。此諸人皆「立中廷」，此中廷即大室之廷，銘文所載，乃所命者入門後，略去升堂入室諸節，直曰中廷。〔註258〕

王靜安先生則謂:

蓋太室之地，在尋長宮室中本爲廣廷，太室上有重屋，然太室屋與四宮屋之間，四旁通明，漢時猶謂之通天屋。(《隋書》〈牛弘傳〉引蔡邕明堂論）故可謂之廷:而此延南北之中，亦謂之中廷。

又謂:

古人於太室本有廷稱。《左傳》「共王與巴姬密理埋於太室之廷。」亦指此地。……所謂太室之廷，猶班固言「金馬著作之廷」云爾。皆與古宮室之制相關，故不得不詳辨之也。〔註259〕

此王氏之釋「中廷」可謂詳盡。再以《吳彝》亦「宰胡右」之說，言「右者」《周禮・春官・大祝》:「以享右祭祀。」鄭注:「右讀侑，勸尸食而拜。」

〔註256〕《積古齋鐘鼎彝器款識》卷六，頁24。

〔註257〕《積古齋鐘鼎彝器款識》卷六，頁25。

〔註258〕胡自逢《金文釋例》，頁227。

〔註259〕王國維《觀堂集林》卷三，頁136、137。

〔註260〕是「右」者乃相禮之人，所勸尸食而拜行禮者也。

2. 頒錫例

金文載記，天子每有賞賜，依功論賞，而有別異，譬若「貝馬」者、「錫旂」者、「錫戈」者、「錫弓」者，皆依其時境況而定，以《積古齋》所識，其例爲：

（1）錫貝馬者

如《季員鼎》：「正月，王在成周，……遣小臣夌，錫貝馬兩。」

阮元云：「貝字作鼎者，古通用。」〔註261〕以貝即鼎也。

又《邑尊》：「唯二月初吉丁卯，公姞命邑治田，乃邑蔑歷錫馬錫裘。」〔註262〕

又《眔（眾）伯彝》：「惟王八月伯錫貝于羞……」

阮元云：「羞，進也；因進獻而錫貝作器也。」〔註263〕

此爲進獻而有錫貝作器之舉也。

又《師遽敦》：「惟王三祀三月既生霸辛酉，王在周宮新宮。……錫師遽貝十朋。」〔註264〕皆是。

（2）錫旂者

如《寰盤》：「惟廿有八年五月既望庚寅，王在周康穆宮。……錫寰系衣帶束赤芾、朱黃、緣（鑾）旂、攸勒……」

又《頌鼎》：「錫女……錫芾朱黃、緣（鑾）旂、攸勒用事……」

又《無專鼎》：「錫女元衣、帶束、戈、琱戟、縞緷、彤矢、攸勒、鑾旂……」

又《吳彝》：「錫䰜鬯、一卣，元衮衣、赤舄、金車、賁縢、朱虢、旂……」

由上諸例，知「緣旂」爲二字。阮元於二者未詳解，「緣」，殆即「鸞」，若「鑾」之初文，即鈴也。一說繫於勒旁，一說繫於衡。《說文》於鑾字下云：「人君乘車四馬，鑣八鑾鈴，象鸞鳥之聲，龢則敬也。」段注：「爲鈴系於馬衡之兩邊，聲中五音，似鸞鳥，故曰鑾」。「鑾、鸞」皆從緣得聲，聲母相同，義近可通。故鑾爲如鸞聲之鈴可知。「旂」者，《爾雅》謂：「有鈴曰旂。」《左

〔註260〕《十三經注・周禮》，頁387。

〔註261〕《積古齋鐘鼎彝器款識》卷四，頁21、22。

〔註262〕同上，卷五，頁2。

〔註263〕同上，卷五，頁28。

〔註264〕同上，卷六，頁15。

桓二年傳》注：「鈴在旂。」此有鈴之旗曰旂，若鑾旂二字連續，即有鈴之旂也，是二者當有分別。

（3）錫戈、弓矢例

《無專鼎》：「錫女元衣。帶束、戈、琱戟、縞縪、彤矢、……」

又《豦彝》：「豦拜稽首，休朕寶君公伯，……錫干……」〔註 265〕

又《寰盤》：「錫寰……赤芾、朱黃、鑾旂、攸勒、戈、琱戟……」

由上諸例知錫戈、弓矢者，多爲武臣例，蓋即天子旌其勛功也。

3. 亞旅例

《積古齋》亦輯「亞」、「旅」鼎彝者，若：

（1）《亞守鼎》：「亞形，守。」阮元云：「作守，取世守先烈之義。」〔註 266〕

（2）《亞室父癸鼎》：「亞形中召夫，父癸家刊。」圖爲「家[illegible]形，桓[illegible]形。」

阮元云：「召夫爲父癸室刊桓（楹），因作彝器，卿大夫稱家，其大夫之器與。」〔註 267〕

（3）《亞形父丁尊》：「亞形中（兩手奉卣形）、立矛形、父丁。」阮元云：「丏即提梁卣之象形，酉之古文，兩手奉之，合形爲彛，宗廟祭器竹兩手而彛之，故彛字從収，収竦手也。」〔註 268〕

（4）《西宮父甲尊》：「亞形中（兩手奉器形），西[illegible]（宮形倒文）父甲。」

阮元云：「古器銘每有倒文，……此宮形……月是宮室之象，……西宮者，穆廟也。」〔註 269〕

（5）《亞卣》：「"蓋"亞形中，卣形[illegible]。」阮元云：「卣形及其字，舊釋作尊、綦二字，《博古圖錄》引《例子》綦衛之箭，以綦爲國名，殊未確。卣形即酉字，其通丌，……讀若箕。此銘上爲酉下爲其，置酒于几上所以奠也，二文合即爲尊字。」〔註 270〕

（6）《亞爵》：「[illegible]亞形中，爵形、手形。」阮元云：「《說文》：[illegible]，禮

〔註 265〕《積古齋鐘鼎彝器款識》，頁 33。

〔註 266〕同上，卷一，頁 9。

〔註 267〕同上，卷一，頁 10。

〔註 268〕同上，卷一，頁 18。

〔註 269〕同上，卷一，頁 19。

〔註 270〕《積古齋鐘鼎彝器款識》，卷一，頁 33。

器也，也有鬯酒，又持之也。“此上作爵形，下作手形，正合《說文》從又之惛。」〔註 271〕

（7）《亞舟爵》：「[illegible]，亞形，兕觥形，舟。」阮元云：「爵字下體作一尾二足，象雀之形；上作犧首、兩角、兩目，初不可解；及得周觥蓋，正作犧首形，兩角求，然兕觥亦爵類，……此正象兕觥之形也。」〔註 272〕

（8）《亞木父丁爵》：「[illegible]，手執杖形，亞形，木、父丁。」阮元云：「手杖，取上承父炬之義也。」〔註 273〕

（9）《亞敦》：「[illegible]，亞形中，足跡行[illegible]，龜形[illegible]，足跡形[illegible]，彝器形[illegible]，父口[illegible]。」阮元云：「禮，禮器。諸侯以龜爲寶，鄭注云：“古者貨貝寶龜，大夫以下有貨耳。”……《白虎通》云：“天子之龜，尺二寸，諸侯一尺，大夫八寸，是卜龜也。”……重世守也。」〔註 274〕

（10）《亞尊》：「[illegible]，亞弓。」阮元云：「銘作亞形，又爲弓者，古者射必有飲，而亞則有廟室之義，意此爲射宮飲食器與。」〔註 275〕

（11）《旅鐘》：「[illegible]，口父作旅。」阮元云：「《爾雅・釋詁》：“旅陳也。”彝器凡言旅者，皆臚陳之義。」〔註 276〕

阮元言亞鼎、亞尊、亞卣、亞爵、亞敦，旅鐘諸鼎彝，率皆論述字義始末，於銘文之釐清正定可謂詳實，然於「亞」、「旅」字則未嘗詮解，此於鼎彝銘文言，或恐未足，故二字之意，仍宜推勘。《書》〈牧誓〉、〈立政〉均載：「亞旅」〔註 277〕鄭注：「亞，次；旅，眾也。眾大夫，其位次卿。」《左文十五年》：「請承命於亞旅。」杜注：「亞旅，士大夫也。」〔註 278〕《書，酒誥》則明言：「越在內服，百僚庶尹，惟亞惟旅。」〔註 279〕據《書》知亞、旅實二識，而《酒誥》所云知亞乃王官，爲亞者不只一人，此殷之卜辭明見「多亞」

〔註 271〕同上，卷二，頁 3。
〔註 272〕同上，卷二，頁 3。
〔註 273〕同上，卷二，頁 6。
〔註 274〕同上，卷二，頁 18。
〔註 275〕同上，卷五，頁 1。
〔註 276〕同上，卷一，頁 3。
〔註 277〕《十三經注疏・尚書》，頁 158。
〔註 278〕《十三經注疏・左傳》，頁 337。
〔註 279〕《十三經注疏・尚書》，頁 209。

之說可證。〔註 280〕故亞之爲職，實殷代以來之舊稱，其職有大有小，猶「右」之有大右小右也。若旅者，固與師眾同意，隸軍事，於朝廷與庶官名，至周則「亞旅」合用，以是「亞旅」之說，分則爲封爵，合則爲官名，如《左成二年傳》:「公會晉師于上鄍，賜三帥三格三命之服，司馬、司空、輿師、侯正、亞旅，皆一命之服。」杜注:「亞旅亦大夫也。」〔註 281〕因之，阮元取「亞父」說者，概以某形某某名之，殆尊稱耳。

4. 祭祀例

《積古齋》鼎彝亦載祭祀之例。然殷、周之際，因朝代及制度之異，銘文所示顯然有別。殷之祭雖爲廟祀，其辭較簡，所重則在父子相繼之世系，其數則商鼎之父名計八；商尊計十二；商彝計十五，商卣計六，商壺計一；商爵計二二；商觚計一；商觶計十；商角計四；商敦計二；商鬲計一；商盉計二；商匜計二；商盤計一；綜其數近百篇，則所重父銘，於殷商之際，影響不可謂不大。而周之鼎彝，銘文所示，則一顯祖考之業，一垂子孫之休。範圍較商之彝鼎爲闊矣。今以例爲說：

（1）商器

（甲）《冊冊父乙鼎》:「子冊，孫冊；父乙」〔註 282〕

阮元云:「子坐孫立，作授物狀，下作兩冊者，紀君命也。在禮，有爵祿者始作祭器，而爵祿之賜必受命，……商人尚質，但書冊字而已。子爲父作則稱父，以十干爲名字，商人無貴賤皆同，必定爲君也。或曰甲乙者，宗廟作器乙次。」解說甚明。

（乙）《穆父丁鼎》「穆作父丁寶尊彝。」

阮元引吳侃叔云:「穆非人名。《禮・祭義》“君牽牲，穆答君。”注:“穆，子姓也。”《公羊傳》注:“子曰穆穆。”取其北面尚敬也。」〔註 283〕則穆者，乃爵名，取《父子鼎》而以爲敬也。

（丙）《山形父壬尊》:「山形，父形。」

阮元云:「《禮・明堂位》“山罍夏尊”；《周禮》“司尊彝，追享、朝享、再獻，用兩山尊。”注云:“山罍刻而畫之，山雲之形。尊銘作山形，其山罍

〔註 280〕羅振玉《書契後編》下，圖三一，頁 9；《貞松》卷四。

〔註 281〕《十三經注疏・左傳》，頁 427。

〔註 282〕《積古齋鐘鼎彝器款識》卷一，頁 3。

〔註 283〕《積古齋鐘鼎彝器款識》卷一，頁 7。

之遺制。”……山所以宣雲氣；尊所以宣鬱鬯之氣，馨香上達，鬼神是馨，故有取焉。」〔註284〕父壬之尊繪以山形藻飾，所謂氣調五行，散生萬物也。

（丁）《主父乙彝》：「子侯形主父乙。」

阮元云：「古者天子將祭，必先習射，射中得與祭，此子為父乙廟主作祭器而著侯形，明以射選與祭者也。」〔註285〕則此器為宗廟之器也。

（戊）《好父辛彝》：「冊子，立戈形單，冊子，尊彝，好作，父辛辛。」

阮元云：「古好字，從女從丑，此作器者名。薛氏《款識》有《單丁父彝》釋立戈形為子夾單，字兩旁者為孫，非是。兩子夾單即子執旂之義，單字字，象三辰之形。《左桓二年傳》“三辰旂旗，昭其明也。”三辰，日月星。……單通旂，是單即旂上三辰形也。義亦同示。……示，神事也。祭所以事神，神示所在子夾侍之，敬之至也。」此當為祭祀虔敬之器。〔註286〕

（己）《父丁卣》：「口作父丁」，尊彝，子孫足跡。」

阮元云：「《丁父卣》八字，首一字剝蝕不可識。案：孫足跡者，繩武也。《詩・下武》云：“繩其祖武。”傳云：“繩戒武跡。”箋云：“戒慎其祖考所履踐之跡。”此銘孫在子下，係以足武。……《說文》云：止，下基也。象草木出有址。故以止為足，取子孫基址相承之義也。」〔註287〕此記子孫黽武之卣，象繩繩不絕之意。

（庚）《咎父癸卣》：「咎作父癸，寶尊彝，用旅車。」

阮元云：「咎，人名。……彝器多以旅車為名。禮，犧象不出門，而古者師行，奉宗廟主與社主載以齋車，每舍必有饋尊之事，……故別作尊彝陳之主車，示敬也。此曰：用旅車，言用以臚列主車之器也。」〔註288〕此謂祭祀必作尊彝，置之主車，一示饋奠，一示誠敬，而以父為稱之卣，亦暗示宗廟主尊貴者也。

（辛）《子壬父辛爵》：「子東壬父辛。」

阮元云：「壬，作器者名。古器凡言東西者，記廟祧之昭穆，左為東，右

〔註284〕同上，頁16。
〔註285〕《積古齋鐘鼎彝器款識》卷一，頁25。
〔註286〕同上，卷一，頁29。
〔註287〕同上，卷一，頁31。
〔註288〕同上，卷一，頁34。

爲西也。」〔註 289〕此亦祭祖先之器，謂「父」者，乃重其先祖也。

（2）周器

（甲）父乙鼎：「子父乙[illegible]。」

阮元云：「此等款識猶有商人簡質之風，蓋周器也。」〔註 290〕

此周初之器同於商器，敦尚簡質，由文義研析，蓋亦祭器也。

（乙）《父癸斝》：「亞中告[illegible]，父圜形[illegible]，癸[illegible]。」

阮元云：「告者，祭告之器。」〔註 291〕此明示「告」即祭告之器，由器用之祭祀可知。

（丙）《父舟斝》三器，一器「父舟作[illegible]（厭）[illegible]，癸尊彝[illegible]。」《父舟斝》三器，第一器、第三器銘七字，第二器銘八字，今取第一器。阮元云：「[illegible]字見汗簡，《曾子問》曰：“祭殤必。”此父祭殤子之器也。」〔註 292〕此爲父祭殤子之器，亦知其爲祭祀之用也。

（丁）《叔殷父敦》：「叔殷父鑄敦[illegible]，用斬月享孝宗室[illegible]其子孫永寶用[illegible]」

阮元：「禮祭法大夫三廟，享嘗乃止；諸侯五廟、考廟、皇考廟，皆月祭之。此銘云月享叔殷父，非諸侯之稱而行月享之體，殆王臣歟。」〔註 293〕知此爲王臣祭祀之器也。

上列之銘乃《積古齋》所陳，亦見殷、周之器有所差異；蓋殷器簡質，銘文淺短，周器厚實，銘文紛長；依文辭義例，則周文較殷文爲進矣。次者，自「父」銘觀之，則殷商之文頗顯祖之跡，所敬在神，宗廟儀節甚盛；周銘所重則子孫之永寶，庇祐意深，二者雖略殊別，皆不外祭祀之禮典，由是父權所重，於彝器銘文可見一斑。

以上彝銘之典制，所述爲冊命之例、頒錫之例、亞旅之例及祭祀之例，若宮室、若軍旅則尚闕如，然以冊命、亞旅諸例已先言敘，實則諸例已包涵宮室、軍旅之意，依通篇之述，當可知曉矣。

〔註 289〕同上，卷二，頁 8。

〔註 290〕同上，卷四，頁 3。

〔註 291〕《積古齋鐘鼎彝器款識》卷五，頁 17。

〔註 292〕同上，卷五，頁 77。

〔註 293〕同上，卷六，頁 8。